你沒有學到的
資產配置

巴菲特默默在做的事

闕又上——著

目次 Contents

第 **1** 章 　投資理財的威脅

第 **2** 章 　避開巴菲特的智慧陷阱

目次 Contents

第 6 章　資產配置的雙劍合璧，多箭齊發

第 **7** 章　資產配置為何成功，為何失敗

第 **8** 章　困而知之：不變應萬變，還是審時度勢？

第 **9** 章 雪泥飛鴻

你沒學到的巴菲特，
希望這次能學到了！

原書名《你沒學到的巴菲特：股神默默在做的事》，在 2016 年出版，當時會取這個書名，就是有感於許多人琅琅上口的巴菲特操盤心法，許多人並沒有細心或仔細的體會，只是記得他的一些經典名言，但猶如小和尚念經有口無心，還是無法化為現實世界的真實獲利。

2021 年底，在我自己辦的年度論壇大會上，那一年的主題是「後退一步」，五百多個人座位的台大錢思亮紀念講堂幾乎滿座，每一張門票 11,000 元，有人覺得貴，有人覺得物超所值，因為一個觀念，一個提醒，它在股市上的差距都是上百倍的擴大。

那一次的論壇大會，我讓大家看到了不一樣的巴菲特，其中有幾張畫面是大家感覺有趣的，「巴菲特是禿鷹嗎？巴菲特是另類的禿鷹？」2021 年我大膽的預言，巴菲特的績效落後標普 500，已經

快接近 20 年了，但只要一次股災就會後來居上，沒想到 2022 年的二月發動了俄烏戰爭，造成了通膨的飆升和隱憂，也造成了美國中央銀行歷史性的暴力升息，不但股債雙殺，連 20 年期的政府公債（代碼 TLT）的 ETF，跌幅高達 31％，這是許多人沒有見過也難以想像的。

我當然不是有預測未來的特異功能，純屬運氣好猜對了，當時是從估值的角度切入，因為新冠肺炎的威脅還沒有完全解除，股價已創了新高，我個人覺得股市跑太快了，所以建議我們的與會者，投資策略上可以略退一步學習巴菲特的手法，如果知道是這麼嚴重的俄烏戰爭，所引發的通膨，和前無所見的暴力升息，那麼就不只是後退一步，而應該是「後退好幾步」了。

當時被我預測對的第二件事情，巴菲特有機會追平標普 500 的預測，竟然在第二年就實現了，回顧這段過往，不是在說我有鐵口直斷的能耐，而是在印證 2016 年出版的這一本書，有許多內容絕對是你忽略掉，值得溫故知新的。書中的許多觀念和操作手法和策略，是絕對可以讓你下降 2022 年股災的，就算是難得一見的 2022 年股債雙殺，雖然不能完全避免，但可以減緩跌幅。如果巴菲特是一本讀不倦的書，那麼「資產配置 Assets Allocation」重要的觀念，很可能也是許多讀者入寶山而空回的，要避免這樣的憾事發生，就一起重拾這本書，不管是來一杯咖啡，或品一茶茗，讓我們

再一起尋覓寶礦的藏匿之處。

美麗的等待

從這次的書名改為《你沒有學到的資產配置：巴菲特默默在做的事》，聰明的你應該就可以聯想到，資產配置操作的精神，一定融入了巴菲特的投資策略和心法。巴菲特未必同意 Beta 值變化對投資決策的理論，但也不可否認，他的投資組合中，「攻擊與防守」一直是保持得相當穩健，可以說攻擊中有防守，防守中又帶有攻擊，每一個階段，都做他那個階段最恰當的事，這個部分的精彩就留待你一一發掘。

這本書在 2023 年增訂再版，打破了我過去寫書的幾項紀錄，第一是，出版在 2016 年，事隔了七年，可以說是陰錯陽差造成的，但這個巧合也是一個美麗的結果，讀者的等待也可能是意外的收穫。

在我沒有說明之前，有些人可能是會抗議的，那本書有長達一年半的空窗期，書店買不到書，網路上可以買到的書，經常是原裝書拿去影印的，全不全也不知道，要不然就是高達 1.5 倍的定價銷售，在台灣這麼蓬勃的出版界，發生這樣的怪現象，真的非我始料所及。

這個一年半的等待換得了什麼？為什麼說是美麗的錯誤？如果當時無縫銜接的再版，讀者可能無法見證 2022 年俄烏戰爭所引發的通貨膨脹，以及美國中央銀行歷史性罕見的暴力升息，以及 2023 年 3 月發生在美國加州的矽谷銀行倒閉事件。

這些發生在你我周遭的金融事件和時事，在在影響了我們的投資決策，而這個決策跟投資規劃有關，投資規劃又在投資哲學之下，而資產配置這個投資策略，又會因上述的通貨膨脹和銀行破產有什麼樣的關聯？是以不變應萬變？還是應該審時度勢的調整？光是搞清楚這個議題就值回票價。

這次的增訂版，我做了兩個重要的調整，在 2016 年初版時，已經有內容和圖表的，我們盡量更新到 2022 年的資料，同時也盡可能地說明之間的變化和差異。**在資料更新這段期間，我的夥伴和助理徐湘淇、許馥竹、陳麗，他們分別對數據計算和圖表製作做出了不同的貢獻。**

除此之外，我還增加了一個章節，回答上述因時事變化，所造成的投資決策改變的內容討論，這個新增的第八章節就取名「不變應萬變，還是審時度勢」，再也找不到有這麼好的時機，來檢驗投資哲學和策略的，僅僅是這個章節，如果能有所領悟跟學習，我就覺得這個等待太值得了。

已經有舊書的讀者，該不該購買增訂版？我的看法跟以前一

樣，當然應該購買新書，因為事隔七年之後的檢驗和觀察的心得，可以增加你投資效益，都不是幾百塊的書錢可以比擬的！至於舊書還是有它很高的參考價值，就送給有需要的朋友們，說不定這書中的投資策略幫助了你的朋友走向財富自由的一生，還有什麼比這個更好的禮物呢？

不想買書的朋友，也一定要到圖書館，看看七年後這些數據更新和新加的內容，再次提醒大家，會讓投資者失敗，付出慘痛代價的都不是區區的書錢和學費，而是投資的無知，知識就是力量，也是財富，祝福大家學習有收穫，投資有成果！

人生財富的追求和資源的配置

在美東閉關寫這本書時，參加了一位友人太太的追思會，56歲的她正展現極致女人味，也是多數人準備到世界各處旅遊，開始享受大半輩子辛勞的成果時，她的人生旋律戛然而止，現場聽她前夫A醫師感慨的說，她這麼年輕，退休金有一百多萬美元，現在又有何用？

我離開會場，鑽入曼哈頓地鐵，原本想回紐澤西州，臨時改變主意，決定去中國城吃一碗留學生時常去的潮州海鮮河粉，冬天裡那麼一碗熱騰騰的湯麵，費用不高，那種滿足卻完全不輸給高檔日本料理店。財富是什麼？答案會因人因年紀而異。財富，可以是銀行的存款、股票的持有，那可以健康地四處走動，品嘗自己喜歡的美食，算不算是另一種財富？如果同時還可以擁有親情、友情、快樂和心靈的富裕，那應該就是整體均衡的人生財富了。

一季只花一小時，就能找到賺錢方法

我算是在股海捕魚的人，近 30 年在投資管理生涯中，我常告訴自己，也要求自己，不但要找到一個符合自己個性和人生觀的管理方法，而且要有本事在股海裡捕到魚，要不然怎麼對得起那些畢生積蓄都在我手裡且殷殷期盼的投資者。

投資容易嗎？沒有找到方法，觀念沒有打通以前，確實不易，然而一旦突破了，它就像我第一次到香格里拉的感受，海拔約 3,300 公尺在台灣理當都是高山，在那裡卻一如台灣的平地，你會想，這麼美的地方，卻是人煙稀少，因為它有一定的障礙，也一如有些投資者沒有找到系統方法，以至於無法輕鬆獲利，登高攬勝。

許多人以為必須是有錢人才做資產配置，這是一個錯覺，這本書，我會用實例驗證資產配置是任何人都可使用，且一定能成功的投資策略。我希望讀者不但能找到不敗的系統方法，而且要以簡馭繁，一個季度最多只要花一個小時，得以空出雙手和時間，經營其他人生財富，同時還能看到投資績效。

早期很多人到美國加州淘金，有人開玩笑，最賺錢的都是賣圓鍬、鋤頭、鏟子這些設備的商家，而不是淘金工人。

我不賣這些工具，我給自己的定位是，扮演一個有經驗的採礦者，希望藉助過去多年的失敗和成功經驗，能夠告訴有緣的投資

者，就在這裡，挖下去，只要你注意幾個原則，冒出來的一定是金礦或油礦。

1. **工具使用** —— 不必要的工具不會在本書出現來干擾投資者，使用的是不需要你花時間分析，但就算掉下去也一定會彈回來的指數基金，而且是全球最有代表性和企業競爭能力的。

2. **策略和方法** —— 我也只推薦兩種模式，一個是萊利·施懷德先生參考曾獲諾貝爾獎的法馬和其夥伴法蘭奇所使用現代投資理論建立的組合，我做了些調整，找尋到類似的指數基金，做成了可以輕易使用的投資組合參考表，第二個投資組合再多加了一個資產元素，這是參考了美國常春藤盟校捐獻基金的操盤手法。

3. **投資績效** —— 投資者在這個基礎之上，基本上要失敗都不容易，光這兩個組合的績效，可以挑戰多數的專業經理人，而且一年只花不到幾個小時。

資產配置是能攻能守的贏家利器

談到所花的時間，想起了第一本書《每年十分鐘，讓你的薪水變活錢》，初版出書時，我接受了廣播名人吳淡如小姐的訪問，她是一位冰雪聰明的主持人，聊得很愉快，她看著書名，略有不以為

然的說：「每年十分鐘，這本書再快看完也要好幾個小時。」是的，十分鐘指的是每年管理的時間，而且要能夠充分理解箇中原因，確實要花幾個小時的閱讀。

而這樣的標準依然適用本書，或多個幾十分鐘，一開始花數十個小時投入閱讀，絕對值得。因為這裡有理論和多年實務經驗的提煉。

當年我念的企研所，畢業需要 56 個學分，比一般研究所的學分多，讓我真是連滾帶爬，當時對現代投資理論（MPT）的理解是見樹卻不見林，只能應付考試，卻不知如何運用。畢業後，我以個股為投資工具，基本看不上它的績效表現，加上巴菲特對這個學派不認同，因此我對現代投資理論沒有花時間深入探討。

要不是 2008 年的金融海嘯，我還真不會去深入研究。這幾年總算重新了解它能與不能的地方，對它的全貌也有了一個不同的認知，蘇東坡所說的：「橫看成嶺側成峰，遠近高低各不同。」之前我只看到了現代投資理論的側面，這幾年有機會好好從正面端詳，對現代投資理論有了比較清晰的 3D 輪廓。

資產配置有用嗎？只能適用指數基金或共同基金嗎？資產配置能運用在股票投資嗎？這或許是多數投資者的疑問，答案是肯定的，資產配置適合多數人使用，資產配置的特性是先守後攻、輸在起跑點，卻贏在轉彎點，許多人並不了解其中精髓，往往看到績效

表現不如預期就提前放棄，回頭一看，徒留思念總在分手後的遺憾。如果再搭配巴菲特的智慧與操作手法，投資人可以達到巴菲特神閒氣定的操盤心境，得以經營其他人生財富。

實證：操盤績效更勝大盤

2008 年金融海嘯後，截至 2015 年底，我連續第七年累計總報酬超越標普 500，三年期和五年期績效也是領先，過去七年年均複利報酬 18.54％，對比標普 500 的 14.81％，表現尚可，也擊敗了同屬大型股組別的績優模範生 —— 富達基金公司旗艦五顆星的 Fidelity Contrafund 基金，這也引來 2014 年路透社（Reuters）對我的採訪（Fidelity Contrafund 基金規模 1,010 億美元，幾乎是全台灣境內基金的總和）。

未來我的目標，首先期望十年期的長期績效能擊敗標普 500（還有兩年半即可分曉），其次是基金成立以來的績效也能擊敗標普 500，這是一個挑戰（因為其間經歷兩次重大股災）。到目前雖然領先，但更不能掉以輕心，因為會讓人摔跤的大石頭隨時會出現。

資產配置真有好處嗎？我是見證者，我從 2013 年開始加入資產配置的元素和精神，從績效看得到質和量的改變。目前我的基金

保有近 30％現金，是歷年來的相對高點，這防禦措施不是最近才啟動，早在 2013 年就已開始，雖然造成這幾年績效領先標普 500 的幅度縮小，但我覺得相對舒坦和自在，因為美股已不便宜，在相對高點下保有一定的現金，進可攻、退可守。

2013 年標普 500 的成績是 32.39％，2014 年是 13.5％，我在保有不少現金的基礎上，2013 年交出 35.11％和 2014 年 13.53％的成績，雖然只有約略領先，但投資者都知道，在牛市的漲勢時，保留過多現金很難超越大盤指數，很幸運我做到了，2015 年巴菲特虧損 -12.5％，標普是 1.38％，我的運氣不壞，成長 3.75％。

2016 年初美股引來了一隻小黑天鵝，截至 3 月 14 日標普 500 下跌了 1.2％，富達 Fidelity Contrafund 基金下跌 3.9％，巴菲特在 2015 年重跌之後開始反彈，漲幅 5.8％，我的成績則是上漲了 7.4％，有運氣，也因資產配置的穩定特質發揮了功效。

總結來說，這幾年因選股的操作和資產配置的元素加入，在股市漲跌聲中我都保持領先。

資產配置如何發揮最大功效，本書有解答

我的第一本書曾介紹「阿甘投資法」，許多人很喜歡阿甘投資法的理念和績效，但適合風險承受力高的人，對美股陌生的台灣投

資人，則可以參考那本書中「台股穩操勝算的操作」章節，利用景氣燈號進場，20 年下來交出的最好成績是 671％。但上述兩者的限制，都在於股災時面臨高達 50％的震盪，這是它的缺點，而本書的資產配置可以解決這個問題。

這是投資者的福音，特別是已屆退休的族群及不能承受虧損壓力的一些基金會，我以兩次重大股災做檢驗：在 2000 年高科技泡沫期間，雖然股市上下震盪 50％，該組合竟還可以成長；2008 年金融海嘯的世紀股災，也只在第一年虧損 4％左右，第二年即刻彈回。

這些公益基金會都有許多美好的理念，對社會大有助益，如果透過資產配置讓資產成長，發揮的效益就更驚人，這也是本書得以問世的另外一個誘因。

簡單說，資產配置是在風險承受範圍內，量身打造投資組合，適合所有的投資者，藉此參與經濟成長，讓全世界的一流企業家為你幹活，但同時不用忍受市場大跌的顛簸，看到資產的穩定成長。

資產配置有缺點嗎？當然有，書中花了很大篇幅，介紹現代投資理論及資產配置失敗和成功的原因，不過，之所以失敗，並不是這個理論不能帶來成果，而是投資者對它的認識不夠深入，無法產生信仰，在關鍵時刻放棄了。

整本書裡，第 4 章加了一些理論基礎，主要是考量到有些人希

望能知其然更知其所以然。如果可以，盡你的能力去了解每個章節要表達的意義，我已經做了許多簡化，投資者用一點點耐心，克服某幾章節的小環節，接下來都是坦途。

如果真的無法深入了解，跳過去也不會有太大妨礙，如同你無需了解 GPS 衛星導航怎麼設計和計算，只要懂得如何使用，就能成為生活中的小幫手，希望輕鬆閱讀也有所收穫的人，可以直接閱讀第 6 章，裡面實例和績效一覽無遺。

書中也想要對理專和保險經紀人提出一些建言，理專的挑戰是如何能把客戶帶進和帶出，這需要有立於不敗之地的系統方法，而保險經紀人如何轉型成全方位的理財顧問，這在本書也可以找到答案，建言寫在雪泥飛鴻的兩封信裡。

兼顧生活品質的理財法

日前朋友傳來一個網址，她最近加入了一個粉絲群，我打開一看，原來是一位知名投資達人分享自己研究股票的過程。這位達人有篇文章寫到，上完投資課程後興致大增，結果每天晚上做研究時敲打鍵盤的聲音吵到老公的睡眠，老公要求這位達人換一個無聲鍵盤，讓我啞然失笑。

我跟朋友說，深夜時間縱然不是春宵一刻值千金，也應該共剪

西窗燭，聊一些夫妻間的心裡話，否則縱然投資可以獲得一些錢財，也可能失去了生活品質這項更大的財富。我跟友人說，適合別人的未必適合你，投資獲利一定有更簡單、有效率、且保有生活品質的方法，資產配置就可以做到。

好好研讀本書，讓你認同的投資理念融入血液，進入骨髓，追求有形的財富其實很簡單，舉例來說，截至 2014 年八月，過去 10 年投資如果資產能成長一倍，20 年成長六倍，30 年成長 24 倍，這樣的財富累積速度你覺得可以嗎？多數人會覺得滿意，而這只要年複利在 10.81%即可達成（這也是標普 500 過去 30 年的真實績效，資產配置就可以達到）。

投資重要的是，你要用合理的速度追求這些有形的金錢，雖然不能一夜致富，但卻有足夠餘力讓你追求其他更重要的均衡財富。在第一本書裡，我介紹了幾首名曲背後動人的故事，發現有心的讀者在 YouTube 做了連結，一個按鍵可以一次聽全部，讓我感到非常窩心。看來這樣的介紹也能引起讀者共鳴，這是中國人說的與古人神交，不論年代與天涯海角，所以這次第 8 章也介紹一首曲子，讓動人的音樂陪伴我們閱讀。

我做研究的過程中，看到好萊塢影星安潔莉娜・裘莉（Angelina Jolie）的醫療故事，就像她說的：「**生命總有諸多挑戰，那些嚇不倒我們的，是因為我們能正視、接受它，並且學著掌控它。**」她的

例子也是資產配置的整體精神，如果她是投資管理者，一定是一位非常傑出的風險控管高手，經過控管，她的罹癌機率由 87％ 降到 5％，她的例子可以給每一位在憂傷低潮的人作為模範。

你沒有學到的資產配置，巴菲特默默在做的事

致謝

獻給每一位渴望成功的投資者

本書的完成要靠一個團隊的用心投入，感謝李美虹、賴盟政、李文瑜，以及我的特別助理陳麗。

更要感謝我的家人和我父親闖振，願意這麼早放手讓小孩子勇闖外面的世界，30 年前我第一筆投資股市的八萬美元資金，是父親抵押房子貸款而來，當時在美國的學費一學期 2,000 美元，八萬美元是一個龐大的數字，這筆錢我交給哈博士教授代操，結果把父親借給我的創業基金全賠了，沒有父親的這些放手和信任，我無從在挫折中培養出再站起來的歷練和膽識。

當然十分懷念和感謝我國二時就過世的母親王蘊惠，暑假的一天中午，我去游泳，回來時母親就疑似中風無法言語，當時沒有經驗，只是扶著母親回房休息，幾個小時送醫院就已天人永別。沒有機會對母親說句感謝，那個暑假學校課程照常進行，追趕升學的進度，我都是坐在教室窗戶的一角，望著東邊的大海，或西邊的鯉魚

山，淚水經常會止不住地流下來。

對一個國中生而言，我無法想像，兩、三天前還可以對話的母親，怎麼瞬間她就從眼睛中消失，生命究竟是怎麼一回事？這本質又是什麼？那個暑修老師教的什麼課一點都沒學到。成績從前段掉到了尾端，接下來的升學之路走得格外辛苦。最近閉關寫稿期間，無意中聽到了以前的國語老歌，張鳳鳳唱的《母親你在何方》：「雁陣兒飛來飛去白雲裡，經過那萬里可曾看仔細，雁兒呀我想問你，我的母親可有消息？」

去年再度回山東高密看看母親的故鄉，走在並不繁華的城市，騎著單車經過一些街巷，我試著捕捉和想像母親童年的畫面，感謝母親從小讓我在文學上的浸染和接觸，記得小學調皮騎單車摔斷腿，躺在床上，母親特別用心良苦，花不少的錢去買了《三國演義》和《水滸傳》這些中國經典文學，沒有地方可去，閱讀變成忘卻疼痛和打發時光的最好方式，沒有母親在這方面的教導和熏陶，今天可能也無法具備寫作的這項文字表達能力，如果這本書能讓多數人接受和親近，這要感謝母親。

最後依然要懷念和謝謝過世的妻子李永珍，在美當年的每一個留學生家庭，都是在經濟不寬裕的情況下打拚，有一次，我看她在紐瓦克市區打了一天工，回到家炒菜煮飯時，看她的小腿肌肉不停抖動，她說過節期間生意特別好，今天足足站了 10 個小時，所以

小腿已不聽使喚。

　　這種事，我們那個年代，多數留學生家庭都曾經歷過，亡妻當時家境還可以，一旦結成連理，都為家庭而一改昔日嬌滴滴的模樣，是愛情，也是家庭的力量，有時她走2、30分鐘的路，幫我送她親手做的壽司或便當，兩人在校園碧綠的草地上，席地而坐，記得她的願望是我能帶她去歐洲一遊，當時總覺得歐洲離美國近，隨時可以去，加上事業衝刺，等她生病時體力已不允許，一直到她離開，我都沒有實現對她的承諾。

Without pain, there would be no suffering, without suffering we would never learn from our mistakes. To make it right, pain and suffering is the key to all windows, without it, there is no way of life.

—Angelina Jolie

　　人生免不了一些糟糕、可怕的打擊，這些疼痛帶來苦難和煎熬，沒有這些，我們無法從錯誤中改進，在品苦中吸取人生的智慧，這些苦難、打擊和煎熬都是打開所有人生視窗的鑰匙，讓我們得以積極的利用，否則，生命將難以找到正確的出路。

—— 安潔莉娜・裘莉

這些年來不斷為客戶創造有形財富，在美國，特別是冬天，有許多和自己獨處的時間和對話，經常會不停的探索，什麼才是財富，是亡妻用生命教導了我，我們其實都是在往人生的終點一步一步的靠近，讓我得知原來生命中的許多事情不是理所當然，死神也隨時可能拍拍我們的肩膀，生命的無常原來才正常。

　　因此這幾年我總是希望想做的事就去追尋，還依然有許多的理想和夢想，想試著去探索，讓自己的一生不至於交白卷，同時提醒自己，活在當下，這是陪妻子走過死亡的幽谷學到的，是她讓我學著對有些事情既要積極又要淡然，在她的身上也讓我充分體會到了，美國麥克阿瑟（Douglas MacArthur）將軍那句名言：「真正的偉大是單純的，真正的智慧是坦誠的，真正的力量是謙和的。」特別是最後一句在她身上展露無遺。

　　如果這本書能夠幫助許多有需要的人，解開盲點，打開視野，如果能有所收穫和成績，除了要感謝的人以外，要特別感謝這三位我過世的親人。

　　這本書給每一位渴望成功的投資者，也獻給那位還沒來到身邊的她。

第 **1** 章

投資理財的威脅

隨著網路地球村時代到來，在投資領域中世界已經是平的，未來黑天鵝事件只會增加、不會減少，面對這樣的環境，你做好準備了嗎？

　　用對方法，可以抓住危險後伴隨而來的機會，除了選對市場之外，如果你沒有巴菲特的選股能力，買代表整個市場的指數基金，是投資者得以安身立命的最佳戰略之一。

1-1 下次黑天鵝什麼時候還會再來？

現在稻田裡的白鷺鷥越來越少，投資界的黑天鵝卻越來越多，投資者該怎麼應對呢？

有個小學生寫了個錯別字「飛鵝（蛾）撲火」，老師的評語是：這隻太大了。1985 年我剛到美國留學時，在公園裡經常可以看到成群結隊的褐色鵝群，當時的兩個文化震撼，至今記憶猶新。

這些鵝群大搖大擺地走來走去，一點都不怕人，這要是在當年的台灣，旁邊可能就能看到烤鵝肉或鵝肉冬粉之類的店家，清燉油炸皆美味。第二個到今天我都還沒有答案的是，朋友說，這不是鵝，是加拿大飛過來的野雁，這雁有這麼大隻，很難讓人想像；如果說牠是鵝，展翅在天空成群飛翔的高度和距離之遠，我在台灣還從來沒見過，真的有鵝可以飛那麼高、那麼遠嗎？所以到今天我還分不清楚，牠到底是雁還是鵝，這個困惑始終沒有獲得解答。

黑天鵝三特質：驚訝、衝擊、具蛛絲馬跡

黑天鵝的說法是怎麼來的呢？16 世紀的西方文獻認為，所有的天鵝都是白色的，一直到 1697 年荷蘭探險家 Willem de Vlamingh 在澳洲西部發現了黑色的天鵝，之後，19 世紀的約翰·史都華·彌爾（John Stuart Mill）用黑天鵝當一個新名詞，意思是偽造、篡改或謬誤。

美國作家塔雷伯（Nassim Nicholas Taleb）在 2001 年時討論了黑天鵝事件，也在 2007 年出版了《黑天鵝效應》（*The Black Swan*）一書，他表示，所謂的黑天鵝具備了三個特質：

1. 難以預測的驚訝，正常的歷史、科學、財務和科技，都難以預測到。

2. 帶來相當大的衝擊。

3. 一旦發生之後，彷彿又有一定的蛛絲馬跡可以被預測。

在這個見解之下，網絡的興起、電腦的發展、第一次世界大戰、蘇俄的解體，以及 2001 年美國世貿大樓的恐怖攻擊，都是黑天鵝事件的代表。

如果以財務界來說，1987 年黑色星期一、1997 年亞洲金融危機、2000 年高科技泡沫、2008 年金融海嘯，這些都是較大的黑天鵝效應，由於難以預測、不常發生，一旦發生又帶來相當衝擊，當

然會對華爾街帶來風暴，因此芝加哥期權交易所（CBOE）推出有著「黑天鵝指數」之稱的偏態指數（CBOE SKEW Index），該指數透過標普 500 指數價外期權（out of money）價格的偏離程度，來衡量市場對意外事件的擔憂程度。

 **標普 500 指數價外期權（out of money）**

當買權（Call）的行使價（Exercise Price）高於股價時，或賣權（Put）行使價低於股價時，這種目前沒有內在價值的就是價外期權。

例如星巴克現在股價是 60 美元，金融海嘯期間曾經下跌近 70%，投資者擔心歷史會重演，可能會買一個 12 月到期、40 美元的賣權（Put），也就是到期日前之內，若是星巴克股價重演歷史下跌 70% 到 18 美元，依然有權利可用 40 美元賣出，以減少損失，但目前股價還在 60 美元，沒人會用 40 美元賣出，所以他手上的這個權利，就是一種目前沒有價值的期權。

通常是極為罕見、除非是非常重大事件發生才能產生獲利的期權，所以當價外期權的價格升高時，可能就感受到一點黑天鵝的蹤跡。

一旦黑天鵝指數開始飆漲，通常也代表大家感覺黑天鵝發生的機會增加。舉例來說，2015 年 8 月 24 日道瓊指數當天上下震盪1,000 點，黑天鵝指數馬上節節增高，這算是一隻小黑天鵝，之後一個月內偏態指數上漲 30％，比 2006 年房地產泡沫破裂之前，以及 1998 年長期資本管理公司崩潰時觸及的水平還要高，且為 1990年有數據以來的最高值。

當時投資者在擔心什麼呢？專家指出四點：1. 美國聯準會（Fed）準備升息；2. 全球經濟成長疲弱；3. 2015 年中東情勢動盪；4. 中國經濟疲弱。

這些都是投資者恐慌的原因，其實不必專家指出，一般投資者都可以有一些推測，包括日本安倍經濟無法提振，再度陷入衰退；歐盟的經濟寬鬆不見起色，歐豬五國經濟持續拖累歐洲經濟復甦；新興國家市場資金外流，因為美元升值造成資金外移，缺乏資金復甦動能；甚至蘇聯和土耳其的軍事衝突擴大……

總之，全世界每一天在軍事、政治、經濟、社會、治安、天災人禍的事端，隨時都會因新聞的快速傳遞，造成大的黑天鵝偶爾到來、小的黑天鵝一年造訪幾次。那麼，投資者永遠要在這些大小黑天鵝陰影中度過生活和投資嗎？

面對閃現的黑天鵝蹤影，該怎麼因應？

巴菲特號稱跳著踢踏舞上班，而我們一般投資者，是不是也可以做到讓生活中多一些從容和優雅？中國人所說的智者不惑、仁者不憂、勇者不懼，這難道只有西方的巴菲特可以做到嗎？有沒有什麼樣的投資哲學和方法，可以幫助投資者達到這樣的境界呢？在兼顧均衡人生五個球的情境下，也能達到從容優雅理財的投資。

當然有，只是一般投資者對巴菲特的了解，只停留在初級階段，這就像看待大師打太極拳一樣，總覺得他緩慢軟弱沒有攻擊力，但事實不然，當中的底蘊豐厚強勁。學習巴菲特的投資也一樣，投資者要懂得活用，否則全套招式只學得半套，或者根本不理解巴菲特投資的底蘊，當然只有永遠崇拜的份。而本書所談的「資產配置」，正是防守和攻擊兼具的理財投資策略，也是一般人不懂巴菲特之處。

尤其未來黑天鵝事件只會增加、不會減少，除 2000 年高科技泡沫和 2008 年金融海嘯，都曾經重擊全球市場，讓股市大幅下挫近 50％外，新冠疫情引發 2020 股市大跌近 37％，市場熔斷的次數前所未見，每年小黑天鵝更是讓市場多次下跌 7 ～ 12％。

值得一提的是，隨著網路地球村的到來，投資者更容易受到媒體的報導而情緒波動，加上下單交易的便利和快捷，會讓這樣波動

的情緒迅速散發出去。面對這樣的環境，你，做好準備了嗎？你，能理性看待市場情緒的躁動嗎？

　　顯然用對方法，可以抓住危險後伴隨而來的機會，讓黑天鵝成為餐桌上美味的佳餚；相對來說，有些人看不懂這密碼，不懂得應對和處理，最後只能用極昂貴的學費，為每一次黑天鵝的到來付出代價。本來投資環境中就是「危」與「機」並存的，而了解資產配

均衡人生的五個球

　　前可口可樂的某子公司總裁布萊恩・戴森（Brian Dyson），1996 年在喬治亞理工學院的畢業典禮上致詞時說，想像人生是一場在空中不停拋接五個球的遊戲，這五個球分別是工作、家庭、健康、朋友以及心靈，而你不能讓任何一個球落地。你很快會發現，工作是一個橡皮球，如果它掉下來，會彈回去，而其他四個球是玻璃做的，如果失手，就會出現無法挽回的刻痕、損壞，甚至破碎，將不再和以前一樣。

　　你必須了解這道理，從而在你的人生中設法求得平衡，但要怎樣才做得到呢？布萊恩列舉了 13 項方法和提醒，我放在第一本書《每年十分鐘，讓你的薪水變活錢》（再版《阿甘投資法》）給朋友的 10 封信中，作為互動和分享。

置，正是投資者得以安身立命的最佳戰略之一。

黑天鵝遲早還會再來，一旦股價偏離合理的價位支撐區，就一定會見到黑天鵝的蹤影，其他時間就算大的黑天鵝不來，小的黑天鵝在股價偏離支撐區時，也很可能隨時每年都會偶爾來報到一下。所以，真的要有「招」因應。

注意未來的移動方向，而非發生位置

巴菲特曾引用著名的曲棍球選手的經驗之談，他說：「就像韋恩・格瑞斯基（Wayne Gretzky）常說的，找球的落點，要隨著曲棍球盤轉的方向走，而不是只看球盤在什麼地方打轉。」換句話說，不是關注現在球的位置，而是它之後可能移動的方向。

投資也是如此，「下一個移動」的方向，要比「上一個發生」的位置更需要你注意，如果你無法判斷現在該投資股票還是公債，別擔心，有你這樣疑問的人比比皆是，而後面第 6 章絕對值得你好好注意。

金融海嘯之後，許多人逃離股市，因為受到傷害，就像馬雅人逃離災難的方式一樣，進入了債市，他們覺得那是安全的，真的是這樣嗎？

有另外一群人的做法則是繼續留在股市，甚至逢低加碼，因為

他們認為股災後，股市超賣之後的反彈，才是接下來正確移動的方向。這兩者哪一個對呢？

表 1-1-1 提供清楚的答案。我們看看兩者的差別，同樣 20 萬美元的本金在 2009 年初投注市場，選擇留在股市的投資人，在

| 表 1-1-1 | 移動方向對了　才能創造財富

本金：20 萬美元

年度	標普 500		巴克萊公債	
	投資報酬 (%)	年底金額（美元）	投資報酬 (%)	年底金額（美元）
2008	-36.55	—	5.24	—
2009	25.94	251,880	5.93	211,860
2010	14.82	289,209	6.54	225,716
2011	2.10	295,282	7.84	243,412
2012	15.89	342,202	4.21	253,659
2013	32.15	452,220	-2.02	248,535
2014	13.52	513,361	5.97	263,373
2015	1.38	520,445	0.55	264,822
2016	11.77	581,701	2.65	271,839
2017	21.61	707,407	3.54	281,462
2018	-4.23	677,484	0.01	281,491
2019	31.21	888,926	8.72	306,037
2020	18.02	1,049,111	7.42	328,745
2021	28.47	1,347,793	-1.67	323,254
2022	-18.01	1,105,055	-13.06	281,037

註：標普 500 的績效改用紐約大學的數據，與初版比較略有異動。

2015 年可以創造約 52 萬美元的成績，留在公債的人大約只有 26 萬美元，相差快一倍。你覺得這差距大嗎？如果懂得危機入市，逢低再加碼補進的人，差距更大，相信你現在可以判斷出，哪一個是正確的移動方向了。

所以，有三件事情值得投資者注意：

1. 未來黑天鵝的到來可能是一個常態，頻率會增加。
2. 當它到來時，移動到對的方向（正確的應對方式）是關鍵。
3. 做好準備關係到應對的能力。

投資金句

巴菲特曾引用著名的曲棍球選手的經驗之談：「就像韋恩‧格瑞斯基（Wayne Gretzky）說的，找球的落點，要隨著曲棍球盤轉的方向走，而不是只看球盤在什麼地方打轉。」換句話說，不是關注現在球的位置，而是之後可能移動的方向。投資也是如此，「下一個移動」的方向，比「上一個發生」的位置更需要注意。

錯誤的投資觀念

我非常喜歡的中國文學才子蘇東坡，他跟佛印和尚有許多精彩對話，和一些趣談及禪悟。一次蘇東坡覺得自己在參佛修行上，應該有一點收穫了，心想別人或許看得出他的道行和功力，於是問了佛印和尚說：你看我像什麼？佛印說：我看你像佛。蘇東坡一聽非常得意，接著說：佛印，你知道我看你像什麼？我覺得你像一坨屎。佛印笑了笑，沒有接腔。

蘇東坡很得意地回家告訴蘇小妹（宋朝有蘇氏三傑，從未聽過蘇氏有妹妹，不知是否這是個虛構的故事）這段對話，蘇小妹跟哥哥說：你輸得好慘！蘇東坡一聽便問：此話怎講？蘇小妹答說：佛印是心中有佛，所以說你像佛；而你心中有那個，所以看人家就像那個。

你，怎麼看待股市投資這件事？認為它的本質是什麼？如果你不能看穿股市的本質，就有可能要用比較辛苦的方式，甚至走一些

冤枉路，才能到達目的地。

看穿投資本質，才能永遠獲利

有人把股市當成金錢遊戲的殿堂，就像許多的交易者，但成功的多嗎？有人把股市當做間接擁有企業經營的途徑，享受公司的成長，例如成功的巴菲特和彼得・林區，以及許許多多成功的股市投資者。如果是金錢遊戲，那一定有金錢遊戲的規則；如果是當企業的擁有者，一定有選擇企業的標準和管理追蹤企業績效的方法。

有人想要的是一夜致富，有的人要的是合理報酬，一夜致富者確實有，但沒有幾個，而追求合理報酬的人，最後都致富了。有人進入股海，對於花俏的招數樂此不疲，結果卻傷痕累累；有人以簡馭繁，錢安穩入袋了，且也保有一個不受股市波動影響的好心情。以上這些不同的做法，皆是因為對股市的看法和觀念不同。當然，正確的觀念引領正確的方法，錯誤的觀念則引領錯誤的做法。

其實對股市看法和觀念的對錯很容易評比，只要能在股海賺到財富，能夠以簡馭繁，但又獲利不凡，還可以空出時間經營人生的其他財富，這樣的方法就是上上之選。這是很簡單的衡量標準，如果你目前還不能在股海中輕鬆獲利，不妨檢視一下，是哪裡出了問題，有時候未必是操作技巧的追求，而是觀念錯誤。以下的問題可

幫助你了解和重新思考。

1. 你真的清楚股市的本質嗎？它是金錢的遊戲還是企業的擁有？如果是金錢遊戲，你用什麼工具來駕馭它？如果是企業的擁有，你有什麼樣的工具來篩選它？還有你知道公債和其他產品的本質和特性嗎？

2. 參與股市一定要按照傳統的方式來選股嗎？當見到80％的散戶投資虧損，為什麼你還樂此不疲？什麼才是正確的投資策略，應該如何調整？

3. 單一股票的分析、挑選和管理，真的有那麼困難嗎？如果很難，怎麼還有那麼多的投資素人可以成功？如果不難，怎麼會有那麼多的專家在股海裡失足並再也站不起來？

4. 真有一夜致富這種事嗎？一夜致富在投資裡最大的陷阱是什麼？

5. 什麼樣的獲利速度可以讓你達到財務自由，而又可以不冒太大的風險？

6. 你做過壓力測試嗎？沒有的話，你怎麼知道在股市的布局是安全的？風險能力的承受度怎麼推算？過少與過多會產生什麼樣的變化和後果？

以上種種的投資概念正確與否，都會引領你到一個不同的方向。觀念決定方向，就像戰爭裡的戰略一旦錯誤，再好的戰術都難

以彌補，這也是許多人終日在股海裡殺進殺出，卻依然獲利有限的主因之一。

完美時機的進出點？打破時機是主宰投資成功的迷思

時機點的進出，關係投資的好壞，這理論我們基本上都同意，一般人根深蒂固的想法是，如果不能掌握完美時機的進出點，投資成績將一無是處，但這也可能是多數人投資不能成功的迷思之一。

彼得‧林區曾說，有時候股票一買了股價就立刻上漲，不見得是判斷正確，相同的，買了就下跌，也不代表是錯誤的決定。眼前所看到原以為正確的進出時機點，一段時間後發現也許是個錯誤，甚至是大錯誤。我在股市 30 年的經驗，犯過無數次類似錯誤，相信許多投資者也有相同的經歷，可見時機點完美掌握的困難度有多高。

眾多上市公司中，有些是尚未被發掘的寶玉或鑽石，有些是已經開始腐爛的蘋果，為了確保「下一個移動方向」的判斷是正確的，在進出的時間點上，必須特別講究和注重，甚至要求完美的入場與轉身，但有經驗的投資者都了解，這是一個高難度的工作和動作，而如果一味使用這個傳統的投資方式，當然失敗的頻率不低。

不同的投資工具，有不同的屬性，以個股為例，有些公司曾是

一代股王，但股價也會從天上掉落人間；有些公司輝煌一時，但最後以破產收場……像投資這類型的公司，確實時機點很重要，因為錯過了，就全盤皆輸。

以單一股票為投資工具，成績要傑出，需考慮的變數太多，而包括對股價合理性的分析、研究和判斷，以及對時機點的評估，這些都超過多數人的能力範圍，且時間也不允許。所以要快速加入贏家行列，多數人不應該選擇個股的操作方式（少部分有管理能力的人除外）。

正確的做法是，選擇一個就算誤判、掉下來還會彈回去的指數基金，例如標普 500 或台灣 50（0050）與標普 500 的混搭。要注意的是，買指數基金的做法和思維與個股的操作模式不同，不是東奔西跑、進進出出，然後要去抓那個所謂的完美進出點。由於買的是整個股市的指數基金，所以「戲棚下站久了就是你的」，就像巴菲特在美國運通公司的處理和獲利一樣（巴菲特從 1960 年代就開始持有該股票至今，獲利驚人）。

📢 投資金句

抓完美的進出點，本身就是高難度的工作，當然很容易失敗收場。正確的做法是，選擇一個就算誤判、掉下來還會彈回去的指數基金，由於買的是整個股市的指數基金，戲棚下站久了就是你的！

1-3 錯誤的投資方式

你的工作需要專業嗎？在我看來現在的分工社會，幾乎每一項工作都需要或多或少的專業，就像一個名醫打掃廚房，可能未必趕上一位清潔工。雖然名醫的養成需要長時間和經驗的累積，然而，清潔工人同樣需要練就一些打掃技巧。

那你認為在股票市場操作和管理需不需要專業？這句話可能有不同的解讀，因為大家常說股市沒有專家，只有輸家和贏家，這話雖有幾分貼切，但站在贏家的行列中，專家還是居多數的，除非他是一個不及格的專家。從另外一個角度來想，連專家都未必能贏的股市，肯定有許許多多的學問和竅門讓人摸不透，所以，台灣80%的業餘者無法在股市獲利，你認為主要原因是什麼？

除了沒有學透就上場外，選了錯誤的投資方式，更是關鍵。其實投資單一股票，並不適合多數的業餘投資者，因為連許多專家在此也栽了跟頭。簡單的說，如果你選擇單一股票做為投資方式，那

麼你已經有 80％的機會站在輸家的行列。所以，選錯投資方式是很危險的事。

連巴菲特都無法擊敗的標普 500

如果用對方法而且學透，投資單一股票確實是累積財富的好方法，巴菲特用這個方式獲得可觀財富，我個人也以投資單一股票的模式，讓自己和客戶都小有斬獲。不過，巴菲特還是建議多數人使用標普 500 指數基金，我也建議多數的投資者使用它，不止是我和巴菲特，多數有經驗的操盤手，也會建議一般投資人使用同樣的管理方式。

不是因為我們怕你投資單一股票，賺得比我們多，也不是什麼無招勝有招，而是確實這招最簡單、成效又最好。雖然不是最完美的投資方式，但絕對可創造 80 分以上的績效。千萬不要小看標普 500 這種指數基金，巴菲特曾經連續 19 年的累積成績都無法擊敗標普 500（2003 ～ 2021），如果連巴菲特都如此，你還看不出投資單一股票的困難度嗎？

巴菲特常說在橋牌桌上幾圈下來，如果還不知道誰是那頭被宰的羊，那麼就是你了。既然 80％的投資者投資單一股票無法獲利，至少說明這個投資方式對多數人並不適用，本書的目的就是要

| 表 1-3-1 | 2003 ～ 2015 年巴菲特與標普 500 成績比較 單位：%

年度	年度報酬	
	巴菲特	標普 500
2003	15.80	28.68
2004	4.30	10.88
2005	0.80	4.91
2006	24.10	15.79
2007	28.70	5.49
2008	-31.80	-37.00
2009	2.70	26.46
2010	21.40	15.06
2011	-4.70	2.11
2012	16.80	16.00
2013	32.70	32.39
2014	27.00	13.69
2015	-12.48	1.38
年複利	7.98	8.90
累計成長報酬	171.45	202.93

結論：標普 500 連續 13 年擊敗巴菲特的績效

資料來源：S&P、波克夏

教你站在單一股票的對立面。

2022 年由於俄烏戰爭加上美國升息物價膨脹的隱憂，引發美國中央銀行的暴力升息，幅度之大之激烈為歷史所罕見，標普 500

| 表 1-3-2 | 2003 ～ 2022 年巴菲特與標普 500 成績比較

單位：%

年度	年度報酬	
	巴菲特	標普 500
2003	15.81	28.36
2004	4.33	10.74
2005	0.82	4.83
2006	24.11	15.61
2007	28.74	5.48
2008	-31.78	-36.55
2009	2.69	25.94
2010	21.42	14.82
2011	-4.73	2.10
2012	16.82	15.89
2013	32.70	32.15
2014	27.04	13.52
2015	-12.48	1.38
2016	23.42	11.77
2017	21.91	21.61
2018	2.82	-4.23
2019	10.98	31.21
2020	2.42	18.02
2021	29.60	28.47
2022	4.00	-18.01
年複利	9.76	9.70
累積成長報酬	544.34	537.10

註：標普 500（代碼 spy）數據改用紐約大學，因此比較初版數據會有異動。

跌18％，巴菲特的波克夏預留了充沛的現金，成了股市的避風港，上漲了4％，這20年的績效終於以不到3％的累積績效領先標普500，連投資奇才這近20年的績效都只能跟標普500接近打平，可見標普500的績效水準和要擊敗它的難度。

結論：近20年來巴菲特的累積績效和標普500非常接近，而且還是拜俄烏戰爭及中央銀行的暴力升息，所以在2022年做了一個逆轉。

選擇一定彈得回來的投資標的

因此，打破買賣單一股票才能賺大錢的迷思吧！一般投資人需要的是，選擇一個就算判斷錯誤、股價掉下去仍保證一定彈得回來的投資標的。一旦把原先可能發生的許多假設，簡化成你可以捕捉的軌跡；一旦方向確定，理解此投資標的的必經途徑，就容易掌握了。

接下來只是用多大的力量、多少的時間，來運用和掌握此投資機會，因為最困難的移動方向已大致被掌握。那麼，這是什麼樣的投資標的？就是我一再提起的標普500指數基金和巴克萊投資級公債指數基金（AGG），或是兩者混搭。

講究時機的投資者，當然注重下一個移動方向，不過，因為個

股的方向移動變數很多，能成功掌握絕佳時機點進出者，雖獲利驚人，但多數人根本做不到。很多時候為了追逐完美的進出時機點，反而要付出更大的代價和昂貴的成本；相對來說，如果你懂得站在單一個股的對立面，幾乎穩賺不賠。

這麼輕鬆可以獲利的方式，為什麼總是被忽略？

選對市場，才能釣到魚

不管是到湖邊還是到大海，喜歡釣魚的人不會在每一個地方下鉤垂釣，因為有些地區就是沒有魚群，或者少有魚群。

每一個國家都有股市，政府都想發展振興股票市場，但不是每一個國家都能吸引世界一流企業的駐足，和國際資金的青睞，其背後當然有許多複雜的因素。投資與垂釣一樣，想要釣到大魚，得到對的市場。

各個國家發行的指數基金，代表該國企業的經營體質，當然國家間的競爭也是相當激烈。舉例來說，1989 年時台股創下12,682 的歷史高點，美股道瓊那時的位置相當於 2,781 點，但來到 2015 年，道瓊最高已經攀升至 18,000 點，但台股仍未回到歷史高點。如果兩者股利都不列入計算，這 26 年期間，台美股市的報酬率相差近五倍，換句話說，選錯市場，資產的累積差異可真不小。

全球股市的指數基金，美股占了一半的比重，而且全球 100
大品牌，美國也占據了 50 個以上，雖然說美國已不是世界超
強，但在可預見的未來 20 ～ 30 年內，恐怕還是沒有一個國家
可以取代她。

而且美國這個國家歷經考驗，卻總是像浴火的鳳凰般越挫越
勇，因此建議有意願投資的人，應該首選美股指數型基金，對喜
歡台灣股市的投資者，也可以考慮代表台灣股市的指數基金台灣
50（0050），但應該搭配台灣的經濟發展趨勢，國發會每月公
布含有九項指標的景氣燈號，就是一個很有參考意義的工具。

如何使用，請參閱我的第一本書《每年十分鐘，讓你的薪水
變活錢》（改版書名《阿甘投資法》），裡面有詳細的規則和進
出場時間表的討論，從 1995 到 2019 長達二十多年的交易從未
失手，是台股穩操勝算的操作方法，能夠跟美股的資產配置混
搭，績效更好也更安全。

記得，選對市場才能釣到魚。美股就像橡膠球，掉下來還會
回彈，巴菲特也曾說，面對美國這麼大的投資市場，如果還不能
在這樣的股市獲利，難道還有其他國家更適合投資嗎？

 投資金句

打破買賣單一股票才能賺大錢的迷思吧！一般投資人需要的是，選
擇一個就算判斷錯誤、股價掉下去，仍保證一定彈得回來的投資標
的，而這就是指數基金。

NOTE

第 **2** 章

避開巴菲特的
智慧陷阱

巴菲特「不賠錢」的定義是什麼？如果不了解他的想法，貿然跟著他的動作投資，就可能陷入了巴菲特智慧的陷阱，在他看來言之成理的事情，在一般投資人就萬萬做不得。

　　如果你覺得你的個性和巴菲特相近，具備的能力和條件也相當，理所當然可以跟著他的步伐前進；如果不是，就應該另闢蹊徑，找到一條通向羅馬、又適合你的路線。

2-1 巴菲特的第一金律失靈了？

有投資老手以巴菲特一再強調的第一金律，選出一家他認為符合條件的公司，投資結果失敗了，巴菲特的第一金律失靈了嗎？

國內曾經出版一本書，菲爾・湯恩（Phil Town）寫的《有錢人就做這件事：學會巴菲特投資第一定律》，這是巴菲特恩師班傑明・葛拉漢（Benjamin Graham）所提出，也是巴菲特奉行的投資金律 —— 第一條：不要賠錢；第二條：不要忘記第一條。

這確實是投資第一要注意的事項，幾乎沒有人會反對，但是巴菲特只提出了這個金律，卻從沒有解釋投資如何可以不賠錢，巴菲特許多重要論述，彷彿是禪學中的「不可說」，他本人沒怎麼說，都是其他人根據他的論點、年度報告或一些談話而延伸。

重新檢視股神的投資法

菲爾·湯恩寫的這本書有沒有道理呢？有，且言之成理，他認為巴菲特的第一金律是從四個 M 開始：意義（meaning）、護城河（moat）、管理團隊（management）、安全利潤（margin of safety）。

這四個 M 的精髓，在於你訂定投資決策時必須評估和提問的四問題，包含：一、這家企業對你有意義嗎？；二、這家企業有寬廣的護城河嗎？；三、這家企業有優秀的管理團隊嗎？；四、這家企業有很大的安全利潤空間嗎？整本書著重在這四個 M 上，這些，成功的投資者不會否定，也無法否定。

我們再看看《巴菲特勝券在握》的作者海格斯壯（Robert G. Hagstrom），也提到了巴菲特的第一金律，他整理了巴菲特的投資法分別有 12 項，分成四個大項目，基本上和菲爾·湯恩的四個 M 是相呼應的，但他列出了更細的標準。

我們先以項目三的第七項，財務守則中的股東權益報酬（ROE）來探討，這些年來談巴菲特的書在國內掀起了一股主流，透過許多作者的闡述、強調和分析，多數國內的投資者，對股東權益報酬率也達到了空前的重視，這是一件好事，ROE 確實是一個很重要的財務數字，可以藉此評估一個企業體質的良好與否，

《巴菲特勝券在握》的 12 個投資準則

項目一：專業守則

1. 這項事業是否簡單易懂？

2. 這項事業是否有一貫的營運紀錄？

3. 這項事業長期遠景是否看好？

項目二：管理團隊守則

4. 管理團隊是否夠理性？

5. 管理團隊是否坦白對待股東？

6. 管理團隊能否獨排眾議？

項目三：財務守則

7. 股東權益報酬是多少（ROE-Return on Equity）？

8. 公司的保留盈餘（Owner Earning）為何？

9. 獲利率多少？

10. 每保留一美元，能否至少創造一美元的市場價值？

項目四：價值守則

11. 這家公司的價值為何？

12. 能否以相當便宜的折扣價格買到它？

參考資料：《巴菲特勝券在握（二）》，作者海格斯壯（Robert G. Hagstrom）

這也是證券分析師（CFA），每年必考、且深入探討、極為活用，很有份量的題目。

杜邦方程式拆解了 ROE 用來檢視一個企業的三項重要財務數字，也就是純益率、資產周轉率及槓桿比率，這三樣東西就彷彿是孫悟空的金箍棒，可以一變二、二變三，也彷彿是變形金剛，國內許多人以巴菲特的股東權益報酬這個財務公式進行延伸闡述，一窺巴菲特選股的重要技巧。

菲爾・湯恩所說的四個 M，以及海格斯壯所提的巴菲特 12 準則，都很重要，幾乎沒有人否定，但是以 ROE 再加上了解其他所有準則之後，是否就能達到巴菲特第一金律投資不賠錢呢？我的看法是未必，你先別訝異，我們用實例來證明。

巴菲特「不賠錢」的定義是什麼？

有投資老手以菲爾・湯恩所選的四個 M，選出他認為符合條件的公司，也就是宏達電（2498），菲爾・湯恩提出這個論述時，剛好是在 2008 年金融海嘯之前，所做的分析也言之成理，我認為這屬非戰之罪，以今天來看宏達電，這四個 M 幾乎都被挑戰了，也就是說在 2008 年達到巔峰之前，那四個 M 是存在的，回頭一看，都消失了。

我認為絕對不是這位作者有意誤導，只是宏達電的這四個 M 的持久性是短暫的，這引起一個問題的思考，這位作者也是投資老手，老手在解讀四個 M 時也都會出現運氣差的判讀，那就更不要說一般投資者了，所以我認為巴菲特第一金律，一定還有其它要考慮的因素。

我們就以巴菲特這 12 項標準，檢驗他本尊挑選的股票，這檢驗力度，比前面那位投資老手所挑的股票更具有說服力。2015 年巴菲特前五大持股分別是富國銀行（Wells Fargo）、可口可樂、美國運通（American Express Company）、IBM、沃爾瑪（Wal-Mart Stores Inc.）。

首先我們來探討一下，巴菲特「不賠錢」的定義是什麼。如果不了解他的想法，跟著他的動作投資，就可能陷入了巴菲特智慧的陷阱，在他看來言之成理的事情，在你就萬萬做不得，因為他看得清問題所在，投資人盲從跟進，可能會畫虎不成反類犬。

你如果不相信，就以這五檔符合巴菲特定義的股票來說，從購買的那一天開始，股價下跌 10％，你認為這是不是賠錢？當然股票有一個波動的範圍，華爾街有一個不成文的定義，股價下跌不超過 20％是修正，超過 20％就進入了熊市（跌市），以可口可樂為例，下跌 10％我們可能會忽略它，下跌 20％時你認為這投資是不是賠錢？多數投資者可能已經關切和懷疑了。

如果再下跌到30％，我想多數人可能已經按捺不住了，台灣投資者常講的停損，請問這時你要不要停損？許多操盤老手跌10％就殺出了，哪會等30％，既然停損，表示賣出就賠了，顯然這不符合第一定律，因為已經賣出，虧損也已經實現。

當然也有一些投資者認為30％的虧損他可以承受，那麼再往下呢？如果跌到40％、甚至50％呢？請問這樣的股票算不算虧損，又有多少人認為股價跌50％的股票符合巴菲特第一定律？

就連巴菲特親自挑選的股票，價格都會出現30～50％這麼嚴重的修正，又憑什麼說有不賠錢的投資方式？這產生了許多人沒有

| 表 2-1-1 | 巴菲特過去的前五大持股面臨50%重挫

名稱	高低震盪（美元）	跌幅（%）	時間點	最近股價	2014年巴菲特持有市值（美元）
富國銀行 WFC	36.78~8.09	-78	2006/11~2009/03	38	265億
可口可樂 Ko	42~20	-52	1998/04~2003/01	64	169億
美國運通 AXP	51~28	-45	2000/05~2001/08	152	141億
	64~12	-81	2007/03~2008/12		
IBM	120~58	-51	2001/09~2002/06	123	124億
	215~135	-37	2013/03~2016/01		
沃爾瑪 WMT	16.28~10.19	-37	1992/11~1995/11	152	58億
	84~57	-32	2014/10~2015/08		
合計					757億

思考的問題，巴菲特的第一金律只談四個 M 或 12 準則嗎？連多年老手都誤判，難道這還不能告訴我們，巴菲特的第一金律可能另有所指，或有更重要的意涵沒有被發現？

截至 2023.01.06，波克夏公司資產，蘋果占公司資產 22.9％是相當重的比例，台積電也曾在 2022 年第三季進入了前 10％的持有，但隨即在 2022 年第四季地緣政治緊張時賣出，留給投資者許多的驚訝和疑團。

| 圖 2-1-1 | 截至 2023.01.06，波克夏公司資產

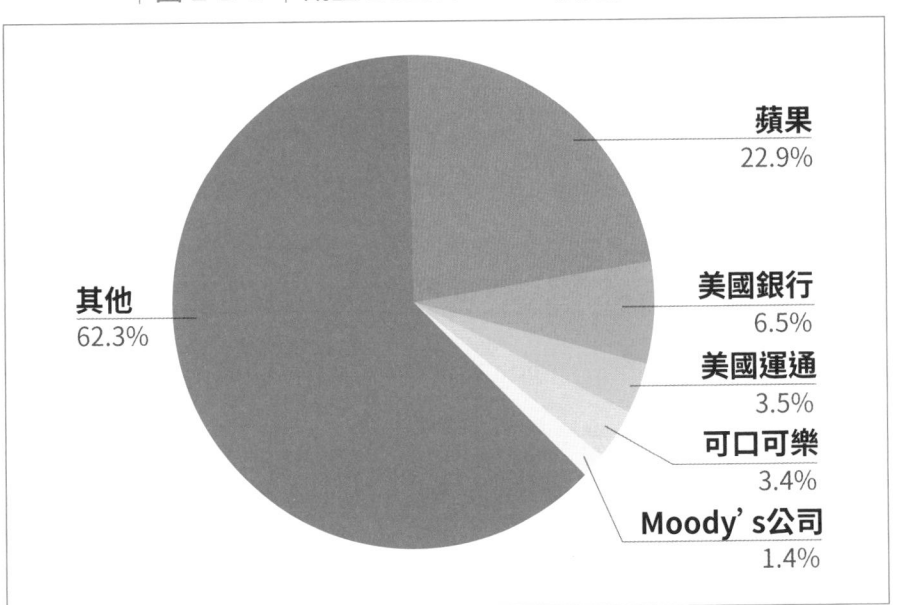

蘋果
22.9%

美國銀行
6.5%

美國運通
3.5%

可口可樂
3.4%

Moody's公司
1.4%

其他
62.3%

80%投資者不適合仿傚巴菲特

或許你會說，如果以更嚴格的方式篩選，還可以找出巴菲特更符合條件的股票，是哪一個？不要忘了，巴菲特六大持股中的可口可樂和 IBM，2015 年在全世界品牌評選中，名列第三和第五名。

巴菲特的護城河寬廣深沉，如果懷疑，來看一下 2015 年全世界品牌第一名的企業──投資人耳熟能詳的蘋果公司，蘋果股價曾經從 62 美元跌到一美元，修正幅度高達 98％以上，幾乎瀕臨破產，2004 年浴火重生，2007 ～ 2008 年高低點落差 61％，2012 ～ 2013 年高低點落差 41％，從這幾個數字可以看出來，原來以巴菲特這 12 項法則挑出來的股票，竟然每個都經歷過股價重挫的紀錄，尤其是黑天鵝來臨時。

請問，當買進的股票下跌 50％時，還能心平氣和認為選的股票沒有錯嗎？如果你也曾經歷過 50％下跌沒有停損，從容淡定不驚慌，甚至還考慮逢低加碼，那麼姑且不論這個股票是否會絕地大反彈為你帶來獲利，光是你這個心理素質值得肯定，你已符合進入個股投資的族群，若還能把握巴菲特的挑股準則，可能就是獲勝的一族，你可以繼續堅持巴菲特所有的策略和做法。

如果你做不到，那麼你需要重新去了解巴菲特的第一金律，或是重新去找尋不同的方法，這也就是我說台灣 80％投資者，不適

合學巴菲特投資的原因。那麼，什麼樣的做法，能符合巴菲特的第
一金律呢？

 **投資金句**

連巴菲特親自挑選的股票，價格都會出現 30 ～ 50%這麼嚴重的修
正，憑什麼說有不賠錢的投資方式？如果你曾經歷過 50%下跌而
沒有停損，甚至考慮加碼，你可以繼續學習巴菲特所有的策略和做
法。

2-2 巴菲特的不動如山，你做得到嗎？

許多人看到德州牛仔騎在牛背上的競賽，牛一出閘像瘋狂般的上下舞動，非得把上面的人甩下去，有些牛瘋狂的把自己的身體變成時鐘 6 點 10 分的角度，曾經看過一個畫面，瘋牛後腿猛踢向天空，幾乎形成垂直的角度，一旦人被甩下去，牛還會用牛角去攻擊。

這競賽有一定規則，牛仔必須單手握住韁繩，據說最少要維持八秒讓裁判評分，這個競賽考驗的不只是蠻力，而是如何隨著牛上下抖動的旋律，減少相互對抗，簡單的說，讓身體的和諧平衡，融入牛瘋狂抖動的旋律中。

處理市場波動，巴菲特是此中高手，而且是和諧地融入股市這種大幅波動，有一部分原因，就是他對股市激烈震盪本質的認清，如同奪冠的德州牛仔一般，最重要的是，除了專業的訓練，還有事前的準備，這個事前的準備，是多數投資者都沒有注意到的。

即使股價大跌六成，依然不動如山

以巴菲特持有的美國運通公司（AXP）為例，最近 15 年出現兩次超過 50％的震盪，分別是 2000 年 10 月 2 日，股價由 55 美元跌到 2001 年 9 月 21 日的 22 美元，跌幅 60％；2007 年 6 月 4 日，股價由 65 美元重挫到 2008 年 11 月 20 日 17 美元，跌幅高達 73％。

前面兩次股災分別受到 2000 年高科技泡沫，以及 2008 年金融海嘯影響，跌幅都超過 60％，但金融海嘯過後，美國運通股價從谷底直線攀升，從 12 美元漲到 2014 年的近 96 美元，近七倍的漲幅，這麼大的波動，紀錄顯示巴菲特的持股並沒有變動，2000 ～ 2014 年持有股數依然是 151,610,700 股。

巴菲特在 1995 年對美國運通幾乎加碼一倍，從 7.23 億美元增加到 13.92 億美元，到 2014 年 12 月底持有成本略有下降到 12.8 億美元，但市值變成 141 億美元，持有運通的這段期間相當於成長了 11 倍。

值得注意的是，金融海嘯時 2009 年 3 月 6 日美國運通跌到 10.26 美元谷底時，他也沒有逢低加碼，這跟我們印象中的巴菲特有點不一樣，這值得玩味。

| 圖 2-2-1 | 歷經兩次股災，巴菲特緊抱美國運通股

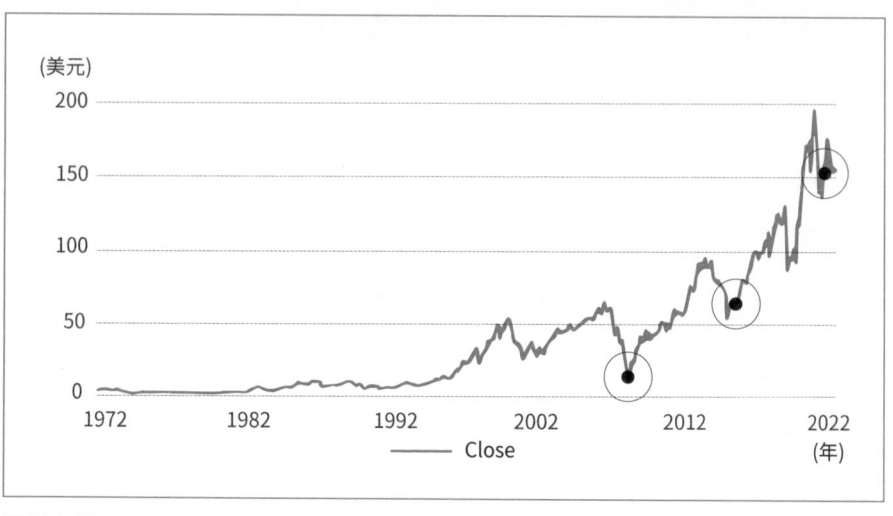

資料來源：TradingView

1. 第一個圈是 2008 年金融海嘯時，2009 年 3 月 6 號美國運通
   （AXP) 價格跌到 10.26 元，價格修正近 85%。巴菲特還是
   持有，並沒有被甩出去。

2. 第二個圈，是本書初版於 2016 年 4 月時的股價，大約在 60
   元左右。距離金融海嘯的低點成長了 500%。

3. 第三個圈，2023 年 1 月 6 號，股價大約在 150 元，相當於
   這六年又成長了 200%（2016 ～ 2022）。

這樣的表現你滿意嗎？喜歡嗎？但你有這樣的心臟嗎？你現在
了解股市的波動性和投資本質嗎？

5%的財富差距

女人一生的變化和豐富度可能多於男人，有人說女孩子談戀愛之前像燕子，什麼時候想飛，就飛出去了；結婚後像鴿子，時間到了就會飛回來；有了小孩就變成鴨子，待在家裡連飛都懶得飛了。當小姐時嬌滴滴的模樣，當了母親後卻像母獅一樣堅強，這股力量是怎麼來的？

生產，據說是人間至痛，余光中膾炙人口的〈母難日〉，三題之一今生今世寫到：

我最忘情的哭聲有兩次

一次，在我生命的開始

一次，在你生命的告終

第一次，我不會記得，是聽你說的

第二次，你不會曉得，我說也沒用

但兩次哭聲的中間啊

有無窮無盡的笑聲

一遍一遍又一遍

回盪了整整三十年

你都曉得，我都記得

這個痛，做母親是怎麼忍受的？力量來自何方？說是天性，母性的愛，也不為過。懷孕了，除非有特殊情況，不然，生是唯一的選擇，再痛也要完成。然而一談到投資，多數投資者，就算是女性，也沒有這麼大的使命感和拚勁，母獅的堅強變成錢多膽小怕狗咬，特別是股市震盪的時候。

巴菲特喜歡震盪嗎？希望股市波動嗎？如果是，他的論點何在，他能夠忍受痛楚的力量來自於何處？

如果你對複利的計算有一定程度的敏感，就能了解巴菲特許多行為舉止，為什麼和一般投資者有極大差異，原因在於他對事情和後面的結果非常清楚，所以可以心無旁騖地朝目標推進。巴菲特曾說，為了賺取15％報酬，寧可忍受過程的顛簸和不適，也遠比穩穩當當地賺取10％獲利來得好，這個5％的差距有多大？長期而言，有極驚人的差異。

從1965年到2022這58年間，巴菲特交出年複利19.8％的成績單，對比標普500指數的9.9％，這樣的數字可能多數人沒有強烈的感覺，一旦變成累積報酬，就是3,787,464％對24,708％，代表巴菲特的績效高於標普500達153倍，是的，你沒有看錯，也沒有打錯，就算是換成15％對10％，其中差距也是極為驚人。

當然巴菲特的投資風格也在改變，過去19年巴菲特的累積報酬落後於標普500（2003～2021），但是2022年的股災做了扭轉，

兩者績效非常接近，要再像當年那樣大幅領先可能很難，因為他從以往的股票投資者，已經轉為穩健的企業經營者，但這也說明，早期的巴菲特就非常清楚，忍受一時顛簸，可以獲得高於市場的報酬，長期而言是豐碩且值得的。巴菲特從一開始，就非常清楚他要追求什麼，而且知道為什麼必須如此。

這是他看清問題的智慧之所在，但很不幸，多數人就算知道這樣的結果，仍然沒有他忍受產痛般的能耐，對許多人來講，那些數字極大差距的報酬，只是閱讀時的領悟，還沒有化成思想，更沒有變成信仰，所以股市一劇烈震動，那種顛簸嘔吐之苦，超過多數投資者所能堅持的。

巴菲特的第一金律 ── 投資要能夠不賠錢，他設計的層次不會只有在戰術上，也就是不會只有在選股技巧上，例如巴菲特的 12 項投資準則。而是有一個更高的，類似國家級全方位防禦和攻擊的戰略規畫，不從這裡下手做這樣的布局，一般多數投資人就無法充分實踐第一金律。

投資金句

對許多人而言，那些數字極大差距的報酬，只是閱讀時的領悟，還沒有變成信仰，所以股市一劇烈震動，多數投資者無法忍受顛簸嘔吐之苦。

你不是巴菲特，認清自己的能與不能

在媒體和書籍大量介紹下，巴菲特的投資哲學已成了兩岸顯學，但有多少投資者真正受益？如果沒有，是什麼原因？沒有徹底了解巴菲特的強項和特質，以及沒有認清自己的能與不能——東施效顰，可能就是答案。

西施是中國絕代美女之一，「東施效顰」故事可能你還有印象，是《莊子》的一篇寓言，西施，本名施夷光，春秋末期，浙江諸暨薴蘿山下有兩個村子，分為東西兩村。村中的人多數姓施，施夷光住在西村，所以大家稱其西施，又稱西子，西施有胸口痛的毛病，常在村中看見她捧心皺眉。

同村的醜女東施見到她這個樣子，認為非常好看，於是模仿西施捧心皺眉，卻更見其醜，結果同村的人紛紛走避或閉門不出。東施只知道西施皺眉的樣子美，卻不知西施美的原因。這故事比喻不衡量本身條件，盲目胡亂地模仿他人，以致弄巧成拙。

條件不同，應對方式不同，結果自然迥異

彼知顰美而不知顰之所以美，這也正是許多人驚艷巴菲特的投資績效，卻沒有充分了解巴菲特之所以創造如此美麗的佳績，背後所需要的準備。

專業，是巴菲特獨一無二的特質，以及他戰略和戰術靈活交織的整體結合，說是藝術也不為過，如果不了解巴菲特，猶如東施不知道西施之所以美，不在於那個動作，而是西施本身的氣質跟她背後的素質養成所投射出來的一顰一笑，如果一般投資者不了解那些難以模仿的特質，自己並不具備，就會走入東施效顰的窘境。

也就是說，巴菲特所具備的特質，很多是一般投資者所不具備的，和巴菲特學習進而見賢思齊是可以的，可是如果不了解彼此的差異，那麼他有些動作，在我們認為就是高難度的，就像電視上許多專業人士表演某些具有危險性的娛樂節目時，總會打出「請勿隨意模仿」這幾個字，因為你並不了解表演者在哪裡做了保護措施，也不知道特別工具和操作技巧。

巴菲特在投資上所產生的驚人績效也是如此，他背後有許多條件配合，畫虎不成反類犬沒有關係，只是損失一張紙和筆墨，東施效顰不成也沒關係，讓大家取樂一下，如果拿你的鈔票來測試，傷心的可能是你的家人，傷肝和傷神的可都是你。

這也是要避開巴菲特的智慧陷阱之一——他對風險的看法與你大不同，應對的方式也迥然有異。

巴菲特可以堅持已設定好的投資戰略，而你不行，原因就是一開始所有的條件都不相同，就像有人描述的金玉良言：婚前和婚後，男人和女人就大不同，如果你不能了解這個差異，你對結果會很詫異，例如女人婚後，希望有「安定」的生活；男人婚後，希望有「安靜」的生活。婚前的男女，「形影」常相左右；婚後的男女，「意見」常相左右。

同一樣事看的角度不同，應對處理的方式也大不同，結果自然迥異，而重點是你並不容易去改變。巴菲特是怎麼看待風險的呢？一般人和他的差異在哪裡？

 **投資金句**

專業，是巴菲特獨一無二的特質，他戰略和戰術靈活交織的整體結合，說是藝術也不為過，一般投資者如果不了解巴菲特有哪些特質難以模仿，就會走入東施效顰的窘境，更重要的是，投資人很難改變自己的習慣。

2-4 學術界定義的風險，大錯特錯：概略的正確，勝過精準的錯誤

巴菲特在 1993 年給股東的信函提到，學術界喜歡用不同的方式來定義風險，認為風險是指某一檔股票或某一股票投資組合的相對波動性，換句話說，指的是這些個股相對大盤的波動性。

這些學術人士利用數據和統計的概念，精確計算出股票的 β 值（beta），也就是股票過去的相對波動性，然後依據計算的結果，做出了只有少數人了解的當代投資組合理論。然而，這些人士在追求評估風險的單一統計數據時，忘記了根本的道理──概略的正確，勝過精準的錯誤。

巴菲特認為正確的方向最重要，寧可概略的正確，也好於方向錯誤的思考，方向錯誤，就算精準算出，它還是錯的，也就是說，

巴菲特認為雖然當代理論算出了精準的數字，但它違背了商業的價值判斷和股市的操作。

成功的投資者看重價值

巴菲特說：「對股東或實際從事企業的企業主而言，學術界的風險定義大錯特錯，甚至荒謬，舉例來說，以 β 值作為基礎的理論，一檔比大盤跌更兇的股票，當它價格低廉時，學術界居然認為比它價格高時更有風險（就像我們在 1973 年買進的華盛頓郵報公司），但是對股東和企業主，可能以非常低廉價格收購一整間公司的買主來說，這種論調說得通嗎？」

「真正的投資者是歡迎價格的波動，因為股市的劇烈震盪，通常代表優質的企業股價會遭到不理性打壓，當這樣的低價出現時，價值或成功的投資者根本不認為風險上升，這時反而是利用別人不理性做出愚蠢的動作時，好好地大口鯨吞，撈上一筆，而不是忽略。」

簡單的歸納說，巴菲特認為：

1. 風險就是受傷的可能性，風險會隨著企業內含價值改變，而不是隨著股價移動。企業內含價值，簡單的說，就是企業獲利的本質和實力，如果這個（本質和體質）沒有改變，那麼

價格的下跌是遠離風險，而不是靠近。

2. 財務傷害是因為錯判了企業未來的獲利能力，未來的獲利能力並不容易判斷，因此巴菲特用謹慎的態度，加上商業的敏感度和專業來判讀。

3. 對時間長短的認知不同，巴菲特的投資期原則上時間都相當長，多數投資者在這點根本無法類比。巴菲特認為如果今天買進的股票明天就賣掉，即陷入了高風險的交易當中，因為他認為預測短期股價漲跌，跟用丟銅板來預測沒有差別，純屬運氣。不能掌握的事情，對他來講就是極大的風險。

如果你想降低投資的風險，就要在巴菲特的安全規則下，學習他的特質和強項，來進行投資的操作；如果不具備這些，就要另起爐灶，參考學習他的觀念，但規劃和選擇適合自己的投資方法。

你對波動的承受力有多少？

看完巴菲特的論述，你要問自己的一句是：波動到底是不是風險？這樣說你可能沒感覺，假設你購買心儀的股票，買進後價格下跌 10％時，你會做停損的動作嗎？如果不會，那麼到 20％時，你會怎麼去看待？如果你的承受力還不錯，股價下跌 30％時，對你算不算是風險？如果再更嚴重的下挫到 40％呢？我想多數人這時

候，會感到波動是風險。

但巴菲特說：「如果不能接受價格 50％的下跌，就不要進入股市來攪局。」看來巴菲特並不認為價格下跌，甚至更高的波動是風險。多數投資人進入股市以前，可曾記得巴菲特有過這樣的叮嚀？還是因為他的績效吸引人，就猛然進入股市？

如果你不了解為什麼巴菲特認為這些波動不會造成風險，他又是如何保護自己，貿然採取和巴菲特一樣的做法，那就不只是東施效顰，而是你走錯了戰場，輕則傷神，重則帶著一身的憂鬱症離開。

巴菲特對風險的看法是：「我十分重視確定性，如果你做到了，風險係數對我沒有任何意義。」他認為，風險應該是投資損失的一個概率，只要最終能夠收回，短期波動並不會導致最後的損失，所以他不認為波動是風險。

巴菲特認為只要可以收回，中間的過程他可以忽略不計，這個篤定的背後有他一定的計算考量，如果這個技巧你沒學會，不了解這都是已經過了一定程度的嚴謹考核、評估，以及對商業運作的了解，那麼你所買的股票，價格波動確實存在極大的風險。

價格的波動，都在巴菲特的風險控管範圍內，所以他可以神閒氣定，而你是驚慌無措。當你已經不是一個理性投資者，做出的錯誤判斷就會遠遠大於巴菲特。我同意他對風險的看法，但我更要指

　你沒有學到的資產配置，巴菲特默默在做的事

出，多數的投資者，都無法達到他對風險神閒氣定的看法。

 **投資金句**

「如果不能接受價格 50%的下跌，就不要進入股市來攪局。」巴菲特面對股價下跌可以神閒氣定，一般投資人卻要謹慎恐懼，除非你夠了解自己投資的公司。

2-5 巴菲特 vs 現代投資理論，你怎麼選？

巴菲特認為投資要著重在企業的價值，價格波動、β 值、標準差……這些都是「何處惹塵埃」，沒必要的事，對他完全不適用。而構築現代投資理論（Modern Portfolio Theory）的三位大師，卻對股票的波動度大力探討，進而架構出投資最佳化的效率前緣曲線圖。

這兩者論點，誰比較正確呢？我想起了 30 年前赴美留學的經歷。1985 年在美國念研究所時，有一門必修課是投資組合管理，這一門課重要，加上老師頗受好評，研究所特地把這門課開在晚上，讓白天和晚上下了班的公司主管都有機會上課。

課程開在一間階梯式的大教室，屋頂是嵌燈，打出柔和的暖光，說實在，從事藝術表演和文藝座談非常適宜，我每次坐在舒適的椅子上，剛到美國英文又差，一大堆當代投資理論的數字，標準差、β 值、變異數……經常引我到周公面前報到，下課後滿懷愧疚

的回家，走在紐瓦克（Newark）的市區，街燈照映下把身影拉得更長，這一堆見樹不見林的數字，讓異鄉的落寞孤獨更濃厚。

當時我在思考：投資，真的能從這些數字計算當中獲利嗎？因為這些都是根據「過去」的股價表現，所做的推斷。

相較於巴菲特，現代投資理論更適用多數投資人

畢業後從事多年的投資管理，我不以現代投資理論作為投資管理的思考主軸，當年所學的考完試後都還給教授了。但是從事投資管理的生涯中，幾乎每年都會碰到這個理論的探討，特別是過去15 年的兩次重大股災，加上巴菲特對現代投資理論極度不認同，南轅北轍的看法引起我的好奇。

於是我找出當代投資理論和巴菲特的差異度，我關心的重點是，一個理論如果毫無用處，又可以歷經幾十年不被淘汰，是不是有可以借鑑的地方，它的理論基礎何在？而巴菲特是一位傳奇的投資者，向來極具理性和見解，他一定看到了這個理論不合理的地方，這兩者之間哪些地方有衝突？哪些可以借重？

如果能夠釐清這個差異，一般投資者就可以借重兩者之間的長處，財經學者喜歡數學公式，有時一條公式勝過千言萬語，但是我並不打算這樣做，我希望盡量不用，而是以一般的語言來表達，讓

更多人能夠親近這本書。

我非常注意巴菲特的論點，在和客戶互動的經驗中，也深知投資人在財務行為學中所表現的情緒反應，多年後我認為這兩者的論點都正確，完全取決於對投資的認知、技巧、經驗和素養，以及你想要獲得什麼樣的投資結果。

如果巴菲特具備的特質你也具備，那麼巴菲特的投資方式和管理，績效會超越現代投資理論很多，因此，有千里馬資質的巴菲特若能日行千里，你卻讓他日行三百里，巴菲特當然會覺得這不合理，但多數投資人無此條件，無法相提並論，那麼現代投資理論中效率前緣的概念，還是適合多數人的投資管理布局。

簡單的說，巴菲特的能耐，對他來講最美的風景是攀登世界第一高的聖母峰看到的景致，許多人也跟著效仿前行，卻不知道攀登聖母峰要經過多久的體能訓練、心理素質培養，以及對風險的正確準備，事實上，攀登聖母峰的道路上，最不缺的就是被丟棄的氧氣罐和攀登不成的屍體。

找出適合你的投資組合

有經驗的導遊會告訴你，欣賞人間美景可以有不同方式，攀登聖母峰是一個等級（海拔 8,848 公尺），而香格里拉海拔是 3,500

公尺以上的高原，這又是另一個等級，香格里拉是一個平坦、景色迷人的高原生態；有些人甚至連 3,500 公尺都不適合去挑戰，那黃山就沒那麼高，也已經是五嶽之首，同樣有美景。一點山都不能爬的人，西湖就在城市邊，環繞它四周的有五星級飯店和各種美食，西湖還曾經是蔣介石和宋美齡度蜜月的地方，那就更不要說台灣的寶島，驚濤拍岸的清水斷崖，鬼斧神工的太魯閣，帶有一點歐洲風味的清境農場，無需冒生命的危險。

現代投資理論可以設計任何人都適用的投資組合，這是最大的優點之一，就像多數人都可以找到適合自己的旅遊規畫藍圖。現代投資理論無法達到像巴菲特攀登聖母峰那麼超凡的績效，因為使用的工具不同，現代投資理論就像一個旅遊前的導覽圖，依你想去的地方、預算和能承受的風險，描繪出一般投資者最無法處理的「投資風險」及最關心的「報酬」，這兩者間的關係，也就是一般人旅遊最關心的預算和景點。

許多旅行社給你的書面導覽和價格，大致能抓出這個行程是否適合，卻無法那麼精準，必須參與後才能夠印證導覽書所描述的，畢竟現代投資理論所建立的基礎都是過去的股價和波動資料，無法反映未來的表現，因此中間會產生一些誤差。就像旅行社給的旅遊簡介，對於黃山景致或居住條件也只能是描述，雖不足，但大致可以了解；藉助現代投資理論效率前緣圖形的描繪，還是有助於多數

投資者選擇他的投資布局，就如同選擇旅遊行程。

簡單的說，巴菲特和現代投資理論兩者都有用，就看投資者是什麼樣的條件來利用：

1. 巴菲特等級就如同攀登聖母峰，欣賞人間奇景；現代投資理論則提出適合你、也最安全的旅遊景點，無需冒生命危險。

2. 想學巴菲特追求獲利極大化的做法，需要具備巴菲特的各種特質和條件；現代投資理論所延伸出的資產配置，指出怎麼樣的資產配置是適合你的投資組合，而且還考量了你可以承受的風險。

以上兩者理論都正確也並不衝突，取決於你在什麼情況下運用，各有適用對象，如果從巴菲特購買企業的角度而言，這些風險係數、β 值都是過去的數據，請注意，那是過去的數據，只要價格下跌、價值產生了，它就是一個好交易。

多數投資者不像巴菲特這樣思考，那麼事先閱讀旅遊導覽，有助於對整個行程的認知，就像現代投資理論，「大致」描繪出一般投資者最無法處理的「投資風險」和最關心的「報酬」，這兩者之間的關係。請注意，這是一開始的布局和規畫。

避開陷阱，實現第一金律

現代投資理論用過去的數據來預測未來，本身就有不完美的地方。

巴菲特引用韋恩・格瑞斯基（Wayne Gretzky）常說的：「找球的落點，要隨著曲棍球盤轉的方向走，而不是只看球盤在什麼地方打轉」，套句曲棍球選手的話，要看球移動的下一個方向，而不是上一個球停留的位置。

巴菲特不接受現代投資理論，這應該也是原因之一，舉例來講，2016 年初以來，美國 IBM 公司開始產生抗跌，是不是代表企業內含價值越來越高？如果是，那 IBM 應該值得投資，但現代投資理論用 IBM 過去的標準差來衡量風險，也就是完全沒有考慮企業的內含價值，以及未來可能的轉變。

我同意巴菲特對風險的見解，我也是一個見證者。

金融海嘯過後，從 2009 年到 2015 年這七年當中，我有將近七檔股票接近 10 倍的成長，包括蘋果、星巴克和台灣在美國上市的慧榮等，股價下跌 60～80％時，我認為這些公司的下跌風險有限，那個時間點我認為是「遠離風險」的擁抱機會，但許多人在蘋果股價 11 美元（分股後的價錢）時賣出，2015 年底蘋果收盤價 100 美元；星巴克在谷底時只有 3.5 美元，2015 年底收盤價 60 美元，成

長近 16 倍。

所以股市的重挫對某些人來講，產生了一個黃金的購買機會，可惜並不是所有人都這樣認為 —— 特別是 β 值因重挫升高時。這點現代投資理論就有它不合理、不適用的地方，既然如此，巴菲特的真知灼見應該是可以參考的智慧，怎麼在這個地方我認為對多數投資者而言，是陷阱呢？

這必須回到（一開始）的布局，如果能夠利用資產配置的觀念，將多種不同資產作出一個有效的組合，而且符合你的風險承受力，且這個投資組合的標準差可以下降，也就是波動範圍的風險下降，那麼你就可以照原定的投資計畫，而不會在驚慌中做出傻事。

巴菲特可以經得起 50％以上的價格震盪，而多數人不行，因此縱然現代投資理論有不完美的地方，但優點之一是，一開始可以為我們指出一個輪廓，也就是什麼是我們覺得在可承受的風險震盪下，追求最適當報酬的投資組合。

現代投資理論中所敘述的標準差、β 值等風險係數，以及效率組合最優化的效率前緣，對巴菲特完全不適用，但不幸的這卻是多數人可以避開虧損和作出蠢事的投資風險導覽，重點是，也只有在這個基礎上，巴菲特的第一金律較有機會實現。

為什麼幾種不同性質資產的組合，可以把投資風險下降？這裡

面一定產生了一些有趣的化學變化，這部分有它理論和實務上可以支持的證明，值得每一個投資者予以關注。

投資金句

現代投資理論可以幫投資者找出能承擔的風險震盪下，追求最適當報酬的投資組合，卻也侷限了創造如同巴菲特驚人報酬的可能。不過，投資方法適合自己最重要。

標準差和 β 值真的沒用嗎？

在投資界談風險，很難不談標準差和 β 值這些所謂的風險係數，但巴菲特一再告誡投資者，避開希臘數字的這些方程式，這兩者有衝突嗎？β 值和標準差所延伸出來的觀念有用嗎？

如果你徹底了解巴菲特的投資哲學，我講的是非常徹底，不只是浮光掠影了解他的選股標準，還包含了他的投資理念、投資組合的布局經營、一開始的風險規避，這裡的重點是「一開始」，這也是投資大師彼得‧林區觀察巴菲特所下的評語：「他總是找尋無風險和風險最少的投資。」

標準差和 β 值：兩個基本數值可以衡量風險

2015 年的環球小姐（Miss Universe）比賽，發生張冠李戴的烏龍新聞，主持人在直播節目宣布哥倫比亞小姐封后，就在哥國

小姐戴上后冠、向觀眾拋飛吻之際，主持人卻尷尬說：「我很抱歉」，原來他看錯名單，菲律賓小姐才是冠軍。

奪得環球后冠的伍茲巴赫（Pia Alonzo Wurtzbach）是 26 歲菲德混血兒，由於我的好友曾醫師是菲律賓華僑，對故鄉的事當然特別關心，他告訴我這花邊新聞，伍茲巴赫曾在菲律賓參加幾次選美競賽都沒得冠，有人建議她應該展露一下實力，適度露出一些「胸（凶）器」，結果最後勝出。

從新聞報導我們無從得知環球小姐的胸器有多偉大，這在某些人眼中一點都不重要，卻也有人為了增大乳房尺寸因手術不當甚至喪命，這彷彿是巴菲特和一般投資者，同樣在看待風險這一件事情上，有截然不同的解讀。

在投資界裡，股價的波動就代表了「有風險」的意涵，而巴菲特則完全不是這樣認為，他認為不了解一個企業的價值並貿然持有，才是最大的風險。對風險的解讀不同，要做的控管和投資方法也大相逕庭。

在投資界衡量證券或投資組合的風險，常用的兩個數字分別是標準差（standard deviation）和 β 值（beta）。標準差是衡量波動的程度，也就是報酬率的「變動範圍」。別太擔心，這也很容易了解，就像女性的 ABCD 罩杯是尺寸大小的說明，標準差衡量的是波動範圍，數字越大代表報酬率的「變動範圍」也越寬。

至於 β 值則是衡量該證券或投資組合對市場的「敏感程度」，在男女關係中貝它（背叛）值絕對是一件敏感的事情，在證券市場中，如果證券或投資組合的 β 值是一，代表漲跌和市場同步，如果是二，就代表漲跌敏感度比市場多一倍。

買一家好企業，價格下跌更有吸引力

　　巴菲特對投資風險的控管，是從投資一開始就進行慎重且嚴謹的管控，同時巴菲特對投資的看法，不是以買賣股票，而是「買一家企業」的角度出發，如果你也可以做到如此，那巴菲特的說法就是言之成理 —— 股價下跌會使得企業內含的價值更吸引人，而且以後恢復原價的力道更強。潛在獲利更大的這時候，說只因為股價的波動而讓風險增大，是不合理的。

　　就購買房地產或企業而言，好的投資標的會因為價格下跌而更具吸引力，這時候是「遠離」風險，而不是「靠近」風險，這時候價格的波動，是巴菲特眼中的「機會」，卻變成了現代投資理論中的「風險」，以標準差和 β 值來呈現。

　　你比較能接受哪一種論點？多數人能夠接受巴菲特的想法和說法，我也是。但在實務的操作上，除非一開始你就有巴菲特的布局、規劃和防禦，和他那種無人可以取代的心理素質，要不然股價

的波動對一般投資者而言，確實是一個風險，這個波動會造成不理性的所有投資行為。

一般投資者都是發生事情的當下，才會記得戴安全帽或保險套，那個時候已經太遲了。

在理論和實務之間，如何衡量產生利益？

用標準差來衡量投資績效波動的範圍，當然也有受限的地方，因為它適用的對象是常態分配（Normal Distribution），但投資報酬的機率分布，比較接近對數常態分配（Lognormal Distribution），雖然標準差不是一個完美衡量的工具，但也是目前被廣為接受的一個衡量標準。

如何運用以得到最大的利益，而不只是現代投資理論所表述或僅止於名詞的探討，這才是我們需要的。

有兩個方法，一個是在相同的風險之下，找到較高投資報酬的投資組合設計，第二個是相同的投資報酬，但風險下降（降低標準差），也相當於降低波動的範圍，因為劇烈的波動，正是一般投資者無法忍受，而做愚蠢行為的來源之一。

假設有三種資產（例如股票、公債、現金），做出五種投資組合的設計，每種組合都是可達成 7％ 投資報酬，在報酬相同的情況

下，標準差最小的投資組合，會為一般投資人所喜歡，這個也就是所謂的最佳化（optimal）的投資組合，也是所謂有效率的投資組合（Efficient Portfolio）。

再將這三種不同資產（股票、公債、現金），依照不同比例做出各種投資組合，用座標圖來呈現「標準差」和「報酬」兩者間的關係，每一個風險點一定會有一個投資組合，可以達到最佳報酬率，由點構成線，這就是大學或研究所財經課程，在投資組合管理中非常有名的學習功課 —— 效率前緣（Efficiency Frontier）。

就像前面章節所說的旅遊導覽，因為只考慮「過去」的關係，所以有失真的地方，但多少還是提供了一個概略的範圍。但現實的投資世界不是那麼簡單，要不然統計學博士和財經教授，應該是全世界最富有的人，事實不然，這說明了理論和實務的操作上有一個還沒補起來的縫隙，甚至可以說某種程度的鴻溝。

投資環境在變化、市場在移動，達成過去投資報酬的因素也在改變，所以要用過去預測未來，本身就有它的一個困難。

舉例來說，2016 年 1 月 7 日美股向下修正，當天道瓊跌了將近 400 點，跌幅將近 2.3％，巴菲特的前五大持股之一 IBM，2015 年已下跌 14％，這個跌幅遠高於道瓊指數，2015 年 IBM 的標準差（波動幅度的風險）也就明顯高於大盤。

但是 2016 年 1 月 7 日這天，IBM 的跌幅只有 1.6％，大約只

有大盤波動的七成，截至 2 月 19 日，IBM 跌幅 3.3％，對比大盤的跌幅 6.2％只有一半，顯見 IBM 相對抗跌。這可能透露出諸多訊息，例如 IBM 從 2013 年的 215 美元，到 2015 年年底已經下修了近 40％，是不是開始改變方向？

 **投資金句**

用過去預測未來，一定有失真的地方，然而，雖然 β 值和標準差不是完美的衡量工具，如何正確運用以產生最大利益，才是投資人需要認真思考之處。

2-7 巴菲特致富之理如登聖母峰，你適合嗎？

$\large緬$懷前輩的豐功偉績，也要展望自己未來的挑戰，更要了解前人成功的原因，否則只能看到冰山的一角，而無法窺知全貌。

巴菲特的成績確實傲人，波克夏公司的帳面價值在 1965 ～ 2014 年間，複利成長達 21.6 ％，對比標準普爾 500 指數（S&P 500）的 9.9 ％，算是相當耀眼，他憑什麼取得這麼好的成績？使用的工具是什麼？

在驚人獲利的背後，都有接近完美的條件組合

巴菲特幾次成功的戰役令許多人印象深刻，例如可口可樂、美國運通、富國銀行、華盛頓郵報等，許多人印象中的巴菲特偏好投資股票，也就是說個股的好表現，成就了巴菲特的豐功偉業。

如果仔細一一核對，巴菲特有幾年成就領先 S&P 500 有相當大的距離，1979 年 102％、1983 年 69％、1985 年 93.7％、1989 年 84.6％、1995 年 57.4％、1998 年 52.2％。從事投資的人可以知道，就算是投資股票的老手，都很難交出和 S&P 500 一樣的報酬率，這說明了挑個股的強項確實是巴菲特所長。

　　這個特質和條件一般人具備嗎？許多人很少去深思，要具備這樣的特質需要什麼樣的個性和天分，這樣的成績就算在新興的市場都很難達陣，更遑論是成熟的美國股市。

　　要達到這種當年度超過報酬 50％以上的成績，我們暫且不論巴菲特背後的操作策略和技巧，因為只有極為少數的專家可以辦到。

　　從另外一個角度來說，若把這幾年成績拿掉，巴菲特的績效就會下降許多，巴菲特也就不是巴菲特。巴菲特說，造成他這一生成就的，不過是十幾個抉擇，不多，但每個決策背後，都是學識、膽識、見識的完美組合，你一生看過幾個人兼具這些特色？而且不止一次出現。

　　隨著時間改變，巴菲特早年操盤的策略和手法也逐漸在改變，巴菲特至今都還不願意公布，1965 年他組成類似避險基金的合夥投資有哪些持股，成立波克夏之後，因為上市公司必須公布部分超過一定持有金額的股票，在我看來，巴菲特早年有些持股，必然和

他現在的風格迥異。

近 28 年來巴菲特領先標普 500 的幅度比以前縮小，甚至從 2003 ～ 2022 年已經連續 19 年累積報酬落後標普 500，未來能否再像以前大幅領先？是值得投資界關注的一件大事，也是值得玩味和探討的事。

小孩玩大車：沒有風險控管而追求高獲利

當大家羨慕巴菲特長達 50 年 21.6％複利的驚人成績時，都忽略了投資股票的難度和挑戰，幾乎再也沒有一個行業和專業像股市投資一樣，普通菜籃族和達人，卻可以交出比專家還好的成績。投資是一門極為複雜的事，也是可以簡單到小學生可能比大學生成績還好的一門學問。

美國曾做過統計，小學生挑的股票投資報酬率優於大學生，因為小學生可能挑選日常熟悉的可口可樂、迪士尼、NIKE，甚至必勝客、玩具反斗城或當年電影院線的股票，大學生們可能會挑一些高科技的股票，例如貝爾實驗室。

當年曾經讓鴻海集團董事長郭台銘起步的朗訊（Lucent）（貝爾實驗室是朗訊的前身及研發機構），股價在高科技泡沫時從 82 美元跌到 0.4 美元，股價腰斬 99％以上，你一生只要挑到一次這樣

的股票，你就會驚嚇得說不出話來，大學生當年也會挑上微軟，從高科技泡沫經歷了相當長的一段時間，才又再次接近當年的高點。

小學生的成績優於大學生這是怎麼一回事？挑選個股、管理個股存在的挑戰和難度，遠遠超過一般人想像，這是連專家都無法駕馭的事情，悲慘的故事幾乎可以寫上幾本書，然而多數投資者只看到巴菲特的成績，以至於眼光只專注在「挑選個股」這件事——這個看似簡單卻高難度的投資工具，挑對個股的成長性極為驚人，要不然巴菲特無法交出一年超過 50% 的成績，而且多次。

個股是巴菲特的最愛這不為過，中國人常說小孩玩大車，大家也都了解這句話代表的意思，因為條件能力不足就容易出車禍，但一般投資者，進入了投資領域，卻忘了這樣一個簡單易懂的道理。也就是說，適合巴菲特的投資工具，確實不適合多數投資者，如果沒有這樣的體悟，就要付出小孩玩大車的代價。

除了期貨期權這些高槓桿的投資工具以外，股票可以說是所有資產投資工具中，長期績效表現最耀眼者，但也最難以駕馭。巴菲特的整個中心思想，是把一個最難的工具，用一個最穩健的操作策略來進行，你不能只看到「挑選個股」帶來的高獲利而去效仿，卻忽略了背後可以達成這項目標的一些必備條件。

巴菲特有他整體的投資策略，對風險的控管、規避，並掌握各種投資工具在不同投資環境下的特性表現，且管理投資情緒相當穩

健高超，這些所有的必要條件，巴菲特都做了完美的演繹，以至於全世界很難再有另一個這樣的組合。

理性地評估自己，做出最簡單合理的投資策略

個股的操作困難度，連專家都不容易駕馭，但這卻是巴菲特最耀眼成績的來源，也因而吸引了眾人眼光，但你真的適合操作個股嗎？

投資大師彼得・林區這樣形容巴菲特：「身為投資人，他有紀律、耐性、彈性、勇氣、信心和決心。他總是在尋找無風險或風險最少的投資。除此之外，他非常善於機率的計算，並穩操勝算，這來自於他對數學計算保有持續的熱愛，從他熱中橋牌的活動就可以看出，而且他在高風險的保險業和再保險業有長期經驗，這些諸多條件的結合，讓他培養出能承保高風險標的的忍受力。」

「巴菲特非常樂意接受可能血本無歸，但報酬又很豐厚的冒險。他是一個偉大的商業研究者，能迅速準確判斷一家公司或一個複雜議題的主要因素，在短短兩分鐘做出『不做某項投資』的決定，也能只根據幾天的研究，就判斷可以進行重大投資計畫，他總是隨時做好準備。」

巴菲特有自知之明，知道哪些適合他、哪些不適合，巴菲特曾

說：「不要輕易模仿，登陸太空是一件令人激賞和鼓掌的事，但是讓我巴菲特來做，那就謝謝了。」但是多數投資者能有自知之明嗎？所以必須避開巴菲特智慧的陷阱，不是他所指引出來的道理不對，而是那個道理只適合攀登聖母峰時用的準則，一般人如果要達到財務自由，而且過程不顛簸難受，就要回頭找尋適合自己的投資策略。

例如震盪波動度不至於驚慌到做出非理性的動作，並了解股市合理的投資報酬範圍，以免做出貪婪危險的投資決策，也不挑戰複雜度超過了自己財務知識的範圍。用最短的時間、最簡單的方式，在工作及兼顧家庭的同時，空出雙手和時間來經營其他財富。

 投資金句

股票在所有資產投資工具中，長期績效表現最耀眼，但也最難以駕馭。多數投資人總是只追求高獲利，卻忘了其中的風險；巴菲特卻是先做好整體策略，把風險降到最低才投資。

2-8 為什麼我們無法成為巴菲特

波克夏的長期股東，也是基金經理人的克里斯‧華格納（Chris Wagner），曾經問過巴菲特：「你如何處理複雜的計算問題，速算是你的天生本能嗎？」巴菲特說：「不，我不是什麼速算奇才，我只是長期從事與數字有關的工作，進而培養出對數字有特殊的感覺吧！」

「可以試試看你的速算能力嗎？譬如 99×99 是多少？」巴菲特不假思索地回答：9,801；克里斯接著問：「如果一幅畫價格在 100 年內，從 250 美元漲到 5,000 萬美元，它的年報酬率是多少？」巴菲特幾乎沒有等題目說完就答出 13％。

克里斯驚訝地問巴菲特怎麼做到的？巴菲特說任何複利表都能查到這個答案，或是倍數相乘幾次就可以得到結果（250 乘上大約 17.6 次就可以得到 5,000 萬）。他神情自若的表情似乎在說，這題目未免太簡單了。

全世界只有一個巴菲特

比爾・蓋茲同樣是數字高手，有一次與巴菲特會面，巴菲特邀請他玩擲骰子遊戲，比爾・蓋茲也沒有勝算。對數字的敏感，讓巴菲特進入保險和再保業後，都是如魚得水，更何況他在專業領域上，還有來自印度的保險奇才阿吉特・賈恩協助，這些都是許多人沒看到的巴菲特「空軍一號」裝備。

把層次再往上拉高，巴菲特對股災來襲的準備，也可能超過許多人的想像。2008 年金融海嘯的時候，美國財政部主管跟國會議員報告，可能要盡快伸出援手給予緊急救濟，否則全美可能僅有一家銀行倖存，大家會猜是誰？我問過許多人，對財經投資有興趣的人，猜出來的答案和我一樣 —— 富國銀行（Wells Fargo），原因是巴菲特是富國銀行幕後大股東，他存有的現金足以應付金融海嘯。

除了現金外，巴菲特的其它資本配置（Capital Allocation），也是他對抗股市風暴的策略。巴菲特的「空軍一號」還不包括上述提到的幾個強項，如果你不去了解巴菲特的布局和強項，僅看重巴菲特簡單挑股的 12 項準則，我認為這僅僅停留在戰術上的著眼，還未拉到全面國防陸海空聯勤等整體作戰的戰略層次。

別忘了一個國家的整體戰力，還包含政治、立法、文化、軍事

等，沒有強大的經濟實力和紀律的社會組織，這個軍事的力量也無從得到支援，進而發揮整體戰力。

巴菲特的智慧後面所延伸出來的操作和布局，可能是多數人能力難以企及，全世界也只有一個巴菲特，這是一般投資者必須認清的一個事實：欣賞可以，模仿也可以，但一定要顧及自己本身的強項和特質所在，要不然李小龍的雙節棍沒學好，就先把自己的頭給打到，這就是巴菲特智慧的陷阱所在。難道沒有別的方法可以把他的智慧思考和做法融入嗎？不敢說絕對有，但可以試著靠近。

如果你不是巴菲特：
誠實面對風險與尋找適合自己的路線

巴菲特對股價的震盪，老神入定，他說過：「我知道，我心裡承受得起震盪，因為我家裡教的就是學習處理股價震盪。」巴菲特的父親在成為國會議員之前是股票經紀商，巴菲特八歲開始閱讀父親有關股票的藏書，11 歲開始在父親的公司幫忙畫大盤走勢圖，開始擁有第一張股票，一般人如果 30 歲開始投資，和巴菲特相比，對處理股市震盪的經驗已有 20 年的落差。

一般投資人的家教可能沒有這個功課，既然無此能耐，就要承認自己對股價波動的恐懼，誠實面對並找出一個承受點，而不是明

知做不到，却像鴕鳥般埋入沙堆來處理，這是走向自知之明的第一步。

投資人的自我檢視

巴菲特具備的哪些條件，是多數人不具備的呢？

1. 他是理性投資者（對風險的看法非常清晰，且知道如何應對。）

2. 他是長期投資者（喜歡股票的最長時間就是永遠，一般投資人可能連三年都抱不住。）

3. 他是股價高波動承受者（50%的波動是一般基本標準，你可以承受嗎？）

4. 他對財務報表的專業、投資經驗的豐富和商業的敏感度，可以判斷黃金和黃銅（巴菲特讀財務報表津津有味，就像青少年渴望閱讀《花花公子》或金庸武俠小說，多少人有此素養？）

5. 他敢危機入市，集學識、見識、膽識於一身（過去兩次世紀性股災，你做得如何？巴菲特的學識、見識和膽識，你還缺哪一樣？）

6. 最重要的，他對風險的控管和成為傑出投資者，都是有備而來，縱然股價波動達50%這麼嚴厲，也在他的計畫錦囊妙計中（這樣的全盤準備，多數人難以具備。）

簡單地說，股價劇烈的波動對巴菲特不是風險，但對多數的投資者是極大的風險，多數人羨慕巴菲特的績效和財富，以至於注意力都集中在他的選股技巧，所以避開巴菲特智慧陷阱的第一步，就是必須面對價格劇烈波動對多數人是一個風險，進而對價格波動所造成的風險在投資一開始做好布局和控管。

　　如果你覺得你的個性和巴菲特相近，所具備的能力和條件也很相當，理所當然可以跟著他的步調前進；如果不是，就應該另闢蹊徑，找到一條通向羅馬、但又適合你的路線。

 投資金句

巴菲特可以輕鬆面對股價下跌 50%，但對多數投資者而言卻是極大風險，避開巴菲特智慧陷阱的第一步，就是誠實面對恐懼並找出一個承受點，在投資一開始做好布局和控管。

第 **3** 章

巴菲特的
戰略與布局

研究巴菲特的許多投資者，只看到巴菲特挑選個股的能力，卻沒有看到巴菲特投資策略上的整體考量，當然就無法充分借重巴菲特的智慧。

　　所有能獲利的成功投資策略，一定要適合自己的個性，否則就算可以短暫看到績效，卻不足以應付整個投資環境的變化，或許能夠成功一時，但無法保證長期獲利。

3-1 資本配置 vs 資產配置

巴菲特非常引以為傲的強項就是資本配置（Capital Allocation），什麼是資本配置呢？就是將企業所有不同來源的資源進行組合和分配，讓股東產生最大權益，簡單的說，就是把錢用在刀口上。

舉例來說，一家公司如果產生了比預期多的現金，管理團隊該如何動用這些現金？有幾種做法：1. 買回自家股票。2. 多發放股利。3. 多買設備增加產能。4. 增加研發費用。5. 併購。這五種不同選項，都會對公司財務產生很大的影響，至於多大的比例以及放在什麼位置，會產生很大的不同。

資本配置：將資源放在最有效的位置

以上五個不同方向就像男女擇偶，選擇不同對象，未來的生活

都不一樣。有些公司將現金保留下來，因為還想擴充或進行併購，讓企業保持快速成長，例如谷歌（Google）併購 YouTube，輝瑞藥廠也是透過併購加上研發帶動成長，1998 年研發的「威而鋼」（偉哥 Viagra）空前成功上市，全世界每秒鐘就有四粒威而鋼被患者使用，輝瑞藥廠的研發費用比例相當高，幾乎等於台灣的國防預算，這是一個驚人的數字。

此外，輝瑞幾次重大成長都是透過併購的手法，例如 2009 年以股份加現金收購惠氏（Wyeth），市面上知名的善存維他命 Centrum，就是惠氏的產品；2000 年以 930 億美元收購華納蘭伯特藥廠（Warner-Lambert），取得降膽固醇的立普妥（Lipitor），這是全球暢銷藥物之一，在專利到期前的 2010 年全球銷售是 101 億美元，占該公司業務 18％，2015 年與艾爾建（Allergan）合併，市值超越了嬌生。

巴菲特的波克夏則充分利用資金進行其他商業投資，買下一些企業，例如家具行、冰淇淋店，巴菲特併購這些中小型企業，甚至美國第四大汽車保險公司 GEICO，並告訴他的所有管理階層，將多餘資金都送到總部由他調度。至於有些公司無意進行併購和研發，那麼就以現金發放股利，例如中華電信（2412）每年股利在 4 ～ 6％以上，算是高殖利率的公司。

此外，輝瑞藥廠和蘋果最近則是持續購回自己公司的股票，讓

公司盈餘有機會提高，因為若是每年賺的錢一樣，但流通在外的股數減少，就可以拉高每股盈餘。

總結來說，資本配置就是將資源放在最有效的位置，上面五種方式，能不能有效運用資金，結果有相當大的差異，巴菲特在這方面有相當精準的判斷和能力。

資產配置：以最低風險組合達成穩健投資

投資人常聽到的資產配置（Asset Allocation），是指因應投資者個別情況和投資目標，把投資分配在不同種類的資產，如股票、債券、房地產及現金等，在獲取理想回報的同時，把風險減至最低。簡單來講，就是依照個人的財務狀況、財務目標以及風險承受能力，想辦法讓不同資產組合後發生化學變化，降低標準差（波動程度）。

有人誤以為巴菲特的強項資本配置（Capital Allocation）就是資產配置（Asset Allocation），這兩者（Capital vs Assets）一字之差，有很大的差別。

巴菲特是資本配置老手，那在資產配置方面呢？巴菲特對商業運作相當熟悉，對整體經濟動向也不陌生，而且他對不同資產的合理價格有豐富的評估經驗，知道什麼情況下適合擁有哪些資產和時

機轉換，例如幾次股災之前他都擁有一定比例的公債，股災過後，他覺得有足夠的安全空間和價值時，就會增加股票的持有。

也就是說，巴菲特對各種資產的特性非常熟悉，他既是資本配置的高手，也懂得充分利用資產配置的特性，幫他達到穩健投資的目的。

有人把巴菲特的強項「資本配置」說成「資產配置」，這是誤解了巴菲特，也誤解了兩者的不同，用英文來表達非常清楚，但中文就容易錯把張飛當岳飛。

 投資金句

資本配置是將企業所有不同來源的資源，進行組合和分配，讓股東產生最大權益；資產配置則是把投資分配在不同資產，在賺取獲利的同時把風險減至最低。巴菲特非常引以為傲的強項是資本配置，投資人別把兩者混為一談。

你沒有學到的資產配置，巴菲特默默在做的事

3-2 巴菲特也玩資產配置？

有一首流行歌，曲名是〈你的眼睛背叛了你的心〉，音樂磁場的幾位男女和聲，讓這首歌曲呈現了不一樣的味道，裡面有段歌詞：「別裝作一切平靜如舊……感覺漸漸缺少的一點點，告訴我你都已經在改變，你的眼睛背叛了你的心……」情人間的互動，哪怕只有些許改變，彼此都可以極為敏感的捕捉，那就是愛情的世界。

在投資世界裡，許多投資者就未必具備這樣的敏感度，對事情也少了追根究柢的精神，常常讓媒體的報導阻礙了視線，如果不信，可以試著回答下面問題。

巴菲特 75% 的資金在哪裡？

請問巴菲特主持的波克夏主業是什麼？多數人第一個會想到

的是股票操盤手，因為巴菲特擁有可口可樂、美國運通、蓋可（GEICO）保險公司等股票，長期持有替他帶來了巨富，多數財經報導也都是強調他在選股方面的能力，所以有這樣的認知確實不為過。

第二個看法則是波克夏是一間控股公司，因為旗下除了股票上市公司外，還擁有包羅萬象的中小型企業，例如珠寶店、冰淇淋店、家具店、磚塊、地毯⋯⋯日常生活用到的，應有盡有。前面兩個認知都沒有錯，所以說是控股公司也對。

如果由巴菲特自己說明，他會說是屬於保險業。他在 1999 年給股東的年度報告中提到：「如果你要了解波克夏，那你必須要了解如何評估保險業」，這個答案跟你的認知有多大差距？美國《價值線》（*Value Line*）雜誌，就把波克夏歸類在保險業，特別是波克夏高風險性的再保險，帶進來的豐厚獲利確實驚人。

多數財經媒體關注巴菲特的選股能力，卻忽略了他在其他資產運用的能力和獲利，甚至連他為什麼這樣做，也沒有進一步探討。就像前面那首歌寫的「你我都已經在改變」，大眾關注巴菲特持有的上市公司，有時候只占了波克夏市值的 25％，另外 75％比重卻視而不見，都欠缺了戀愛時對情人一舉一動的敏感度，那你怎麼可能對巴菲特的戰略和布局瞭如指掌，進而借重？

這 75％的資金在哪裡？絕對是喜歡巴菲特管理運作的投資

人，應該進一步關切和了解的事情。巴菲特不輕易碰觸他不熟悉的領域，但也不會劃地自限，他用極簡單且最有把握的方式，做資本配置和資源配置。

巴菲特的七大資產

1. 保險業
2. 上市公司股票
3. 固定收益投資（如公債、可轉換的優先股）
4. 現金
5. 擁有的子公司
6. 私人企業
7. 其它

持有公債，獲利同樣很驚人：
巴菲特的固定收益有哪些？

巴菲特為什麼要把他的資本分散在這些資產？一定有他的原因和設計，從前面章節的討論可以知道，巴菲特是極端反對現代投資

理論中的 β 值、標準差和共變異數這些理論，但巴菲特他可沒有告訴你，他反對不同資產搭配所產生的效益，如果你讀不懂情人的眼神，你就很難讀懂他的心。

巴菲特在固定收益方面表現如何？用什麼簡單的管理方式一以貫之？用他的管理哲學來貫穿、管理不同資產，可以模仿嗎？如果不可以，有什麼方式可以達到或接近效果？

先看看他在公債這項固定收益的操作績效：

◎ 華盛頓公共電力系統公司

1983 年巴菲特購買了華盛頓公共電力系統公司，當時該公司有兩座未完成的核能反應爐（工程四＆五），累積高達 25 億美元的債券無法償還，拖累了原先穩定的工程一、二和三，造成債券暴跌，大約損失 60%的價值，公債殖利率飆高到 15 ～ 17%，一年半後波克夏持有一億三千萬美元該公司公債，脫手時價格漲了一倍，獲利驚人。

◎ RJR Nabsico 納貝斯克食品公司

1990 年代末期，金融市場多了新的投資工具，有人稱之為垃圾債券（Junk Bond），金融界正式稱呼是高收益債券（High Yield Bond），納貝斯克公司總部就在我住家附近轉角處，我每次帶朋

友經過，他們都誤以為是一個高爾夫球場，辦公室就蓋在小坡的高點，到現在我都懷疑當年這個地方是不是高爾夫球場。

我居住的這個小鎮，有兩家著名的上市公司，一家是瑞士藥廠諾華第（Novartis）在美國的總部，一家就是當年的納貝斯克食品（後來賣給了Kraft食品公司，之後又再轉手），這兩家上市公司幾乎為這個小鎮貢獻了約25%的稅收。

1989年末和1990年時，垃圾債券在市場形同棄嬰，巴菲特在這時候進場了，買進納貝斯克4.45億美元的債券，為什麼？巴菲特認為納貝斯克當時的殖利率高達14.4%，價格又被拉低，隱藏了獲利良機，不久納貝斯克宣布以票面價格買回多數債券，結果兩年時間不到，價格上漲了34%，獲利完全不輸給巴菲特投資股票的表現。

巴菲特再度展現了他資產轉換的能力，2002年巴菲特大舉購買其他高收益債券，較原先部位比重提升到600%，也就是高達六倍，達到83億美元，其中65%是能源工業，約70億美元的資金來自波克夏公司，這個決定為波克夏帶來極大獲益，2002年波克夏從固定收益的資產獲利10億美元，2003年獲利上漲到27億美元，近兩倍的增幅。

◎ Level 3 通信公司

巴菲特購買 Level 3 通信公司，這筆投資讓他在 16 個月內賺了一倍。

◎ 惠斯特通訊子公司

2002 年波克夏公司買進了數億美元惠斯特通訊持有的公司，前身是西部通訊（US West），獨占 14 州的電話業務，當時很多窮留學生到處找尋便宜的電話公司，西部通訊就是走低價路線。2002 年西部通訊負債 260 億美元，造成該企業公債價格只有票面四折，許多投資人印象中只有股票會崩跌 60％，沒想到個別公司的債券也有如此重挫的波動幅度。

◎ 亞馬遜公司

2002 年 7 月，巴菲特極為欣賞亞馬遜（Amazon）執行長貝佐斯（Jeff Bezos），作出將公司給員工福利的股權當成是公司營運開支的決定，這雖然會降低公司獲利盈餘，但可以真實反映會計精神，畢竟給員工的福利應屬企業支出。這個做法也帶動了美國公司財報製作的調整，巴菲特購買了亞馬遜高收益債券，同時加碼該公司的可轉換債券，這些給波克夏帶進了 11％的效益。

看見整體策略：資本配置＋資產配置

除了這些公債外，巴菲特也投資一些可轉換優先股（Convertible Preferred Stock），是兼具股票和公債兩種性質的混血債券。可轉換優先股提供比普通股較高的股利，因此保護了股價下跌的風險，在牛市普通股高速上揚時，也可以將之轉換成普通股。雖然在牛市時獲利會略低於普通股，卻提供了退可守、進可攻的保護機制。不過，在巴菲特眼中，優先股的真正價值還是「固定收益」這一點。

2000 年波克夏購買了中美能源控股公司（MidAmerican Energy Company）的可轉換優先股和普通股，在財務報表上巴菲特還專門揭露這家公司，因為當時這算是一個複雜多面的投資。

巴菲特在公債、可轉換優先股的投資上，獲利也都非常驚人，要注意的是，2002 ～ 2003 年巴菲特將大部分資金轉入固定收益的資產，且獲利完全不亞於巴菲特在其他資產上的投資，這顯示出一件事：不同的資產，都有它可以亮麗表現的時間段。

巴菲特以簡馭繁，他挑選股票和公債的思考著眼點，基本上是一致的，也就是從「投資價值」的角度切入——如果這家企業可以度過生死難關，且價格已經達到他的安全空間時，就用購買企業的概念買進債券。

不管是個別股票或個別債券，波動度都遠高於整個市場，帶來

的績效也相對驚人，這需要專業能力和商業敏感度去判斷，也可以說多數人不適合，但卻是巴菲特的強項。一般投資者最好先了解不同資產組合可以帶來的效益，用較安全的方式切入，例如購買整個市場的指數基金。這也是本書中我要一再強調的，不著眼在個別股票和公債的挑選，卻要借重不同資產帶來的效益。

固定收益替巴菲特帶來什麼樣獲利的效益？2003 年波克夏獲利 83 億美元，固定收益獲利 27 億美元，占了 32％的獲利，這麼大的比重，多數投資者竟視而不見。

也就是說，研究巴菲特的許多投資者，只有看到巴菲特挑選個股的能力，卻沒有看到巴菲特在「資本配置」和「資產配置」的能力及整體考量，當然就無法充分借重巴菲特的智慧。以上數據還不包含巴菲特在「現金」這種安全的資產配置──現金也可以歸類在固定收益。

投資金句

多數投資人只看到巴菲特挑選個股的準備能力，卻忽略了他在公債、可轉換優先股的投資上，獲利也十分驚人，而且巴菲特挑選股票和公債的思考著眼點，基本上是一致的，也就是從「投資價值」的角度切入。

你沒有學到的資產配置，巴菲特默默在做的事

3-3 現金為王還是現金為卒？如何充分發揮現金的積極意義？

這裡所談的現金，不是指家庭財務規畫中指的應該預留半年或一年的現金做為緊急使用，這裡講的現金是指用來投資的部位。

懂得持有高比例的現金，還能不影響投資成長，把沒有獲利的現金運用得虎虎生風，賺進比公債還高利率的投資者並不多見，巴菲特是其中的翹楚。

巴菲特的投資組合中，保有一定的現金，一則是保險業的法規限制，二是他必須靠這個現金，來獵取快速移動的大象，他有辦法利用現金進行無風險的套利，例如在美國上市的台積電股價是 20 美元，在台灣是 20.01 美元，那麼他就可以賣出台灣股價 20.01 美元的台積電，買進美國股價 20 美元的台積電，賺兩邊市場沒有即時反應的價差，他也利用龐大的現金做某些公司合併，但尚未完成

交易時所產生的市場價差。

機會來臨時，讓現金產生更高的獲利

巴菲特的企業，也有如同超市經營的優勢，許多人忽略他的現金收入，以及運用保險公司浮存金（float，預留給保戶申請理賠的現金）獲取的投資收益。

台灣以前有家經營楊桃汁的公司「黑面蔡」，當時新聞媒體做了「黑字倒閉」這樣的引述，也就是公司的總資產大於負債，卻出現現金無法周轉支應，2008年金融海嘯美國許多銀行被迫倒閉，就是因為存款人擠兌，銀行抵押資產一時無法變現而造成。

零售業在現金流量上就占了一些優勢，我出國留學前，好友鍾興春家裡在士林夜市有個店面，裡面五金用品應有盡有，當時每件10元的商品店興起，透過好友的幾位兄弟幫忙，我在淡水鬧區也開了一家十元店。記得那時我租了店面，利用店前的一小部分空間做了兩面錄音帶的展示櫃，每天都可以收取現金，付款時廠商給了兩個選擇：一是開兩個月後的支票，二是給現金，可以扣兩成貨款。

這真讓我大開眼界，我拿對方的商品賣，賺的現金卻是我的，假設每個月賣出10萬元，扣掉兩成剛好可以付房租。也就是說我只利用店面十分之一的位置，產生的效益已經可以讓我支付房租，

當時雖然沒有學什麼深奧的財務管理，直覺告訴我，這個中盤商或大盤商一定很辛苦，果不其然他也倒閉了。

巴菲特在這方面的運用更是驚人，他最少有兩大現金來源：1. 他下面所屬的零售店，每天帶進的現金；2. 各個企業，例如他的保險業及再保業。

眾所周知，保險是先收保費，尤其承保其他保險公司不敢保的項目，投資大師彼得・林區說：「巴菲特的保險都是理賠金額極大，但發生事故機率極小。」比如奧運會可能產生的特殊狀況，但保費是預交的，就算事情發生，有些也是若干年後才需要理賠，光是浮存金就相當驚人，相當於免費提供給巴菲特進行投資的儲備金。

《華爾街日報》報導，巴菲特 2011 年的浮存金已高達 670 億美元，將近兩兆新台幣，巴菲特靈活運用企業管理所產生的龐大免費現金，不要說美國，全世界也難有這樣的奇才，一般投資者只能讚歎。

但如何運用呢？還是回到資產配置，第一，利用這些現金和固定收益作為企業經營所需；第二，安全上的防禦；第三，併購的機會。一般使用資產配置的人，第一項就別想了，但可以借重現金或類現金的思考布局，在資產配置中達到第二、三項效益，在機會來臨時，讓現金產生比平常更高的獲利。特別是有時間和能力的人，可以從事一些安全的套利，或者在股災來臨時，適度發揮危機入市

逢低補進的機會。

　　巴菲特深知，持有過多現金會影響績效成長，但他又需要現金的靈活度，所以他就想辦法讓「現金」交出公債以上的投資報酬，一般投資人做不到，而且也無此必要，因為你的目標不是大象。如果再往下閱讀第 6 章，你會了解，幾乎 90％情況下投資股、債就能賺，另外 10％要出現股票、公債同時下挫的機會不多，沒有必要因為那麼少的機會，把現金閒置。

　　在傳統資產配置運作中，都會保留一部分現金，如果喜歡這樣的管理模式，當然也可以，不過應該注意兩點：

1. 參考巴菲特的做法，讓現金也能發揮不只現金的投資報酬，但這需要較多的時間投入和經驗，做不到也沒關係，至少要了解下面第二點。

2. 利用現金在股災來臨時的火力支援，這才是保有現金的積極意義。

 **投資金句**

巴菲特資產中保有一定比例的現金，並且擅長用快速移動的方式，讓「現金」也能創造獲利。但一般投資人，只要專注股債操作即可，因為只有 10％機會會遇到股、債同時下跌的情況。

3-4 一開張就吃三年的等待和布局

巴菲特說：「投資沒有不出棒的好球，只有揮棒落空才算好球。」

棒球比賽的規則是四個壞球保送上壘，不管你揮棒還是不揮棒，三個好球被判出局，所以打者有判斷好壞球的選球壓力。而投資者卻有一個優勢，就如同巴菲特所說的沒有這種選球壓力，有，也是自己造成的，沒有準備好就倉皇出手，這跟巴菲特可以耐心等待的戰略思考點完全不一樣。

不急著進場，不作為比有作為更重要

巴菲特耐心等待，因為他深深了解股市經常會有不理性的情況發生，出現清倉大拍賣的機會。證嚴法師曾經以一個有趣的比喻，提醒大眾行車要注意安全：「如果一不注意，你可能要晚七天回

家。」這是隱喻中國人說的「頭七」,為了超速搶快幾分鐘而付出生命,只能七天後以「魂魄」回家。

巴菲特的投資安步當車,從容不迫,寧可守株待兔,最經典的是 1969 年結束了他當年的有限合夥的資金管理,他的說法是,因為找不到價廉物美的標的。巴菲特另一句名言:「股市有時休息,不作為比有作為更重要。」這個智慧恐怕不是只有幾年投資經驗的人可以領悟,就像山水畫不必把空間都填滿才美,這是中國人留白的智慧。巴菲特就有這樣意境,這個留白其實是巴菲特非常重要的操作。

許多投資者無法分辨股市的情況,隨時殺進殺出,沒有生活品質不說,還犧牲掉寶貴的資產。表 3-4-1 數字可以說明,如果股市下跌 5%,你需要再上漲 5.3% 可以恢復原先的戰鬥力;跌 20%,也只需 25% 就可以恢復原先投資。一旦跌了 40%,這時股市要上漲 66.7% 才能保有原本資產,就相當吃力了,更何況跌 50%,股市要上漲 100% 才能恢復。

許多人只要一、兩次失足,如果不小心再加融資,那麼很容易就只剩「七天才能回家」這個結果。使用資產配置,可以學到巴菲特的生活留白之美,天天準時回家。

你沒有學到的資產配置,巴菲特默默在做的事

表 3-4-1	殺進殺出 讓資產很受傷	單位：%

假設下跌幅度	恢復原先資產需上漲幅度
-5.0	5.3
-10.0	11.1
-20.0	25.0
-30.0	43.0
-40.0	66.7
-50.0	100.0
-60.0	150.0

與其勉強出手，不如等待

巴菲特守株待兔，不會在沒有好的投資標的時勉強出手，這樣耐心等待的回報是什麼呢？1974 年巴菲特購買華盛頓郵報時，該公司市值是八千萬美元，九年後市值達到將近 10 億美元，成長了 12 倍，巴菲特擁有 13％股份，九年賺 12 倍，一次就讓你吃個夠。

在安全點進場，巴菲特何止是三年不開張，簡直是要就不開張，一開張就吃一輩子，這樣的等待多數投資者做不到，因為有揮棒的壓力，因而養成勉強出手的習慣。資產配置的操作則可以避開這樣的陷阱，可以向巴菲特靠近得到兩項益處：安全點進場以及較多的獲利空間。

巴菲特在投資上總是從容不迫、耐心等待，因為他深深了解股市經常會有不理性的情況發生，出現清倉大拍賣的機會。守株待兔的結果，巴菲特往往一出手，就可以賺取令人驚羨的巨大獲利。

3-5 巴菲特究竟怎麼想？

資產配置的布局，是可以連結並借重的巴菲特智慧所在。為什麼這樣說？

巴菲特深深反對風險係數、標準差這類討論，一則對他不適用，二則違反了商業的運作，但巴菲特本身就是一位資產配置獲利的實踐者，他利用各種資產的組合賺取獲利，而且是一位運用的高手。

資產配置獲利的實踐者

從前面我們探討他在股票、公債、可轉換股、現金的布局，及中小型企業包含房地產、廠房、設備和實體業務的經營，這些都已經不是一般人認為他只是選股高手這麼單純的層面。碰巧的是，資產配置的布局和精神，其實已經和巴菲特的智慧做了相當的連接，

這兩者有哪些相像的地方？

◎ 方法簡單

太複雜的東西，多數人很難駕馭得好，通常到某一個成功的境界，都要借重以簡馭繁的道理，巴菲特的管理哲學也是這樣，簡單中卻有不簡單的智慧，資產配置的布局即是如此，因為掌握那個關鍵點和核心。

◎ 降低波動風險

透過不同資產的組合，大幅降低了波動的風險，得以貼近或實踐巴菲特的「不賠錢」第一金律，縱然是賠錢也是短期的，可以快速恢復，有效的保存了原始戰力。

◎ 收益豐厚

資產配置的布局，不懂其奧妙的人會誤以為溫吞，成不了大事，事實不然，它可以達成巴菲特另外一個強項的獲益——耐心等候的豐富回報。

◎ 做出正確決策

不必理會政治經濟的預測報告，投資界有一句玩笑話：10 位

經濟學家，經常可以產生 11 個不同結論，可見經濟報告預測的難度。現代人不缺資訊，缺的是良好的決策，正確的資產配置就有這樣的效果，並不需要天才的智商、非凡的商業眼光或內幕情報，只需要健全的知識結構，就可以提供決策，同時避免讓你的情緒破壞這個結構，資產配置已經替情緒做好控管，因為它是根據每個人的風險承受能力，做出投資組合設計。

◎ 危機入市

巴菲特也有孔老夫子的哲學觀 —— 危邦不入，亂邦不居，他深知股市的特性，上漲是一階一階的緩慢上去，下跌卻是跳樓廉價大拍賣，所以他耐心等待機會的出現，資產配置的設計保留了一定程度的戰鬥力，得以逢低補進或危機入市。

◎ 充分做好準備

巴菲特強調「準備」是最重要的，救命的諾亞方舟不能下雨的時候才建造，資產配置也是從這樣的著眼點出發和布局。

投資策略必須與人的個性共存

你可能有機會在不同場合看到鄭板橋「難得糊塗」的四個書法

大字，鄭板橋的書法看起來既不像隸書，也不是楷書，據說鄭板橋當年想在書法界創出一番名號，到處臨摹書法大家的字體，由於勤練，晚上睡覺時還在太太肚皮上練習書法家的字體，太太不勝其擾，冒出了一句「人各有體」，意思說你自己也有肚子，為什麼不在你的肚子上練。

鄭板橋一聽如禪學般頓悟，心想對啊，每個書法大家都有自己的風格，我也當如此，因此在原有臨摹基礎上，發展出他自己的風格，終成書法大家。投資也是如此，一定要在適合自己的基礎上，包含自身對財務知識的了解、投資時間長短、風險承受力、期望投資報酬等等，發展出適合自己的投資策略，結合可以實際落實的戰術，這樣才容易成功。

巴菲特也說得好：「投資策略必須與人的個性共存。」這句話經典，但多數人沒有去注意，都集中在他選股的技巧上，那就失去了看事情的全貌和高度。他也曾說：「我們的投資態度，要符合我們的個性及想要的生活方式。」資產配置適合多數人，因為它可以為每個人量身訂製投資策略。

很多人認為資產配置太過簡單，整體績效比不上股票投資，這是因為還不了解如何活用資產配置的觀念，其實就算是偏好個股的投資者，同樣可以借重資產配置，我也是多年之後才有所體悟，逐漸將資產配置與個股的操盤做一些融合，更深深體會到，所有會獲

　你沒有學到的資產配置，巴菲特默默在做的事

利成功的投資策略和戰術，一定要適合自己的個性，沒有和個性結合的戰略戰術，就算可以短暫看到績效，卻不足以應付整個投資環境的變化，或許能夠成功一時，但無法長期獲利。

　　進入下一個章節探討資產配置觀念之前，還有什麼要注意的呢？巴菲特能夠成為智者是因為他很清楚要做什麼，而多數投資者面對的威脅是什麼？第一，面對黑天鵝來臨沒有提前準備的手足無措；第二，使用錯誤的投資觀念；第三，選擇了錯誤的投資方式；第四，選擇了錯誤的投資市場。

 投資金句

資產配置的精神，其實和巴菲特的投資智慧有許多相似之處，許多投資人認為資產配置的投資組合，無法創造驚人獲利，這其實是不夠了解如何活用資產配置。

NOTE

第 **4** 章

成功資產配置的
基礎和運作

沒有一個資產可以獨領風騷，就像大風吹遊戲一樣，每個資產都有風光的時候，投資者要能快速移動捕捉這樣的機會，是一件高難度的事。

　　巴菲特之所以成為頂尖投資者，因為他懂得判斷資產價值、抓住下一個移動方向，而資產配置雖然無法趕上巴菲特的操作智慧，對多數人而言，卻是較接近成功的投資策略。

4-1 資產配置 是投資獲利關鍵

　　<big>**根**</big>據財務分析雜誌摘自 Brinson, Beebower and Singer 的學術報告，投資要成功，資產配置占了 91% 的重要因素，股票挑選能力只占 5%，進場時機點占 2%，其它占 2%。

　　當然這個報告比較偏學術性的研究，許多人例如巴菲特就不以為然，投資大師彼得‧林區也一定不認同這樣的比重，他說過整體經濟成長時也有一些公司不賺錢，經濟衰退時也有一些公司獲利驚人，彼得‧林區可是挑股票的好手，若說進場時機點的好壞只占 2%，可能多數散戶也無法接受。

同樣是資產配置，結果各憑本事

　　資產配置占成功投資確實有一定重要性，但有多大比重，不同能力的投資管理者，各有偏好的工具產品和技巧，產生的結果也會

有很大的差異，就算同樣採用資產配置，結果也會大不同，因為資產配置中從幾項到幾十項不同資產組合，攻擊力度放在哪個資產，就像廚師的烹調，鹽巴、火候和調味比重，這些變數都會造成這道菜餚的成功和失敗。

　　廣義來說，巴菲特最自豪的資本配置（Capital Allocation），也是將不同的資源放在不同的資產上，依價格的合理性來做比例上的調配，就像魔術師每一個移動都會讓觀眾產生驚奇，巴菲特也很享受每一個資源的配置和移動，都產生一個令股東歡呼的績效，所以巴菲特其實也運用了資產配置（Asset Allocation）中不同資產比

| 圖 4-1-1 | 投資要成功　資產配置很重要

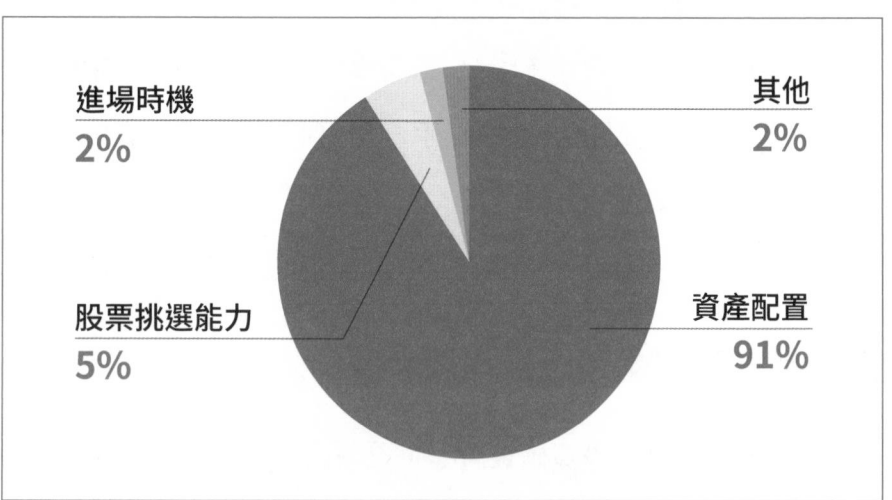

資料來源：Brinson, Beebower and Singer (Financial Analysts Journal,1986 and 1991)

例和時機的運轉。

相對的，美國許多常春藤大學的捐贈基金（Endowment Fund），同樣使用資產配置的投資策略，有一所世界著名大學，過去五年資產配置的成績慘不忍睹，什麼原因，我們放在個案討論，但要說明的是，資產配置對多數投資者而言，是影響成敗的重要因素，90％比重我個人覺得可能太多，但 50 ～ 60％我認為是可以作為參考的基礎。

以逸待勞，避免抓龜跑鱉

表 4-1-1 是 1994 ～ 2022 年當年度績效表現最好和最壞的資產紀錄，有些資產，前一年被打成落水狗，第二年就可以翻身變成財神爺，例如 2008 年的新興市場跌幅 -52.2％，第二年金融海嘯一過成長 78％。商品也曾經有幾次這樣的紀錄，這說明沒有一個資產可以獨領風騷，就像大風吹遊戲一樣，每個資產都有風光的時候，投資者要能快速移動捕捉這樣的機會。

坦白講是一件高難度的事，因此多數投資者應該採用以逸待勞的方式，盡量涵蓋具市場代表性的資產，然後進行年度微調（也就是再平衡），這個做法才不會變成大家所說的抓龜跑鱉。

| 表 4-1-1 | 風水輪流轉 每年會賺錢的資產不同

單位：%

年度	績效最好資產	報酬率	績效最差資產	報酬率
1994	國際股票	7.78	公司公債	-3.93
1995	大型股票	37.53	短期公債	5.79
1996	房地產	37.54	美國政府公債	2.77
1997	大型股	33.35	商品	-14.07
1998	大型股	28.58	商品	-35.75
1999	商品	40.92	國際公債	-5.08
2000	商品	49.74	國際股票	-49.19
2001	房地產	12.36	商品	-31.93
2002	商品	32.07	大型股	-22.09
2003	小型股	47.25	短期公債	1.05
2004	房地產	33.14	短期公債	1.43
2005	新興市場	33.60	國際公債	-9.20
2006	房地產	35.99	商品	-15.10
2007	新興市場	39.20	房地產	-17.56
2008	美國政府公債	12.39	新興市場	-52.20
2009	新興市場	78.00	美國政府公債	-2.19
2010	黃金	29.30	短期公債	0.13
2011	黃金	9.60	新興市場	-17.80
2012	房地產	19.70	商品	-1.10
2013	小型股	38.60	黃金	-28.30
2014	房地產	27.20	商品	-17.00
2015	大型成長股	5.70	小型股	-4.40
2016	小型價值股	21.30	現金	0.30
2017	新興市場	37.80	現金	0.80
2018	現金	1.80	新興市場	-14.30
2019	大型成長股	31.50	現金	2.20
2020	小型股	20.00	房地產	-5.10
2021	房地產	41.30	新興市場	-2.20
2022	現金	1.60	房地產	-24.40

2016 後的資料來源：novelinvestor.com

資料來源：oppenheimer asset management research，Source：BlackRock

投資金句

資產配置對多數投資者而言，是影響成敗的重要因素，因為沒有一個資產可以永遠獨領風騷，投資者要快速捕捉機會是件高難度的事，多數投資者應該採用以逸待勞的方式，盡量涵蓋具市場代表性的資產，然後進行年度微調。

4-2 負相關資產是投資的安全鎖

《三國演義》中有一段描述曹操在赤壁戰敗後落荒而逃，諸葛孔明料定曹操必經華容道，也知道曹操曾有恩於關公，但還是讓關公鎮守華容道。關公立下軍令狀，若不能提曹操人頭來見，甘願受罰，結果關公還是放了曹操。

這也如諸葛亮所料，他告訴劉備說這是夜觀星象，曹操命不該絕，而且曹操一死會讓孫權獨大，不利三國鼎立，也借這機會讓關公還了曹操人情，當然，《三國演義》是野史，可以像電影劇本有較大的戲劇張力，正史《三國志》可不是這樣記載了。

假如一切可以重來，又真要索曹操之命，應該派誰去呢？舉凡受曹操恩惠的理當避嫌，其他人如張飛、趙子龍，都可以完成使命，以資產配置的管理角度來說，曹操和關公的關係是「正相關」，擺在一塊，只有讓風險增加，而不是減少。

商品正相關度越低，越能分散風險

類似的歷史重演在項羽攻打劉邦的彭城之役，劉邦最後脫逃，也是用了舊情讓楚將丁公放自己一馬，劉邦和丁公也是「正相關」，如果遇到一個沒有任何關聯的將領（即為「負相關」），未必賣這個人情，劉邦過不了那一關，歷史也會改寫。

在資產配置裡什麼是正相關？為什麼在投資上要盡量避免？因為兩個資產彼此方向一致，齊漲齊跌的結果就是不能產生互補，而負相關資產則是會一漲一跌形成互補，進而降低波動度。

根據統計，大型股跟小型股這兩種資產，往同一個方向移動（漲跌）的相關性高達 78％，比例如此之高，這就是正相關，而公債和大型股同步移動只有 24％ 的相關性，這兩種資產的正相關度較低，能達到局部分散風險，至於公債和商品之間，同步移動的比例為 -14％，這種負相關的組合就是一個理想的資產配置。

當投資時間夠長，會經歷不同的投資環境和不同型態的股災，各種資產之間的正負相關係數也在改變，不必懷疑，它就跟戀人之間的關係一樣，不能說分分秒秒，但絕對是月月年年在改變。

| 圖 4-2-1 | 資產的正負相關性

 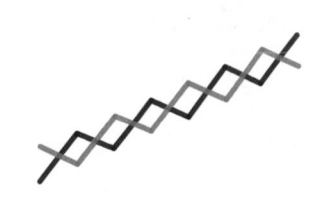

正相關的資產　　　　　負相關的資產

資產的正負相關，代表兩個不同資產是否同步移動的關係，如果同漲同跌，就視同正相關，如果是一漲一跌，則視為兩者為負相關。

| 表 4-2-1 | 各類別資產間投資回報相關性

單位：%

類別	美國公債	美國大型股	美國小型股	國際股	房地產	商品、原物料
美國公債	100					
美國大型股	24	100				
美國小型股	9	78	100			
國際股	6	67	54	100		
房地產	17	55	41	41	100	
商品、原物料	-14	-9	-15	-1	-4	100

資料來源：Ibbotson Associates，morningstar
統計期間：1972 ～ 2013 年

| 表 4-2-2 | 各類別資產間投資回報相關性

單位：%

類別	房地產	美國大型股	美國小型股	美國長期公司債	美國長期政府公債	美國中期政府公債	美國短期政府公債	國際股	商品、原物料
房地產	100								
美國大型股	54	100							
美國小型股	74	72	100						
美國長期公司債	28	29	12	100					
美國長期政府公債	5	4	12	89	100				
美國中期政府公債	4	5	4	82	86	100			
美國短期政府公債	5	3	6	3	8	42	100		
國際股	—	—	—	—	—	—	—	100	
商品、原物料	—	—	—	—	—	—	—	—	100

資料來源：STOCKS, BONDS, BILLS, AND INFLATION® (SBBI®)
統計期間：1972 ～ 2020 年

| 表 4-2-3 | 相關係數代表含義

相關係數	資產相關比例說明	風險分散益處比重
-65%	較高的負相關	極佳的風險分散
-15%	少許的正相關	好的風險分散
20%	些許的正相關	局部的風險分散
80%	高比例的正相關	非常差的風險分散

冰淇淋＋火鍋料：負相關資產有效降低風險

　　用簡單例子來說明，如果有兩家企業，一家賣冰淇淋，一家賣冬天的火鍋料，這兩種商品受天候影響極為明顯，冰淇淋公司第一年夏天業績 700 萬元，到了冬天掉到剩 400 萬元；第二年夏天業績衝到 850 萬元，冬天又掉到 550 萬元，隨季節變化相差很大。

　　相反的，火鍋料公司夏天生意不好，業績只有 400 萬元，到了冬天幾乎翻倍到 750 萬元；第二年夏天業績又掉回 450 萬元，冬天才又衝到 900 萬元……投資者擁有這樣公司的股票，心情就像坐雲

| 圖 4-2-2 | 負相關的資產組合

霄飛車一樣。

　　然而，這兩種原本震盪劇烈不受青睞的投資，在資產配置中正好利用兩者的負相關，做出良好的組合，平衡了淡旺季的業績波動，如左頁圖中的灰色曲線，呈現緩慢且穩定的成長，且這樣的波動度多數人都能接受，投資就不會因為股價劇烈震盪而輕易地被甩出去，所以這樣的一個負相關，在資產配置中扮演了一個非常穩定的角色。

 投資金句

在資產配置中要避開正相關資產，若是兩個資產彼此方向一致，齊漲齊跌的結果就是不能產生互補，而負相關資產則是會一漲一跌形成互補，進而降低波動度，投資就不會因為股價劇烈震盪而輕易地被甩出去。

第2章「標準差和 β 值真的沒用嗎？」從環球小姐的傲人雙峰，以女性 A 到 D 罩杯尺寸變化為例，說明標準差主要是用來衡量波動範圍，不過，我們不能只停留在「A 罩杯有 68％人喜歡、B 罩杯有 95％人喜歡」這樣的比喻和名詞介紹，要進一步了解標準差的運用。

根據統計，過去 88 年大型股的標準差是 20.1％，對比長期公債的標準差 9.8％，看起來兩者標準差只有近 10％的波動，會讓人誤以為幅度不大，事實不然，這兩者的波動程度遠大於想像。

找出可以接受的波動範圍

就我們已知的歷史統計數字來看（見圖 4-3-1），大型股的波動到底屬於哪個罩杯範圍？計算方法很簡單，可涵蓋 95％可能的

發生機會：

$$下跌波動範圍＝投資報酬－（標準差 ×2）$$
$$上漲波動範圍＝投資報酬＋（標準差 ×2）$$

　　以大型股而言，下跌範圍為 -30％ （10.1％－20.1％ ×2），上漲的可能範圍則是 50.32％（10.1％＋20.1％ ×2），簡單的說，大型股可以下跌 30％，也能上漲到 50％，好壞差距 80％，這個波動範圍是驚人的，對比公債跌幅 14％、漲幅 24.3％，好壞差距 38％，兩者上下的震盪差距遠超過多數人對 10％標準差的認知，這也是為什麼政府公債會有一定的需求，因為相較於股票 30％的

| 圖 4-3-1 | 四類資產歷史投資報酬及標準差

資產類別	平均投資報酬	標準差	波動範圍
小型股	12.3	32.1	
大型股	10.1	20.1	
長期政府公債	5.5	9.8	
短期公債	3.5	3.1	
以上數據涵蓋1926～2013年			-60　　　0　　　80

資料來源：Ibbotson Associates，Morningstar

跌幅，公債 14% 的跌幅溫和許多，多數人可以承受。

透過大型股和公債的標準差來計算波動程度，投資人對標準差的認知就不會只停在一個名詞比喻，可以認知不同資產的波動程度，就如同感受 17 級超強颱和 10 級颱風是有程度的不同。

費那麼大功夫說明資產波動的劇烈程度，就是要讓投資人找出可以接受的波動範圍，進一步量身定製適合自己的資產配置，經由最恰當的風險承受組合設計，讓投資者在股價波動時，不會驚慌做出錯誤的決定。

對巴菲特來講，這些標準差他完全不在乎，他要的是最後成績的展現，如果各位也有巴菲特的波動承受度和選股能力，這些討論就沒有必要。不幸的是，這是巴菲特行，而多數投資者不行的地方，但是從另外一個角度來看，如果投資人事先了解自己的風險承受能力，進而採取合適的投資計畫，最終還是可以產生一個良好的理性結果。

標準差要表達的是波動範圍的概念，常態分配（Normal Distribution）有三個重要數字：68、95、99.7，這三個數字代表的意義是，有 68%（34.1% + 34.1%）數值會分布在一個標準差之內的範圍，約 95%（34.1% + 34.1% + 13.6% + 13.6%）數值會分布在兩個標準差之內的範圍，以及約 99.7% 數值會分布在三個標準差之內的範圍。

圖 4-3-2 常態分配圖

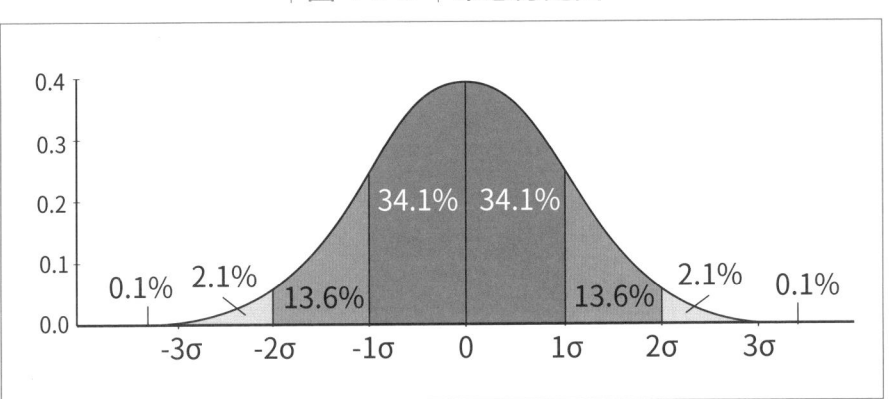

 **投資金句**

多數投資者沒有巴菲特對波動的承受度和選股能力，應該要找出自己可以接受的波動範圍，量身定製適合自己的資產配置，在股價波動時，才不會因為驚慌做出錯誤的決定。

4-4 時間永遠跟投資者站一起

朋友發了一則號稱年度最佳微小說獎的訊息：丈夫冷冷地對妻子說：「等我當年買的股王價格重回歷史高點時，就跟妳離婚。」妻子聽完後心暖暖的，她想，這應該是最海枯石爛的承諾了。

許多散戶都有這樣的經驗，買的股票如同石沉大海，股價永遠不再起來了，但如果購買的是代表整個市場的指數基金（ETF），就不會有這樣的遺憾之事，股價一定會回頭，只是時間早晚，不同的資產回本速度也不同，但只要是選擇指數基金，時間是投資之友，站在你這一方。

拉長時間降低投資風險

圖 4-4-1 共出現四組圖形，從左到右代表的是小型股、大型

股、長期政府公債、短期債券，每組中的四個柱形分別代表的是持有一年、五年、10 年、20 年，股價波動和投資報酬預期的範圍，小型股最為驚人，一年震盪可以下跌到 -55％、上漲到 145％；大型股一年下跌 45％、上漲 55％，相較之下，公債大約只有一年的時間會出現虧損，持有五年後虧損的機率非常低，不到 5％。

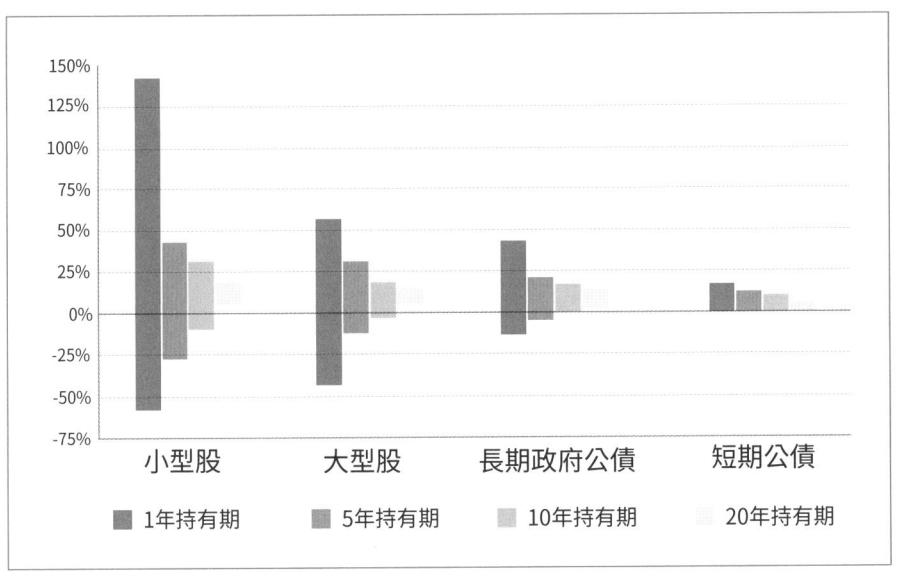

| 圖 4-4-1 | 各類資產持有時間的報酬

資料來源：Ibbotson Associates，Morningstar
資料日期：1926 ～ 2013 年

圖 4-4-1 仍選用 1926 到 2013 年的原因，是因為時間長達 88 年，這四種資產的波動輪廓已經確立。

隨著時間推延，大型股最壞的情況下大概 10 年可以打平，最慘的兩個 10 年發生在 1930 ～ 1939 年和 2000 ～ 2009 年，這兩段期間年均報酬大約是 -1%，持有這些資產超過 10 年，多數可以獲利，而公債只要五年以上時間就少有虧損了（當然發生在 1964 ～ 1981 年，利率飆升、公債價格跌落造成的公債熊市是例外）。

圖 4-4-1 傳遞了兩個訊息：

1. 小型股的投資報酬最高，波動度也最大，大型股次之；

2. 隨著時間推移，股票持有 10 年虧損的機率大幅下降，而公債只要持有五年，虧損機率也很小。

四步驟建立最佳投資組合

投資組合的建立方法，可以用下列四步驟來說明。

步驟❶ 資產類別的評估

例如股票、公債，或其它資產的選擇。

步驟❷ 建立合理的風險承受設計

這裡面有三個考量分別是：過去平均投資報酬；風險，即標準差範圍；資產正負相關係數，這三項數據我們從前面表格可以得

到，從這裡開始匯總，建構出有效投資組合的最佳化。

步驟❸ 最佳化投資組合

最佳化過程也要考量到兩個因素：一是投資限制，例如有些人只能承受 10％虧損，或有些人在特定資產（如新興市場）配置不超過 20％等。二是個人投資目標，每個人都有特定的財務考量、風險承受力，這是設計最佳投資組合過程中必須考慮的因素。

步驟❹ 確認資產配置內容

經由效率前緣的產生，挑選出適合的投資組合。

| 圖 4-4-2 | 投資組合的建立過程

資料來源：1St Global

以上投資組合的篩選過程，其實是知難行易，了解理論好像很複雜，實際操作卻可以很簡單。在這裡我們的重點是懂得如何使用，以下的講解有助於了解為什麼要這樣做，以及我們在做什麼。

不同資產與比例，達到低風險高報酬

我在這本書最掙扎、考慮最多的是要不要出現效率前緣的圖形，這也是當時念研究所考試時，懂得計算卻不知如何運用的一個部分。

為了不讓多數投資者卻步，我決定在寫這本書時，撇開微積分或希臘方程式的計算公式，用簡單淺顯的語言來表述。這幾個圖我確實幾經掙扎和放棄，因為有些是投資管理課程才會涉及的，我略過讓人卻步的計算過程，只強調觀念，因為效率前緣可以把資產配置的概念做較完整的串聯，它沒有想像中的難，就像開車使用GPS導航，卻不一定要懂得衛星計算，要的是它能幫助我們到達目的地。

現在就讓我們開始，圖4-4-3要呈現的是一個風險和投資報酬的效率前緣，簡單的說，兩個投資組合可以依資產的不同比例，做出無限多的設計，圖4-4-3中最希望能達成的效率前緣是盡量往西北方向靠，大家聽過美國有一所西北大學，也可能聽過西北航

你沒有學到的資產配置，巴菲特默默在做的事

空……我要強調的也是這個西北方位，因為這個方位代表了可以降低風險、提高報酬。

| 圖 4-4-3 | 股債配置的投資風險與報酬

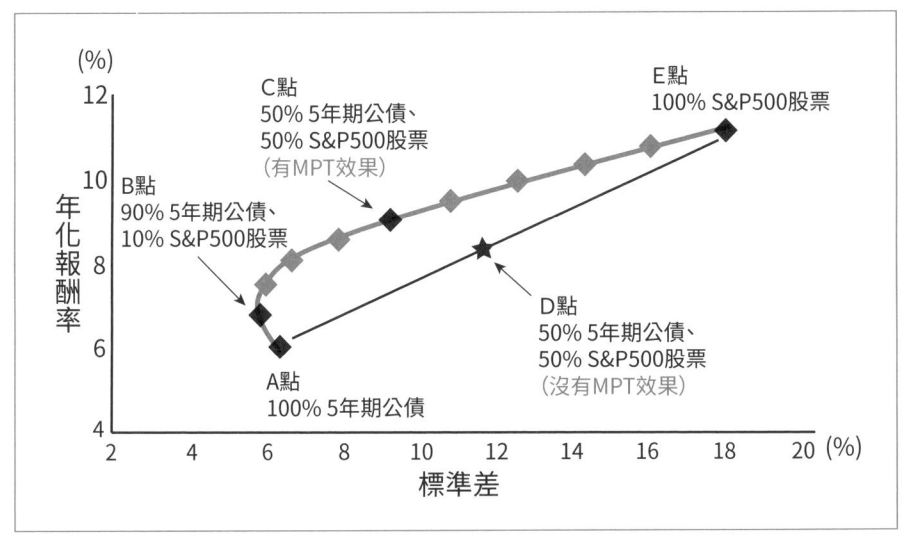

資料來源：Richard A. Ferri，All about asset allocation

圖 4-4-3 中的 A 點代表投資組合中 100％是五年期政府公債，E 點代表投資組合中 100％是大型股標普 500，時間點是從 1950 ～ 2009 年。這圖形一共有五個點，說明如下。

A 點投資報酬 6.1％，代表風險的標準差是 6.4％，但有趣的現象發生了，B 點加了 10％的風險較高的標普 500 股票，照理說加入風險較大的資產，應該會增加整體投資風險，其實不然，B 點是

往西北方向移動，風險下降到 6%，投資報酬接近 6.8%，較 A 點的投資報酬成長幅度約 11.5%，但風險卻下降，這說明前面花的功夫做出來的效率前緣果然有效。

C 點和 D 點這兩者的資產和比例都相同，也就是股票和公債各 50%，不同的是，C 點代表「現實中」公債和標普 500 這兩個資產負相關的關係，而 D 點則是「假設」公債和標普 500 為正相

A ～ E 點計算說明

位置	資產配置	報酬（Y 軸）	風險（X 軸，標準差）	說明
A 點	100% 公債	6.10%	6.40%	◎ A 點到 B 點的報酬增加比例為（6.8 － 6.1）/ 6.1×100%＝ 11.48%。
B 點	90% 公債、10% 股票	6.80%	6.00%	◎ A 點到 B 點風險下降比例約為（6.0 － 6.4）/6.4×100%＝ -6.25%（負號代表下降）。
C 點	50% 公債、50% 股票，有 MPT 效果	9.00%	9.30%	◎ C 點和 D 點的比較，說明資產配置為什麼要找尋負相關性資產的重要性。
D 點	50% 公債、50% 股票，沒有 MPT 效果	8.60%	12.20%	◎ 公債和股票的相關性會隨時間改變，例如股災時，一漲一跌的負相關性特別明顯，但有時也會出現兩者同時上漲。 ◎ C 點到 D 點的報酬增加比例為（9.0 － 8.6）/ 8.6×100%＝ 4.65% ◎ C 點到 D 點風險下降比例約為（9.3 － 12.2）/ 12.2×100%＝ -23.77%（負號代表下降）。
E 點	100% 股票	11.40%	18.00%	

你沒有學到的資產配置，巴菲特默默在做的事

關資產，比對結果，C 點的標準差由 12.2％下降到 9.3％，代表風險降低幅度約 23.7％；C 點和 D 點的投資報酬則分別是 9.0％和 8.6％，投資報酬成長幅度近 5％。

以上這兩項元素的加入，都顯示了資產配置的精神，就是透過不同的資產、比例，以及負相關係數的資產，都達到降低風險和提高報酬的效果。

相同風險下，資產組合影響報酬高低

圖 4-4-4 中有四條效率前緣的曲線，第一條最接近所謂的西北方位，大陸東北有三寶：黃金、貂皮、烏拉草，在資產配置中西北方位也有三寶：風險少、報酬高、賺到的鈔票比較好。

最靠近西北方向的效率前緣，我們列為第一條曲線，代表 0.5 負相關資產的效率前緣，第二條線為沒有相關性的效率前緣，第三條線為 0.5 正相關的效率前緣，第四條線為 1.0 正相關的效率前緣。在第一條曲線從任何一個標準差的一點（如 A 點），往上垂直畫下來，碰觸到的各點風險相同、投資報酬不同。

以投資報酬優劣順序來排，A 點＞ B 點＞ C 點＞ D 點，也就是說，負相關資產的效率前緣報酬優於正相關的效率前緣，圖 4-4-4 把資產配置中負相關資產做組合的意義，做了一個比較完整的呈現。

圖 4-4-4 負相關資產組合獲利較佳

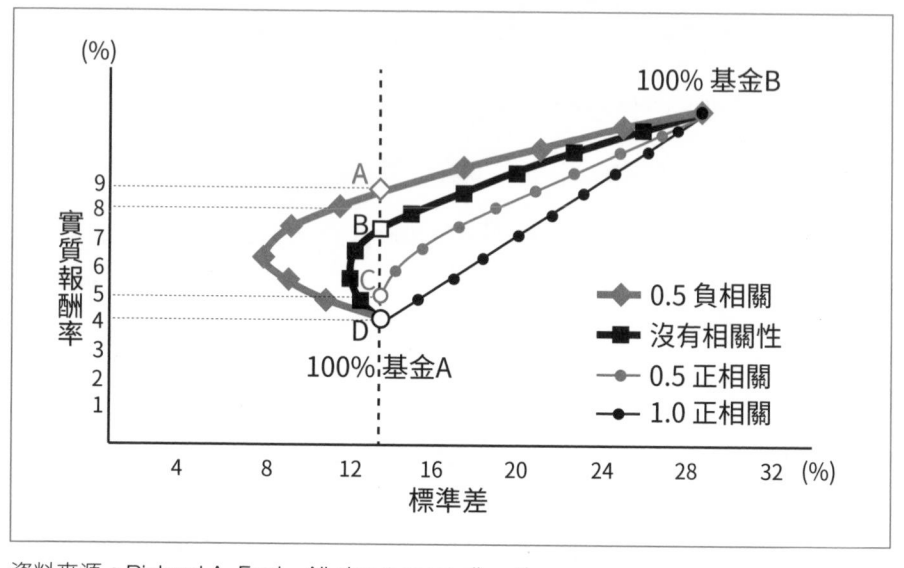

資料來源：Richard A. Ferri，All about asset allocation

什麼是效率前緣曲線

　　台灣前政壇老將林洋港有好酒量，他最著名的是「表面張力的喝酒法」，將烈酒在杯中斟滿，達到多一點即溢出的一個弧形狀態，這個最飽滿的狀態，也是酒杯可以盛酒的極限。相當於諸多投資組合中最邊緣那條弧線，也是最具效率的效率前緣。效率前緣有兩個原則：1. 在既定風險下，找到投資組合中預期報酬最大者；2. 在既定報酬要求下，找到投資組合中風險最小者。依據以上兩個原則能找到不同風險下以及不同報酬要求下，最適當的投資組合。而這組投資組合就會構成「效率前緣」。

　你沒有學到的資產配置，巴菲特默默在做的事

什麼是效率前緣（efficient frontier）

投資一定要考慮風險與報酬，在每一個投資人可承受的風險點，都會有一個相對應的投資組合，能產生最大投資報酬率，這些不同風險點所達到最高報酬率組成的一條曲線就是效率前緣。簡單來講，就是投資人應該選擇一個「總風險相同時，投資報酬率最高」的投資組合，或「預期報酬一致時，總風險最低」的投資組合。

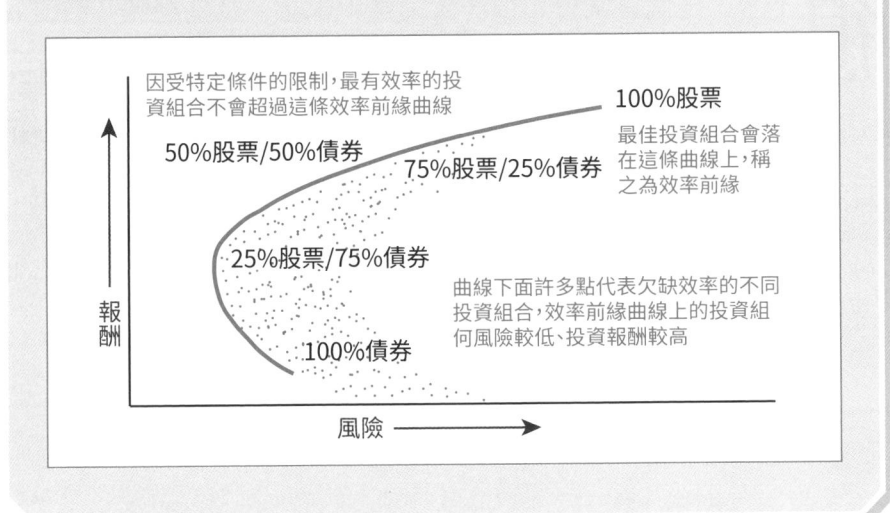

 **投資金句**

資產配置的精神，在於透過不同的資產、組合比例，達到降低風險和提高報酬的效果，而從過往實證可以發現，資產配置最好由負相關資產組合而成，得到的投資報酬率會優於正相關資產組合。

4-5 效率前緣真能打造最佳投資組合？

很不幸，這個答案會讓很多人失望：未必。為什麼呢？最佳效率前緣包含三個變數：投資報酬（Return）、標準差（Standard Deviation）和相關係數（Correlation），不要忘了，各種資產的相關係數不停在變動，計算時用的都是過去數字，不同的股災形態，或經濟發展狀態是處在谷底、復甦、高峰還是衰退期，都會產生不同資產的相關係數變動。

就像愛情世界，昨天是情人、今天已分手，每天關係都在改變，要達到最佳化，除非對未來的三個變數都能確實掌握。

面對變動，抓住大方向就對了

難道效率前緣就沒有任何用途嗎？那也未必，我早期留學時是全職學生，也是全職財務顧問，經常要進城拜訪客戶，從紐澤西跨

越哈德遜河（Hudson River）到紐約，曼哈頓區域有兩條隧道和一條著名的華盛頓大橋，有時進城碰到修橋、修路只好繞道，那時還沒有 GPS 導航，一個繞道下來打亂熟悉的路線，考驗方向感，但只要抓到往東的方向，還是會靠近曼哈頓。

所以只要方向對，一樣可以達到目的，不同的資產相關係數雖然在改變，但我們要的是做出一個大致的方位和藍圖，方向確定了，即使無法產生最優化的曲線前緣，依然可以進行後續調整，活化資產配置的效果，這個部分在後面章節有所討論。

圖 4-5-1 中，以每五年為一個單位，顯示美國大型股和公債的相關係數，可以看得出來 1995 年大型股和公債維持正相關，兩者資產的同步移動方向大約 60％，2000 ～ 2010 年大型股和公債呈現了負相關，這是投資組合中最好的設計，但多數人做資產配置時無法預先抓到這樣的改變。有什麼辦法補救呢？有的，每隔一段時間再平衡，多少就會捕捉一些機會。

1. 當通貨膨脹低於 2％時，股票跟公債的正相關開始上升到 22％。

2. 當通貨膨脹從 2％到 4％時，股票跟公債的正相關增加到 65％。

3. 當通貨膨脹超過 4％時，股票跟公債的正相關會達到 100％。

2022 年美國通貨膨脹超過 6％，也造成股債雙殺。

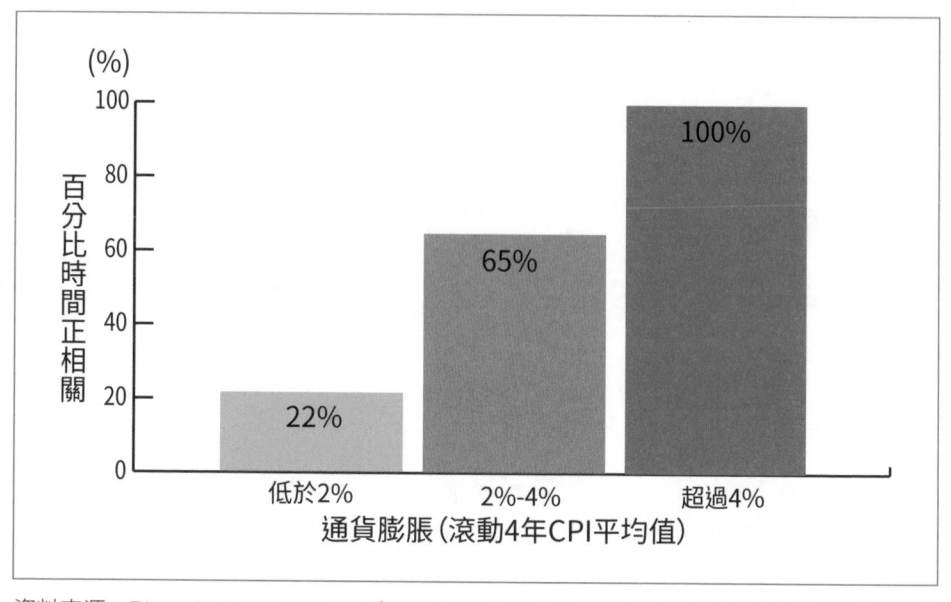

│ 圖 4-5-1 │ 不同通膨環境下股票與債券的相關性，百分比時間正相關

資料來源：Bloomberg Finance LP 和 FS Investments 1978 年 1 月至 2022 年 11 月 30 日
期間由消費者價格指數定義的通貨膨脹，滾動 4 年，彭博美國重複的標普 500
債券代表的股票綜合指數

　　美國標普 500 與 10 年期政府公債也跌得不輕，或許也說明這
個研究的結果。

　　用效率前緣設計資產配置最佳化組合，有優點也有缺點，限制
的部分就是過去數據無法精準、即時的反映未來變化，這也是巴菲
特不認同現代投資理論標準差這些計算的原因。前面提過，現代投
資理論再怎麼設計，績效都難以超越巴菲特，除了巴菲特的投資是
直搗核心外，他不在乎波動，直接選擇獲利最豐富的方式。

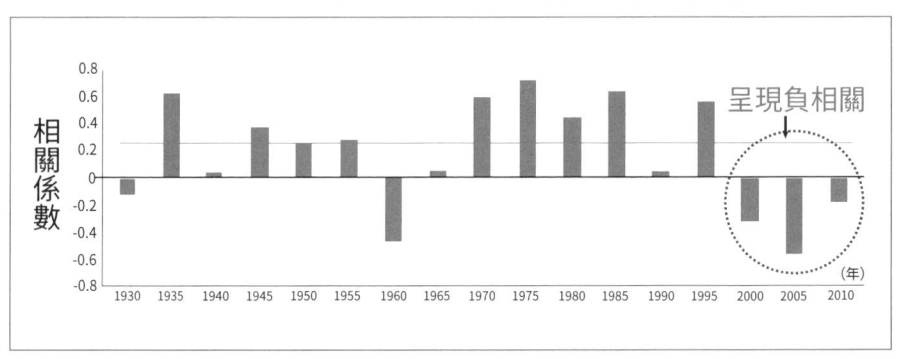

圖 4-5-2 │ 美國大型股 vs 公債 相關係數變化

資料來源：先鋒基金
資料日期：1926/1/1 ～ 2010/12/31

　　還有一點非常重要，巴菲特雖然不計算正負相關係數和標準差，但他有一個多數人都望塵莫及的強項，就是他可以精準掌握不同資產的合理價位和被低估價時，抓到最佳進場的時間點，這也是前面一再引述巴菲特說：成功的投資，就像一個好球員掌握的是下一個球移動的方向，而不是上一個球的位置，下一個移動方向才是關鍵。而資產配置在這方面要藉助別的方式來補強。

　　從圖 4-5-2「美國大型股 vs 公債相關係數變化圖」可以看出，1970 ～ 1985 年長達 15 年期間，兩者維持在一個相當程度的正相關，2000 ～ 2010 則呈現了負相關，這也是股票和公債兩者混搭的最好時機，證明了資產的相關係數是在變動的。

　　巴菲特在什麼時候介入公債？他從 2002 ～ 2003 年大量持有公

債，那也是公債產生極高投資報酬的時期，他之所以成為頂尖投資者靠的是價值投資，不僅股票如此，公債和其他資產也如此，這也是我認為巴菲特難以模仿的地方，他非常清楚自己的強項和弱點，選擇適合他的方式操作，而且他懂得判斷資產的價值，抓住下一個移動方向。

多數投資者可以從資產配置切入，利用後面章節介紹的再平衡方法扳回局面。總結地說，資產配置雖然無法趕上巴菲特的操作策略和哲學，對多數人而言，仍然是比較接近成功的一個投資策略。

 **投資金句**

各種資產的相關係數不停在變動，因此很難用過去數字，做出未來最佳資產配置的設計，但只要方向對了，一樣可以達到目的，資產配置仍然是一個適合多數人的成功投資策略。

第 5 章

了解各項資產

沒有一項投資工具是安全、完美無缺，在資產配置中要靈活應用各種資產的優缺點，才能發揮資產配置提高獲利、降低風險的長處。

　　投資要以簡馭繁，不需要擁有太多種類的資產，因此投資人應該清楚了解每種資產的特性，依風險承受度決定配置比例。

5-1 你看清股市的 本質了嗎？

多 年前，我曾經上過中廣的訪談節目，播音室的陳設簡單，可
是播音的範圍卻極為廣闊，許多人可以在車上、家裡、風光
綺麗的山巔海邊，收聽得到。節目會吸引人，是豐富的內容、主持
人的用心規畫、中場音樂的選曲、與訪談來賓有趣的互動，這都不
是播音室簡單陳設的第一印象可涵蓋。

股市在你腦海中是怎樣的場景模樣呢？是菜籃族們散坐在證券
行盯著螢幕，神情高亢或鬱鬱寡歡的鏡頭？或是新聞畫面常見紐約
證券交易所裡，亢奮的交易員和一天忙碌後交易大廳滿地的碎屑？

其實，這些都只是表象，在我腦海中股市有多個面向，特別是
它背後的畫面，以蘋果（Apple）為例，你可以想像：一群優秀工
程師的研發團隊，上千萬張的設計圖在修修改改中才能定案，推開
當年賈伯斯會議室的大門，依稀中還會聽到他對工程師咆哮或滿意
的讚許；另一端工作人員忙著聯絡全世界各地的供應商，確認工廠

的產品規格，必須符合蘋果公司的品管……

看過蘋果零售店面沒有？寬厚的白橡木家具，全球統一的簡潔線條經過特殊設計，從這個場景你可以延伸到，某家工廠專門為蘋果生產家具，運輸公司送至全球展售點。

蘋果有八萬多名員工，代表有許多家庭在辛勤工作，還不包含大家常說的蘋果概念股協力廠商；台灣又有多少衛星公司和工廠，因蘋果的創意和產品，也在努力讓蘋果在全球運轉。

股市的背後：無數經濟實體的全球運作

再談談曾經是我的管理基金中十大持有股票── 星巴克，當我回老家故鄉台東時，上山運動會先經過鐵花村，攀爬鯉魚山陡峭的階梯，站在階梯高點，向東眺望太平洋，天氣好時可以輕易看到綠島。經過山脊繞到山的另一端，可以遠眺中央山脈和大武山在遠處聳立著，山下有個城鎮太麻里，經常是跨年活動迎來第一道曙光的地方，小鎮旁的南迴公路和鐵路通往墾丁和高雄。

有時小跑步到山的另一側，遠眺都蘭山，她是阿美族、卑南族的聖山，更是海岸山脈南段的最高峰，原住民稱她為普悠瑪，不到鯉魚山頂走一趟，很難鳥瞰台東市全貌。

許多來台東玩的遊客，不懂得到鯉魚山登高望遠，這跟許多人

只看到股市的表象一樣，以為那只是金錢遊戲，不事生產的在股市殺進殺出、讓許多人虧本的地方，這都是因為沒有看清事情的本質。

通常下了山，我會進到星巴克，觀察一下生意好不好，我經常滿心歡喜地離開，因為工作人員勤奮，全球各地幾乎維持一定的品質，在我腦海裡浮現，這個團隊對管理一定有完整的流程和教育訓練，這背後的運作不是簡單的事，先別說這企業賣的是咖啡還是氣氛，公司加入了創意與管理，再透過股市向大眾集資，用相同的模式在全球擴充據點。

或許你偏好中國人的茶道，也可以利用相同的概念和手法，讓全世界的人都有機會品茗，背後的產品、管理、銷售、財務及綿密的商業機制，同樣必須結合資金，而證券市場就是提供資金，進而活絡經濟的一個管道。

鏡頭拉近到台灣，很少人看到，全家或 7-11 統一超商在凌晨四、五點時，貨運車的配送鋪貨已經展開，還有許多速食業者，在我們睡夢中正在進行包裝配送，趕在破曉之前鋪上貨架，等待顧客取用。

經過這樣的描述，你會發現全球經濟的成長和帶動、人類科技的發明和創新，背後有那麼多人在辛勤工作，撐起經濟實體，你還覺得股市只是金錢遊戲的場所嗎？

讓一流企業替你賺錢，走向財富自由

如果能看清股市的本質，用最正確簡單的方式理財，我想，許多人的人生結局會不會不一樣？

倪敏然和高凌風這兩位藝人，曾經帶給台灣觀眾許多歡笑，揮別人生時，好像都還為錢所困，在他們日進斗金時，如果也能選擇投資全世界一流的企業，就會有源源不絕的獲利，若是握有這樣的財務資源，他們的人生結局，應該會少一些唏噓和遺憾。

對投資完全陌生的人，還是有必要簡單介紹，股票、公債的特性及優缺點，但這本書不是教科書，粗略介紹即可。

股票，簡單的說它代表一間公司經營的所有權，手上握有較多股份的人，決定了公司的人事權和經營方向，就算你是公司創辦人，如果賣出太多股份，也可能喪失經營權，就像蘋果的賈伯斯在1985年時，董事會多數股東並不支持他，因此喪失經營權，被公司解僱。

當你買了一家公司股票時，就成了公司股東，不管股份多少，公司的盈虧會依股東比例來分配，但公司當年賺的錢你未必拿得到，因為要經過董事會討論是否發放，很多公司為了後續營運發展，賺的錢一毛錢都不發給股東，蘋果在賈伯斯任內就幾乎沒有發放股利。

公司董事會掌握了經營決策，那董事會有多少成員呢？每家公司不一樣，想參與公司經營權的人，會想辦法獲得較多持股，例如用自己的錢購買股份，或取得別人給予的委託權，比如上千個小股東都委託張三，那麼張三就取得了代表權，有機會進入董事會發聲，進而獲取一些利益。

股票和公債不同的是，公債是把錢借給公司的一個債務行為，公司賺不賺錢固然重要（因為不會破產，債券公司可以安全拿回利息和本金），但是公司賺到的盈餘卻與公債無關。公債持有者只是把錢借給公司，賺取固定利息（轉換公債又有不同設計），並不是股東，如果公司虧損需要賠錢時，與公債持有者無關，萬一公司破產，公債持有者有最優先權，取回公司變賣的資產，公債持有者拿完之後，股東們才有機會分配剩餘財產。

最簡單的說法，就是股票持有者就是股東，盈虧的好處、壞處你都有份，而公債則只是借錢，要關心的是利息的支付和本金的安全，沒有盈虧責任，但也享受不到公司的成長。

總結地說，投資者藉由股市和一流企業做連結，進而走向財務自由是主要的目的。

既像魔鬼又像天使的股市

股票像天使的時候，當年飛利浦投資台積電（2330）獲利近200倍，台灣第二大市值公司的鴻海（2317），也曾在巔峰期交出驚人的績效。

美國池塘大，魚多，壞蛋多，但天使更不少，許多世界級企業，如果不是整體實力強，道瓊指數也不會屢創新高，台灣指數在最高點12,682時，美國道瓊不過2,700點左右，2015年道瓊曾攀升到18,000點，台灣還未漲回到高點，說明美國許多公司吸引全球投資者，優於其他國家，這也是天使喜歡去的原因吧。

股票到底是像魔鬼還是天使？其實是背後的管理階層決定這個答案。管理相當不容易，而且不簡單，碰到超級競爭對手時，公司可能面臨破產，如果因管理能力不足和大環境影響（但沒有蓄意掏空），且已盡該盡的義務，那麼公司從成長茁壯，歷經高峰衰退到破產，是一個生命周期。

例如柯達公司，當年許多醫學攝影、航空照片、生活的美好記憶，都與柯達有關，但數位化時代來臨後，柯達走入了歷史，令人唏噓，但這不是公司管理階層惡意倒閉，然而，不幸碰到管理層一開始上市時，出發點就不是站在股東的利益考量時，那它絕對是戴著面具的魔鬼。

　你沒有學到的資產配置，巴菲特默默在做的事

或許還是有人要問，股票既像魔鬼又像天使，那到底是魔鬼還是天使？兩者都是，當擁有它而股價上漲時，你會覺得它像天使；當它下跌時，讓你辛苦儲蓄的財富也跟著墜落，它就像魔鬼。不過，通常體質良好的公司股價下跌是一時的，美國媒體常以墜落的天使（Falling Angel）來形容，但有些公司經營體質不好，經營者心態不良，甚至財報造假，一開始上市目的就不純正，通過了上市審核標準後，就充分發揮魔鬼的本質。

　　投資人如何判斷一家公司究竟是天使還是魔鬼？除了管理人員的正直和善盡管理職責以外，那就是看績效了，在巴菲特的選股標準裡，管理階層是一個重要考量，但並不容易判斷。剛才我們說績效很重要，別忘了有些公司會製造假績效，美國史上最大的破產案安隆（Enron）事件，是美國證券史上最大的弊案，這麼龐大的一間公司，亮麗的盈餘竟然是假的；還有台灣早年的博達掏空案，也是管理階層造成的問題。

　　盈餘好壞的判斷是個學問，碰到公司蓄意造假很難防堵，當然財務報表是一個監控的重要指標，但要判讀財報，本身就是一門專業的學問。

　　巴菲特說過，如果一家公司不想讓你了解，可以讓你看不透公司的營運，卻符合會計原則。會計師的查核簽證，原本是對一家公司稽核安全的控管，可是很多重大舞弊案件，經常都是一個共犯團

體，會計師是人，也有人性的弱點，要淪陷有什麼難呢？就像中國人說的，賠錢的生意沒人做，殺頭的生意有人幹，更何況你還真殺不了他的頭。

找出天使，建立持續獲利的方式

這麼說來股市也有魔鬼的存在，那是不是讓人為股票市場擔憂了？其實不然，畢竟這些害群之馬在上市公司裡不是多數，不過卻會永遠存在，為什麼？首先，經營本身是件不容易的事，其次，人性的貪婪永遠無法消除，加上刑法不足以恐懼時，不斷會有人鋌而走險，要避免這些魔鬼對投資者的傷害，最簡單的方式就是購買代表整個市場的指數基金，這也是本書不對多數投資者介紹個股的主因。

想在個股中獲取更大利益的人，首先要學會如何分辨哪些公司是戴著面具的魔鬼，哪些公司是天使，並找出這些天使般的好公司中，誰是最具潛力的公司。要了解這些，對財報或基本面的分析，你必須要有一套持續獲利的系統方法，要強調的是，所謂的「系統」不是給你一、兩個明牌，一時的明牌頂多讓你小嘗甜頭，如果無法透過一個穩定的方式長期獲利，你很難致富，也說明你還不懂得如何借重股市，和一流企業做連結，這也是本書想要引領你的地

方。

從來沒有一個行業，像投資股票一樣，可以簡單到一個投資素人或達人，就可以交出連專家也比不上的亮麗成績，但也很少看到這麼一個行業，複雜的程度，會讓一個 30 年的投資老手，一失手就從此再也站不起來。要參加賽車競賽，必須接受專業訓練才能上場，股市則不一樣，任何人都可以進場，且在這場競賽中，用的方法正確與否，比是不是擁有專業執照重要。

能對個股做出正確判斷的人，確實獲利豐碩，但我看過無數學歷、經歷都極出色的專業人士，一樣栽在個股的挑選上，所以多數投資者應該避開，以下這句話會在本書反覆出現，那就是過去 13 年（2003 ～ 2015 年），巴菲特都無法擊敗標普 500。如果你不懂得選股，緊跟著標普 500，你擁抱的絕對是天使，就算美股下跌，成了老美口中的墜落天使，根據過去 200 年來的紀錄，受傷的天使會復原，再度振翅高飛，這是上蒼給了美國得天獨厚的條件。

我不是反對以個股作為投資工具，而是只有一些個性、條件符合，大約有限的 20％ 族群適合，有機會我會另外寫一本以個股為投資工具的書分享心得。這些少數的人都有華山論劍的準備，成功則為武林盟主，萬人稱羨，失敗，也有被抬下來的準備和資本。

如果你只是想達到人生的財務自由，用不著費那麼大的勁賣命演出，用了本書推薦的美股或台股指數型基金，你擁抱的一定是天

使；至於忙了大半天之後，還會經常把魔鬼和天使分辨錯的工作，就交給適合的人，或是讓我們這些經常摔破眼鏡的專家來傷神吧！

投資金句

藉由股市和一流企業做連結，進而走向財務自由，是投資的主要目的，但重要的是，你必須有一個穩定的方式可以長期獲利，否則很難致富，這也說明你還不懂得如何借重股市達到目的。

5-2 大型股 vs 小型股，時間複利帶來的驚人差距，多賺 2%差別有多大？

在 1926 ～ 2014 年長達 89 年的時間，大型股年複利 10.1％，一美元變成 5,317 美元，小型股年複利 12.2％，一美元變成 27,419 美元，兩者相差 4.2 倍。

如果把時間延長從 1926 ～ 2022 增加八年時間，各位要不要猜一下這個變化有多少？實際數字更新請看第5-6節中的「表5-6-2：1926 ～ 2022 年各項資產年均報酬」給大家做個參考。

你沒有看錯，這兩個資產年複利 1926 ～ 2014 只差 2％左右，但 89 年時間下來，兩者卻相差了快 4.2 倍，許多人會誤以為 2％的差距沒什麼重要，這其實就像百米賽跑，抵達終點時，有人用額頭向前，有人用肩膀往前傾斜，甚至有人用鼻尖，在那瞬間就決定了勝負。

在投資時間裡，微小的差距可以產生驚人的效果，這就是我們

分毫必爭、錙銖必較的原因，每一年哪怕是領先一點，結果大不同。這也有一點像婚姻的經營，有人說夫妻兩個人的意見和爭執，每跨一步就差一個肩膀的距離，再跨一步，再隔一個肩膀的距離，每天有一個小小的分歧，幾十年累計下來，就是破壞婚姻的殺手。勿因善小而不為，勿因惡小而為之，許多道理是相同的，投資股市也是如此。

除了長期複利，也要留意資產特性

小型股年複利領先大型股 2％，長時間下來可以產生驚人差距，更何況大型股比公債長期年複利多 5％，這可以產生 42 倍差距，現在大家了解巴菲特為什麼願意忍受他持有股票的劇烈震盪，因為得到的結果，值得他這樣做。

多數人可能沒有 89 年這麼長的投資期，但就算只計算 1976 ～ 2015 年，小型股每一美元可以變成 66 美元，大型股每一美元可以變成 57 美元，相差近 16％。

如果把時間延長到 2022 年，結果會變成怎麼樣呢？小型股還能像往常一樣持續領先嗎？領先的幅度是擴大還是減少？以下的圖形就會告訴你答案，小型股不但沒有領先，反而被追上來，原因是過去的七年大型股表現持續優於小型股，股市不同的資產在不同的

時間是會產生不同的變化，而不是一成不變的。

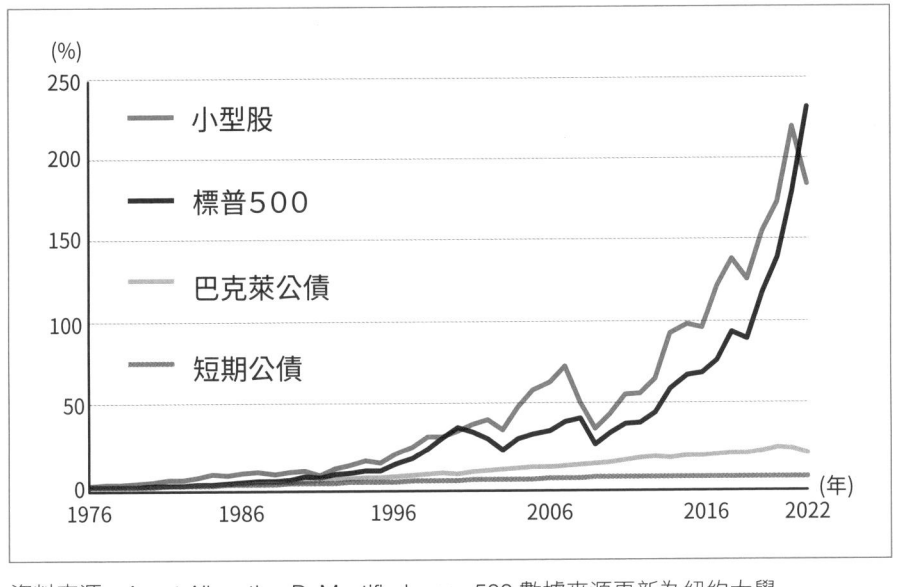

| 圖 5-2-1 | 1976 ～ 2022 年各類資產投資報酬對比

資料來源：Asset Allocation DeMystified，spy 500 數據來源更新為紐約大學

| 表 5-2-1 | 1926 ～ 2019 年各類資產投資報酬對比

單位：%

	年均報酬	累積報酬
小型股 small stocks	11.9	39,381
大型股 large stocks	10.2	9,244
政府公債 government bonds	5.5	159
短期債券 treasury bills	3.3	22
通貨膨脹 inflation	2.9	14

當然天下沒有白吃的午餐，小型股的波動遠高於大型股，巴菲特挑選的個股，波動幅度更大於整個市場，例如美國運通，震盪幅度可以從下跌 -70％再上漲 666％，巴菲特在乎的是在安全控管下，交出驚人的成績。美國運通可以說是成就巴菲特的傑作之一，看過上面些微數據差距的結果，應該更能體會為什麼巴菲特寧可追求 15％的報酬，接受投資過程中的顛簸震盪，也不要平穩的賺12％。

　　事實上巴菲特管理波克夏這 50 年（1965 ～ 2014 年）中，交出年均複利 21.6％的成績，遠超過了小型股基金 12.3％和大型股基金 10.1％，長期領先近 10％績效的結果，是比標普 500 的績效多出 160 倍（巴菲特波克夏從 1965 年到 2022 年年均報酬略微下降到 19.9％，但績效依然驚人）。投資管理中，哪怕是微小的 0.5 ～1％，都有必要錙銖必較，了解這個也有助於投資人對波動接受度的提升。

　　造成這樣的結果有兩個原因，一是長期複利效果，二是資產特性，所以大型股、小型股及公債這三種投資如何混搭和借重，是值得注意的地方。

表 5-2-2	小型股與大型股以十年為一個單位的年均報酬		單位：%
年間	小型股年均報酬	大型股年均報酬
2010~2019	13.35	13.44
2000~2009	6.3	-0.9
1990~1999	15.1	18.2
1980~1989	15.8	17.6
1970~1979	11.5	5.9
1960~1969	15.5	7.8
1950~1959	16.9	19.4
1940~1949	20.7	9.2
1930~1939	1.4	-0.1
1920~1929	-4.5	19.2

資料來源：標普 500（代碼 spy），Damodaran

美國股、國際股、新興市場三大市場比較

美國股市大約占全球市值的三分之一，所以在資產配置時，也要考慮全球其他三分之二的市場，不過成就巴菲特一番事業的投資多數在美國，幾個原因，首先，他認為美國這麼大的市場，如果不能賺到錢，其他市場更不具優勢；第二，他不碰不熟悉的標的，美國就地緣關係來講最容易掌握。

第三，他投資的幾個企業其實是跨國企業，例如可口可樂、美國運通，這些海外收入也占了企業營收不小的比例，等於間接參與

| 圖 5-2-2 | 全球三大市場投資報酬比較

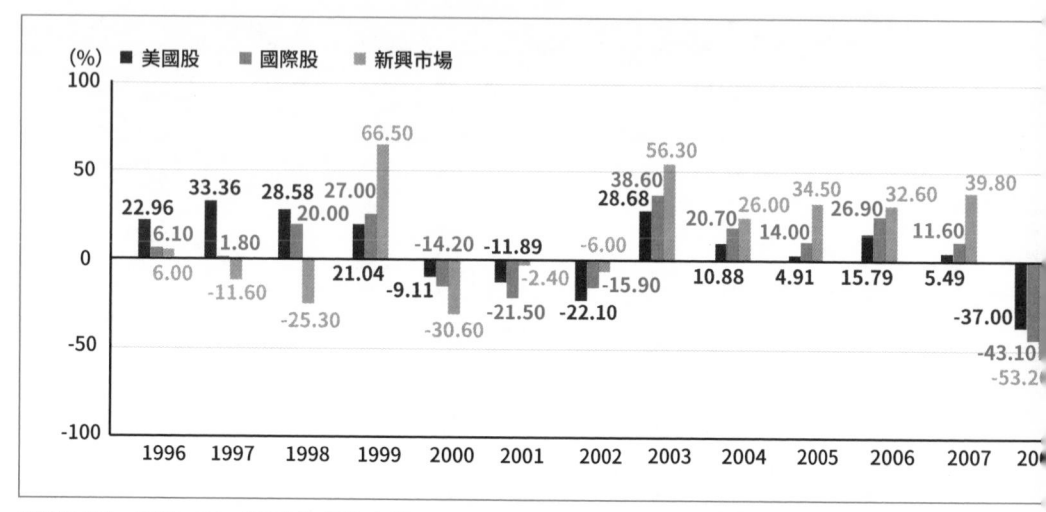

資料來源：標普 500（更改為紐約大學）；MSCI EAFE Index；MSCI Emerging Markets Index

國際市場，最重要的，我認為是巴菲特向來強調多不如精的管理。

從圖 5-2-2 中顯示，2003 ～ 2009 年除了 2008 年金融海嘯外，有六年時間新興市場投資報酬排名第一，主因是金磚四國崛起的風潮，未來新興市場是否還有這樣的題材和機會，現在無法論斷，但基於任何一個地區股價達到合理性，資金就會移轉到另一個有吸引力的地區，所以資金會在美國、國際市場、新興國家市場這幾個區域流轉。

這三個資產缺點是連動性強，同漲同跌，只是比例不同，所以資產的比例依個人條件需要做調整，這在第 6 章會予以討論。簡單

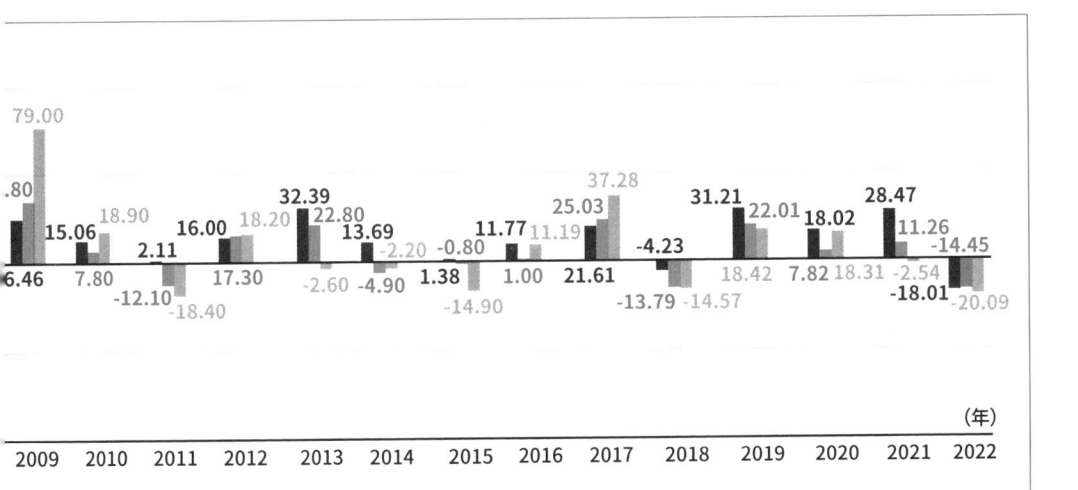

	79.00				37.28					

（年）

2009　2010　2011　2012　2013　2014　2015　2016　2017　2018　2019　2020　2021　2022

79.00

.80　15.06　　18.90　　16.00　32.39　22.80　　11.77　25.03　　　31.21　22.01　18.02　28.47　11.26
　　　　　2.11　　　18.20　13.69　　　　-0.80　　11.19　　-4.23　　　　　18.02　　　-14.45

6.46　7.80　　　17.30　-2.60　-4.90　1.38　1.00　21.61　-13.79 -14.57　7.82 18.31 -2.54
　　　-12.10　　　　　　　　　-14.90　　　　　　18.42　　　-18.01 -20.09
　　　　-18.40

說明：MSCI EAFE Index 國際股票（歐洲、大洋洲、遠東地區）不含美加，共有 21 個已開發國家）；MSCI Emerging Markets Index 包含 23 個新興國家的新興市場指數。

的說，地球村時代，這三個區域都值得投資人關注，當然美國則保有她一定的優勢。

投資金句

在投資時間裡，微小的差距可以產生驚人的效果，了解這個道理有助於提高投資人對波動的接受度，而在做資產配置時，美國、國際市場及新興國家這三大區域，值得投資人關注。

5-3 公債，投資中的嬌妻或外遇？

這篇文章是本書中，少數以時間為次序所呈現的書寫，隨著時間的發展，你會發現文章中不同投資者，卻犯相同的錯誤：首先，不了解公債本身的特質，也就是公債也可能虧損，如果不充分了解公債的特性，怎麼可能做出適合自己的投資組合？

其次，一開始就沒有選擇正確或適用自己的投資策略，不清楚公債在自己的投資組合中，應該扮演什麼角色（這個部分請在了解公債特性之後，研讀第 6 章內容）。

＊　　＊　　＊　　＊

盧兄，你日前來電，提到公債今年（編按：這段文章作者撰寫於 2007 年）怎麼了？不可捉摸，更談不上得心應手。你也提到每每收到月刊，第一篇閱讀的是我的專欄，謝謝你的肯定，也害得我昨晚半夜睡夢中給樂醒了。閣下已是多年的讀者、客戶和朋友，你

認為你的疑問也是許多讀者所關心的，我不妨就以公開信解答。

先問個問題，有外遇嗎？別那麼快急著否認。著名詩人余光中也有外遇，他說：「中國是我的母親，台灣是我的妻子，香港是我的情人，歐洲是我的外遇。」

兩性關係中，多數人期盼情人和妻子是同一人，至於外遇，很多人想，卻未必有所行動。如果閣下連外遇的念頭都沒有過，我為閣下心如止水的定力感到佩服，但也為你的賀爾蒙分泌不足感到憂心。如果你確有外遇的起心動念，但終在理智的控制下成了春夢一場，那閣下身、心健康都令人滿意，也符合人性。

這和你的疑問有關嗎？別的投資工具今年出色的成績，彷彿是「外遇」對象具有的亮麗外表吸引了你，所以與其說公債今年怎麼了？不如問你的投資方向改變了嗎？還記得當初諮詢所為何來：你想知道手中的資產，夠不夠提前退休？

股、債各有當紅時

分析顯示，你確實可以提早圓夢，你的退休金理財需要達成的投資報酬約 6%，並不算高。投資組合的設計有兩個目的，一是追求投資獲利極大化；二是投資的穩定成長。到底是成長為先，還是穩定為重？依你當時想提早退休和自己管理的考量，我建議穩定中

求成長的資產配置（Asset Allocation）比較適合。

2007 年上半年的公債投資報酬，為何低於定存？公債的報酬計算包含兩個部分，一是利息，在債券上載明是不變的；二是本金受利率波動後的漲跌。今年因為有物價膨脹的隱憂，本金部分因升息風險導致價格下跌，這兩部分加總，一正一負，投資報酬就低於目前定存的 5％。

什麼是債券？

債券是企業或政府發給債券人的借款憑據，在到期日之前，債券會以談好的固定利率支付利息，到期時，債券持有人可以全部拿回當時的本金。大部分債券可提供穩定但不高的利息，至於利息高低則要看發行單位的信用，信用評等較佳的單位，發行的債券利率較低，相對的，信用評等較差的單位，發行的債券利率較高。

到底該不該投資公債呢？每一種投資工具都有優缺點，也各有當紅的時段。這二、三年公債面臨升息的環境，報酬不理想，但 2000 ～ 2002 年高科技泡沫破滅時，標普 500 指數重挫 50％，那

斯達克下跌近 78%，公債卻有 25 ～ 35%的漲幅，誰說公債不是好的投資！

撇開「資產配置」的角度來看，也就是股票、公債、期貨、黃金、房地產等不同資產的混合，所帶來穩定中成長的特性，就追求投資報酬極大化而言，未必要投資公債，因為長期而言，股票的投資報酬遠大於公債，從下面的數字可以很清楚的證明。

策略隨著目標不同而不同

從 1926 ～ 2006 長達 81 年中，投資一美元美國的小型股，資產會成長 17,011 倍，相當於每年 12.8%複利連續 81 年；投資美國大型股，資產會成長 3,208 倍，年複利約 10.5%；投資國際股市（不含美國），資產會成長 858 倍，年複利約 8.7%；投資美國政府長期公債，資產會成長 68 倍，年複利約 5.3%；投資五年期公債，資產會成長 48 倍，年複利約 4.9%。

若是把錢放在 90 天期的定存，資產會成長 22 倍，年複利約 3.9%，而這 81 年的物價膨脹了 11 倍，年複利約 3.1%。資產配置下的報酬，資產則成長了 1,193 倍，相當於年複利 9.1%，遠高於你退休金所需要的 6%。

要注意的是，國際股市這 81 年來的成長遠落後美國，那就不

值得投資了？當然不是，過去 30 年這兩者的差距已拉近，甚至過去五年、三年國際股市的表現都比美國亮麗，在全球資源相互運用下，不同地域的經濟高速成長，在投資的觀念中地球已經是平的，所以國際股市的參與有其必要性。

對多數投資者而言，資產配置穩定成長的特性，避開了「貪、怕」等情緒干擾，反而讓投資容易成功，2000 年股市崩盤就是明證。所以，公債這兩年表現不好，你首先要問的是方向，而不是工具，如果方向正確，那麼更多的投資紀律，是你此刻需要的，你還記得我們提過資產的再調整（Rebalance），就是每年將資金從投資報酬高的往低的轉移，以期待他日落後的投資，有谷底復甦的良好獲利。

投資就像減肥，能否達到預期效果，起決定作用的不是頭腦，而是耐力和紀律。減肥過程中總有美食當前的誘惑，就像其他成績耀眼的投資工具，如浪漫的「外遇」般吸引著我們偏離原有的軌道。

前美國財政部長安德魯·梅隆（Andrew Mellon）說：「紳士們更喜歡購買公債。」對此，投資大師彼得·林區回應：「投資債券的紳士們，都不知道他們錯過了什麼。」巴菲特也說過，短期我們會注意公債，但長期我們對它沒有好感。我個人也持相同看法，所以公債在我人生的投資行旅中，可以是詩人筆下的情人、外遇，

但不適合做為長相廝守的嬌妻。

　　不同的投資目標，會有不同的投資策略，公債是你投資中的嬌妻還是外遇呢？

在穩定中求取長期獲利

　　上面的文章發表於 2007 年 8 月，也就是金融海嘯發生前，當時的背景是，美國中央銀行為了對抗原物料、石油等物價膨脹隱憂，持續調高利率，造成公債在 2007 年上半年的投資報酬，連銀行定存都不如。投資者當時如果只「見樹不見林」，就會賣掉不賺錢的公債或公債基金，追求上半年表現出色的股市，那麼接下來 2008 年金融海嘯，就完全無所遁逃，而這正是當時許多人的做法。

　　如果當時能夠接受我的建議，多數投資人應該堅持資產配置（Assets Allocation），以及每年由高往低的重新調整（Rebalance）這兩個簡單策略，那麼 2000 年高科技股災、2008 年金融海嘯時，受創都會很有限，大約僅 10 ～ 15％的虧損而已，很快會再彌補回來。

　　2008 年公債表現亮麗，股市卻慘不忍睹，但風水會輪流轉，此時重新調整（Rebalance）的方向應該為何，答案已經浮現，但是許多投資者，恐怕又會重蹈 2007 年的錯誤，把投資集中在公債

上，未來三至五年就會再次印證。

昨晚（編按：這段文章作者撰寫於 2011 年）在紐澤西東漢諾市（East Hanover）的好市多（Costco）吃披薩時，碰到了多日不見的老友。她說日前買的公債賠錢，該不該賣掉？這問題每隔一陣子都有人問我，特別是股市熱絡時。我問她當時為什麼要買公債？她說 2010 年 9 月回台度假，想找利息比銀行定存高的投資管道，有家著名的財務公司推薦了公債基金。

果然不出所料，又是一個和投資顧問溝通不良、同床異夢的結合。我問她，妳要的是能白頭偕老的資產配置投資方式，還是只想「試婚」──打帶跑，且戰且走的短期投資。這兩個是截然不同的投資目標和做法，如果沒搞清楚，自然就會有以上的困惑。

資產配置不是獲利極大化的投資模式，但穩定中成長的特質，仍適用在多數的投資人身上。

 投資金句

投資就像減肥，能否達到預期效果，起決定作用的不是頭腦，而是耐力和紀律。資產配置的目的，是追求資產穩定成長，賣掉一時不賺錢的資產，轉而追求高獲利的結果，就是碰到股災時會損失慘重。

你沒有學到的資產配置，巴菲特默默在做的事

5-4 你了解公債的本質嗎？公債是忽隱又忽現的千變女郎

投資奇才彼得‧林區提到：股票基金的經理人早晚得面臨一個挑戰，股市一有風吹草動，投資者彷彿本能似的將資金轉移到公債或貨幣市場，這個現象到底是對還錯？他在書上特地開了一個章節討論公債，書中寫到：「1987 年 10 月美股崩盤，投資者便躲到債券去了，股票對債券這個議題，值得拿出來正面交鋒，以冷靜與莊嚴的態度加以解決，否則每回最騷亂的時刻，這個問題又出現了。」

每回股市一重挫，人們便匆匆將資金轉到銀行定存，彼得‧林區寫書時是在 1989 年，1990 ～ 1999 是美股相當亮麗的 10 年，但接下來 2000 ～ 2009 年則是美股失落的 10 年，如果彼得‧林區經過了這失落的 10 年，當時的論點可能會有一些調整，因為這失落的 10 年股市沒有成長，就算每年可領到 2 ～ 3％的股利，每年還

是虧損 1.1％。

相反的，公債卻彷彿由家庭主婦搖身一變，化上彩妝、穿上華麗的衣服，恢復當年的婀娜多姿，不但風姿綽約且引人矚目。

低利率環境，公債投資報酬誘人

把時間拉長到 89 年，長期公債的利率大約是 5.7％，和大型股 10％相差甚遠，而國庫債券（Tbonds）過去 89 年投資報酬是 3.5％，這 89 年中，光通貨膨脹率就有 3％，兩者幾乎相當，也就是說國庫債券的報酬，扣掉通貨膨脹率之後，淨報酬只有接近 0.5％，這就是我們一再提醒的，長期而言通膨會侵蝕購買力的隱憂。

公債就像千變女郎忽隱忽現，有沉寂的時刻，也有光彩亮麗的時光，如果能夠在最恰當的時間，邀請她共舞，你會為她深深著迷，她散發出獨特的魅力，可愛、可人、但不容易捉摸。

以 10 年期的公債為例，1956 ～ 1981 年長達 26 年，公債利率逐步攀升，這是公債的大空頭，投資報酬率自然下跌，平均報酬年複利約 3.9％，這是投資報酬率的暗淡期，也是公債成績不為人所喜的階段。

接下來 1982 ～ 2013 年長達 32 年，利率有高有低，但長期來講利率緩步下降，這一段期間，是公債最嫵媚動人的歲月，報酬年

複利高達 11.1％，一點都不輸給股票的表現，更吸引人的是 1960 年後，公債價格的波動程度，大約只有股票的一半，簡單來說，風險只有股票的一半，但報酬亮麗。

彼得・林區也提到，如果有人在 1980 年代鎖定 20 年期的美國公債，可以享受 16% 的利息長達 20 年，會以極大的差距贏過股市，即使是 1989 年代股市大多頭時也不是對手。

利率難以預測，投資綜合公債指數，確保獲利

《巴菲特勝券在握》作者羅伯特・海格斯壯（Robert Hagstrom），也提到市場對利率預測的困難，他引用 1998 年 6 月 30 日《華爾街日報》對經濟學者做的一項調查資料，預測 30 年期公債的殖利率。這項研究從 1982 年 6 月到 1995 年 12 月，每半年預測一次利率走勢，在共計 31 次預測中，經濟學家不但沒有一次準確預測，更驚人的是，高達 22 次的預測方向都錯誤。

例如 1982 年 6 月，經濟學家預測利率為 13.05％，但實際利率為 13.92％，半年後，學者們預測利率為 13.27％，結果是 10.41％，別忘了，這還是專業學者的預測，可見準確預測利率的困難度。

因此，我不建議投資者花太多時間和精力，在預測利率這方面

琢磨，失敗機會很高，那麼又該如何進行公債投資呢？我建議投資一個綜合的公債指數，裡面有不同到期日的公債，可以做短中長期投資，除了政府公債外，也可以包含公司公債。

當利率急速上升或下降時，長期公債的投資報酬會有明顯波動，高於短期到期的公債，不同到期日的公債組合，可以降低波動度。

公債看似簡單，卻是非常複雜的投資工具和學問，經濟學家都經過嚴謹的學術訓練，才能取得博士學位的頭銜，但依然不能準確分析利率走勢，可見公債的捉摸不定。

每種投資都有與生俱來的優點和缺點，沒有一項投資工具安全、完美無缺。本書不打算做太細項的介紹，重點在如何使用，投資者只要了解公債的本質，以及公債與股票的差異即可。

讓我們再溫習一遍，股票代表經營公司的擁有權，股份多寡代表大小股東的區別，公司獲利時，股票擁有較大的回報。簡單來講，銀行是你存錢的地方，公債是你借錢的方式，股票則是你投資的運作。

存錢、借錢、投資這三種不同方式，決定了你的投資組合的報酬高低及價格波動程度，借錢給別人，不要期望公司賺錢會給你分紅，能拿到利息就不錯了；遇到利率下降，你的公債會變得更值錢，且可以享受利息及資本利得的雙重福利，這就是為什麼自

1982 年公債利率開始逐漸下降時，整體報酬卻高達 11.1％的主要原因。

 投資金句

公債看似簡單，卻是非常複雜的投資工具和學問，在低利環境時，甚至可以創造超越股市的投資報酬率，不過，利率難以預測，投資人與其花時間研究，不如投資綜合的公債指數，裡面包含了公債、公司債等，可以做短中長期投資。

別讓公債的四大迷思成為絆腳石

公債和股票這兩種不同的投資工具，可以是天使左右兩個不同翅膀，如果可以好好運用、正確操作，公債的投資報酬也會很驚人。對於公債，投資人可能有不了解的地方，以下提出幾點，是我長期觀察下來，多數人對於公債存在的迷思。

迷思❶ 公債是穩賺不賠的投資？

前面提過，公債的報酬來自於兩部分，一是當時載明的利率，例如 2016 年 2 月美國政府發行的 20 年期公債利率是 2.3％，那麼在未來 20 年當中，美國政府都必須按這個利率支付投資者利息，20 年到期後，你可以拿回本金。

你購買了之後，這檔公債的利率在這 20 年間不會變動，但其實利率每天都在變化，隔天購買同樣公債的人，彼此談的購買條件

就不一樣，目前利率處在歷史相對低點，不過美國 QE（量化寬鬆政策）已經結束，多數人認為，未來利率調升的機會很高，假設三年後利率調升 1% 到了 3.3%，如果你沒有賣出，每年你還是只能領 2.3% 利息，20 年後拿回本金，

問題在於，如果三年後你急需用錢，這個公債必須賣出，虧損的機會就出現了，為什麼呢？因為利率提高了 1%，新的投資者向政府購買的公債利率是 3.3%，而你持有的公債利率只有 2.3%，且還有 17 年到期，別人如果買你的二手公債，相當每年減少了 30% 的利息收入，這減少的部分，你就必須賣得比較便宜，來彌補購買者利息短缺的損失。

也就是說原本到期時可拿回 1,000 美元本金，你必須以低於 1,000 美元的價格，才可能賣得出去，所以你會有資本虧損。許多人在這裡產生誤解，政府保證給你的是利息，答應你的是兩個條件：這段期間利息不變、到期時還本；但是還沒到期，你要提前買賣，根據當時的利息環境，可能出現盈餘或虧損。

美國歷史上，1946 年 4 月美國政府公債利率創下 2.03% 的低紀錄，之後隨著經濟熱絡利率開始攀升，導致債券價格下跌，當時許多人都以為這個公債空頭市場，幾年就可以結束，沒想到卻經歷了漫長的 36 年，在 1981 年 9 月結束，當時長期公債的利率接近 16%，對於早期購買較低利率的「古董公債」，你可以想見，市場

真的沒多大興趣，除非折價根本賣不出去。

在 1930 年代，債券被認為是優質的長期投資工具，1950 年代，認為股票風險太高的保守投資人，大排長龍購買公債，沒有想到經歷這段大空頭後，價值損失達 80％，相信公債比股票安全的投資人，付出慘重代價。

利率和公債價格的關係

利率下跌、公債價格上漲，這個反向關係並不需要強記，因為公債利率下降時，舊公債的利率會比現行公債的利率高，舊公債給的利息多，當然就比較值錢，反之，利率提升時，舊公債的利息趕不上現在發行公債的利息，舊公債就變得不值錢。

| 圖 5-5-1 | 利率和公債價格呈反向關係

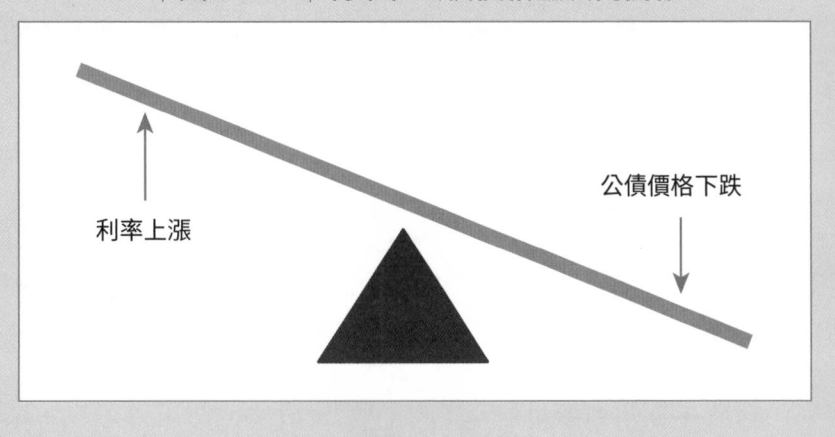

利率上漲

公債價格下跌

買短期或長期公債的思考

　　2014 年初，台灣許多著名公司發行的公司公債，15 年的投資報酬大概只有 2.15%，上百億的公債銷售一空，然而，台灣長期的通膨率在 2%，美國通膨率約 3%，未來一旦利率上揚，這些投資者面臨虧損的機會將非常大，不知道這些投資者購買長期公債時，有沒有做過風險評估？如果有，這個決定總是經過分析的；如果沒有，那麼人無遠慮，必有近憂。

　　為什麼呢？因為美國 QE 已經結束，利率也在歷史低點，下降空間真的有限，截至 2015 年 12 月美國失業率降到 5%，這是接近充分就業的完美狀態（雖然有人對此數字有不同的解讀），但美國的經濟成長已是全球亮點，這時應問自己，利率往下降的機率大，還是往上升的機率高？

| 圖 5-5-2 | 美國 10 年公債利率走勢

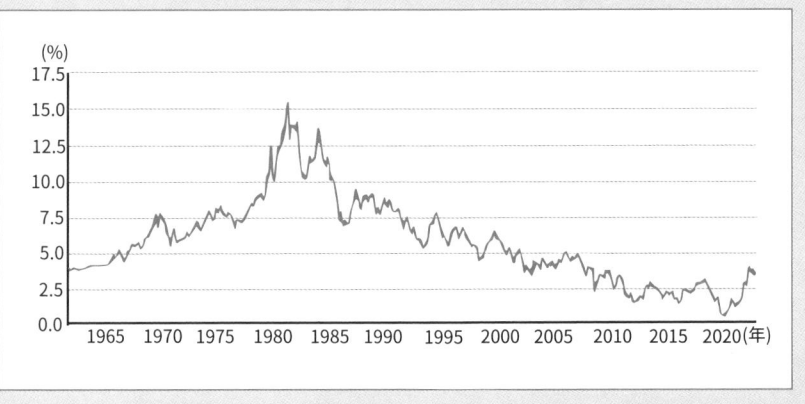

資料來源：Federal Reserve Bank of St. Louis

| 圖 5-5-3 │ 美國聯邦基準利率走勢

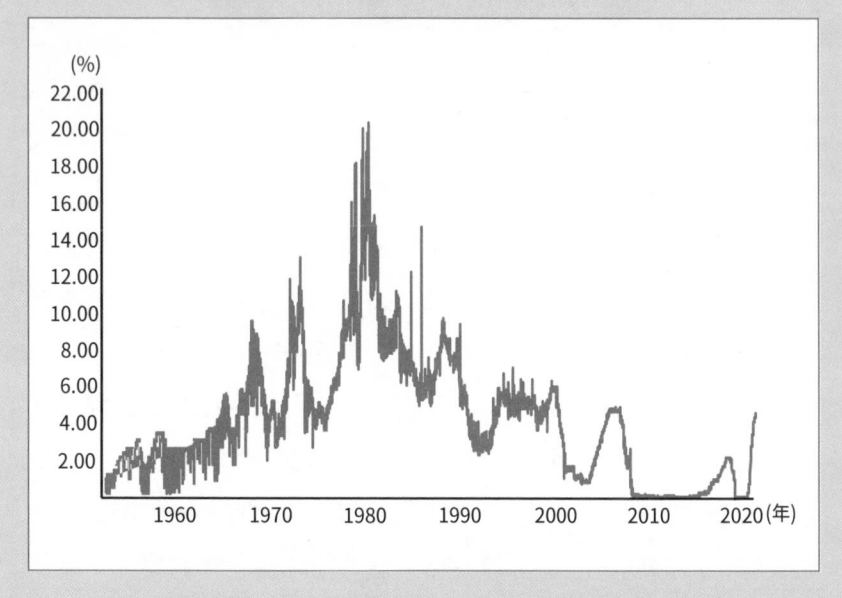

　　此時如果還鎖定 15 年這麼長期的公債投資，不能說一點勝算都沒有，但從整個局勢分析來說，這個決策可能不如買七年期公債來得明智。有人認為美國利率走揚不見得帶動台灣，或許短期如此，但中長期美國經濟的全面復甦絕對是一個正面的拉抬力量，因此，鎖定台灣 15 年的長期公債，風險絕對比投資短期公債高。

　　本圖表展現了美國聯邦基準利率（Fed Fund Rate）過去 62 年的數據。請注意，這並非美國 10 年期政府公債利率，而是幾乎接

近銀行同業隔夜拆款的利率，屬於非常短期的利率。以 2023 年 1 月 5 日為例，聯邦基準利率是 4.33％。

細心的讀者會注意到，1980 年代初的 Federal Fund Rate 近 20％，甚至超過了 1981 年 9 月的十年期公債利率 15.84％。當時也出現了利率倒掛現象，也就是短期的公債利率竟然比長期的公債利率還高。

然而，在當時真正獲利的公債投資者，你認為是購買短期還是長期的公債呢？對此進行思考，並透過查證和驗證的過程，會幫助你提升投資功力。

另外一個值得探討的問題就是「利率倒掛」，它會產生什麼樣的投資環境變化？你又該如何藉由利率倒掛來調整投資決策呢？這通常是我在課堂上給學生們思考的題目。既然是思考題，我就不會立刻給出答案，否則就有資訊填鴨的嫌疑和不良效果。想一下，想通了，就有可能會看到美金在向你金光閃閃地招手，那將是美麗的結果。

迷思❷ 公債的報酬低於股票？

以往大家認為債券報酬不佳，真的這樣嗎？問個問題，1980 ～ 1989 年這十年當中，債券和股票的報酬率哪個較高？這段

期間美國股票年複利 17.55%，是美國百年歷史上第三高的數據，但同時間，公債的年複利是 12.6%，也相當亮麗。

就長期歷史紀錄而言，股票投資報酬高於公債，但是把時間縮短在五年、10 年甚至 20 年，有些時候公債的投資報酬超越股票，美國著名金融學者西格爾（Jeremy Siegel），研究 1802 年以來的債券報酬發現，雖然經過兩個世紀後，股票的報酬優於債券，但有 40%的時間，債券其實略勝一籌。

債券不但值得擁有，有時更是唯一值得擁有的投資工具。美國公債的大多頭，從 1982 ～ 2011 年長達 30 年左右的時間，當美國公債殖利率在 4%左右時，大家都以為到了谷底，但 2000 年科技泡沫金融風暴與 2008 年金融海嘯，經濟蒙上陰影時卻再度探底，許多經濟學者和專家，沒有預測到會有這樣的變化。

這長達 30 年當中（1982 ～ 2011 年），投資公債平均年報酬率高達 11.1%，完全不輸股票，更重要的，波動程度也就是一般人認定的風險，連股票的一半都不到。以 40、50 年長期來看，公債的投資報酬率可能會輸給股票，但 10、20 年之內則未必，這一段期間，公債彷彿就是每一段外遇的起因，擁有誘人出軌的艷麗。

迷思③ 公債價格波動較溫和？

如果你有這樣的想法，表示你還不清楚「利率」和「到期時間長短」這兩項變數，對債券價格的影響。以 30 年到期、利率 6% 的公債為例，利率上升 1% 時，價格約下跌 12.47%，那你可以想見，我們上述所說，長達 36 年（1946 ～ 1981 年）的公債空頭期，利率從 2.5% 上升到 16% 時，債券價格已流失 83%，這個重創幅度，不下於美國歷史股市的重挫，不同的是，股票的跌幅如同跳樓般，可以快速從高點殺到低點，公債卻像走台階緩步而下。

10 年前大家確實沒有想到，公債殖利率在 4% 那麼低的情況下，還會走得更低，許多利率改變對公債價格影響的表格，多數都是以利率 6% 左右做對比，跟現在約 2% 的低利環境差距頗大。為了更貼近現在的環境，我以公債票面利率 3% 為基礎，讓大家了解利率變化和債券價格的關係。

從表 5-5-1 可以看出幾個現象：

1. 利率調升，應持有短期公債

短期債券，例如一年期、五年期，利率 1%、2% 的變化，對債券價格影響不大，但 10 年期、20 年期的長期債券，差別就很明顯，當利率調升 2%，20 年期公債價格會損失近 25%，30 年期公

| 表 5-5-1 | 利率調整　公債價格的漲跌幅變化

單位：%

公債票面利率 3%				
公債到期年份	利率調升 1%	利率調降 1%	利率調升 2%	利率調降 2%
1 年期	-1.0	1.0	-1.9	2.00
5 年期	-4.4	4.7	-8.7	9.7
10 年期	-8.1	9	-15.4	18.9
20 年期	-13.6	16.4	-24.9	36.1
30 年期	-17.3	22.4	-30.7	51.6

資料來源：作者

債更損失高達 30％。

　　基本上巴菲特很少擁有長年期公債，因為這樣會失去應變和調整的能力，除非對長期利率的走勢非常清楚，不過從巴菲特的理論來看，他對長期公債其實沒有什麼好感，台灣許多企業在利率 2％時發行 15 年期公債，不少投資人爭相購買，表示這些投資人並不看好未來 15 年經濟的復甦，然而，這 15 年之間利率趨勢一旦改變，長期公債波動的風險遠高於短期公債。

　　了解表格中數字的變化後，以現在利率這麼低的環境來講，應該持有短期公債，2016 年 2 月初台灣利率約 1.7％，未來利率若是調升 1％，對長年期公債而言都是一個相當大的幅度，這時持有長期公債要非常謹慎。

　　2023 年 3 月增訂此書的時候，有兩件重大的投資結果，就跟

我們上述第一次出版 2016 年的提醒有關，許多人當時可能不會覺得，如果我們把結果公告再來回顧，就有感覺了。什麼結果呢？2022 年 20 年期的美國政府公債（代碼 TLT）虧損了 31％，這個跌幅規模都快接近標普 500（代碼 spy）在 2008 年金融海嘯跌幅 36.81％，許多人過去幾年嘗到了長天期公債的甜頭，以為公債投資都應該鎖定長天期，那麼 2022 年就付出了慘痛代價。

公債投資不是不能買長天期，這個決策考量，應該考慮利率的走勢以及自身投資策略的需求，不是一味跟風，以為殖利率高就是唯一的決策考量，有人以長天期政府公債做投資工具，是有他本身對利率的敏感性的掌握，以及對價格波動度的風險承受力較高，或者以長天期的政府公債為交易工具，這跟資產配置的策略和精神未必相符。總之，投資工具的選用，應該往上考慮自身的投資哲學和投資策略，這樣才能形成一致的戰略戰術的完整搭配。

此外，不要小看表 5-5-1，所謂魔鬼藏在細節中，2020 年新冠肺炎後，美國政府降息，曾經發生公債負利率的現象，一般投資者產生困惑的是，負利率的公債怎麼會有人購買？這個密碼的說明就存在於這個表格當中，這個特質一般稱之為「公債的凸性」，一般的資產配置並不需要涉及這些公債特質的了解，但想進階了解進而掌握每一次超額報酬機會的讀者，可以進而著墨予以深入的探討，或者把這個表格看透它的變化，這地方就留給特別有興趣的讀者，

進入金礦坑予以探索，這樣才有一定的樂趣。

另外一個有趣的時事問題是，2023 年 3 月美國矽谷銀行（Silicon Valley Bank）倒閉的風波跟原由，竟然也跟政府公債長短期公債有一些關聯，這個部分我們就留待更新章節來一點著墨（第 8 章）。

2. 利率調降，長期公債獲利驚人

以票面利率 3％的公債來看，利率調升 1％，30 年期公債價格會下跌 17.3％，是五年期公債 -4.4％的三倍、一年期公債 -1.0％的 17 倍。

同樣的，3％和 7％不同票面利率的公債，短中長期公債受利率影響的波動程度也不同。7％下降到 5％，30 年期公債價格可以上漲 30.9％，而 3％的利率下降到 1％，30 年公債價格可以漲 50％。各位可以回想金融海嘯期間各國實施量化寬鬆，這時公債獲利相當可觀，如果從 1982 年長期利率開始下調時持有公債，利率從 15％降到 2％，就如彼得・林區所說，這段期間股票的報酬也趕不上公債。

再次強調，除非你對利率的走向能夠精準判斷，否則連巴菲特都比較傾向持有短期債券。

| 表 5-5-2 | 利率調降 公債價格漲幅

公債到期年份	利率 7% 降到 6%	利率 7% 降到 5%
2 年期	1.9	3.8
5 年期	4.3	8.7
10 年期	7.4	15.6
30 年期	13.8	30.9

資料來源：作者

迷思❹ 和股票做錯誤的比較

彷彿地球人不清楚火星一樣，多數人不了解公債的投資方法及投資公債的目的，經常把公債拿來和股票或股票基金比較，一旦看到股票上漲、自己買的公債虧損，就按捺不住在低點殺出，將資金轉向，在錯誤的時間點擁抱已經價高的股票，結果股市一反轉，虧了公債又賠了股票。

為什麼投資公債？如何做好資產配置中的公債及股票？如果對這兩個問題沒有全面的認知，就不會有全面的布局，更不會有穩健、正確的操作模式。

公債和股票不全然是對立的，相反的，可以是天使左右兩個不同的翅膀，如果你還不懂兩者間的協調性，請在第 6 章資產配置的方法多用一點心，別讓公債的投資成了折翼天使。

📢 投資金句

以往大家認定債券的投資報酬不佳,事實上,在 1982 ~ 2011 年這 30 年當中,投資公債的平均年報酬率高達 11.1%,完全不輸股票。了解公債的投資方法及投資目的,才不會在公債虧損時按捺不住低點殺出,結果虧了公債又賠了股票。

5-6 鐘擺現象，大型股與公債的對比

在 1926～2014 這 89 年間，美國大型股的投資報酬長期領先公債有相當幅度，假設同樣投資一美元，大型股可以成長到 5,317 美元，政府公債則是 135 美元，相差了 38 倍，但千萬別因為這樣的數據而忽略了「公債」這一項資產，因為公債也有中短期成績亮麗的時候。

不僅是美股，全球股市這 15 年來波動的情況比以往還要劇烈，受地球村資訊快速傳遞的影響，全球投資市場經常有同步移動的現象，因此，公債在資產中扮演安全閥，以及股災後扮演神龍擺尾危機入市的角色比以往重要，就算是採取積極投資策略的人，都可以考慮持有部分公債。

不過，這幾年因為公債績效表現良好，一窩蜂只買公債的投資人，也應了解任何資產的績效都有鐘擺現象，加上股票長期表現優於公債的特性，應該適時適量的在投資中加入股票。

| 表 5-6-1 | 1926 ～ 2014 年各項資產年均報酬

類別	年複利（％）	期初金額（美元）	期末金額（美元）
小型股	12.2	1	27,419
大型股	10.1	1	5,317
政府公債	5.7	1	135
短期債券	3.5	1	21
通貨膨脹	2.9	1	13

資料來源：Ibboston Associates

了解股市的鐘擺現象，在投資中巧妙搭配公債與股票

從表 5-6-2 可以清楚看出，過去五年、10 年甚至從 1926 年以來，多數時間股票報酬優於公債，值得注意的是，短期而言，以不同時間點做的統計數字，會產生不同的結論，例如以 2008 年金融海嘯結束時作為結算點，那麼公債過去五年、10 年的成績，都會優於股市。

所以投資者既要看近，也要看遠，才會得到一個比較完整的客觀數據，10 年內公債確實有超越股市的紀錄，20 年之內機會較少，30 年以上公債要超越股市的機會更難。

若是以 10 年為一個單位看股市和公債的表現，在 1920 ～ 2009 年間美股有兩次失落的 10 年，分別是 1930 年期間的經濟大恐慌，以及 2000 ～ 2009 年科技泡沫、金融海嘯發生的這 10 年，從表中

可以了解兩個意義：1. 股市和債市都有鐘擺現象，股市特別明顯；2. 長期投資美國股票，報酬大概就是維持 10％ 的成長軌道，如何運用在實際投資上呢？

表 5-6-2		1926 ～ 2022 年各項資產年均報酬	

類別	年複利（％）	期初金額（美元）	期末金額（美元）
小型股	11.91	1	49,052
大型股	10.23	1	11,535
政府公債	5.21	1	131
短期債券	3.27	1	22
通貨膨脹	3.00	1	17

資料來源：Ibboston Associates

　　我刻意保留了 2014 年寫初版時的表 5-6-1，這兩張圖表會為你加強什麼樣的投資觀念，為什麼投資你要換上有錢人的腦袋，因為你整個操作投資的視野完全不一樣，當然結果也不一樣，2014 年時，標普 500 大型股上漲，由一美元漲到了 5,317 美元，當時的短期公債由一美元漲到了 21 美元，事隔八年之後，這本書重新修訂，短期公債由 21 增加到 22 美元，上漲幅度只有一美元，不到 5％，但美國大型股的標普 500 卻由 5,317 美元增加到 11,536 美元，超過 100％。

你要本金安全不波動的短期公債，代價是 21 美元漲到 22 美元，另一個大型股雖然有波動，卻增加了 6,129 美元，你現在可以重新定義什麼是安全了嗎？

　　有些人承受了過多的投資風險，例如期權、期貨以及槓桿操作，一失足，就從沒回來過，但也有人不願意承受價格的波動，以至於本金不能成長。就如同這個案子中的 21 美元到 22 美元，投資的風險承受過多與過少都不行，適度的風險承受是必要的，也是觀念扭轉的關鍵。

　　台灣勞退基金會面臨破產的窘況和困局，就是法令的決策者沒有理財的觀念和上述驚人複利的視野，以為不波動就是最安全的投資工具和方式，在我們寫書的 2023 年，依然限制了民眾對屬於自己的勞退金可以自選的權利，以為兩年定存的保證就能擊敗物價膨脹，帶給民眾安全退休金的福利，從上述不同投資工具長期績效的變化，就可以看出政府決策者和民眾若不懂得理財，給國家和自身帶來極度嚴重的損失。

　　統計數字可以提供不少資訊，例如 1930 ～ 1939 年經濟大蕭條時，美股成長 -1％，1950 ～ 1959 年則交出了非常亮麗的 19.4％投資報酬，把 1930 ～ 1939 年的虧損彌補回來，但是也因為 1950 ～ 1959 年跑得太快，一定會出現拉回到一個中間值的正常發展軌道，所以 1960 ～ 1979 年這 20 年間美股的成長幅度低於 10％；同

| 表 5-6-3 | 以 10 年為單位 統計美股與公債報酬 |

時間	股票	公債
1920 ～ 1929	19.2	5.0
1930 ～ 1939	-0.1	4.9
1940 ～ 1949	9.2	3.2
1950 ～ 1959	19.4	-0.1
1960 ～ 1969	7.8	1.4
1970 ～ 1979	5.9	5.5
1980 ～ 1989	17.6	12.6
1990 ～ 1999	18.2	8.8
2000 ～ 2009	-0.9	7.7

資料來源：標普 500

樣的現象再度發生，1980 ～ 1999 年美股又以年均複利 18％ 的高速成長了 20 年，於是 2000 ～ 2009 年美股就進入了失落的 10 年。

簡單的說，美國股票在 10％ 成長幅度的主軸線，時而超前時而落後，但長期還是在這個主軸上發展，也就是說漲高拉回、跌深反彈，股票長期報酬 10％ 是一個參考數字，而不是一個絕對值。

美國公債在 1970 ～ 2009 年這 30 年的表現相對亮麗，特別是 2000 ～ 2009 美股年均報酬下跌 -0.9％ 時，公債卻上漲 7.7％，這是相當大的差距，但是公債在 1950 ～ 1980 年歷經 30 年熊市，表現不佳，可見每一個資產都有表現亮麗的年代，多數人無法精準掌

握，那麼利用資產配置同時持有這些資產，可以達到財富穩健中求成長的目的。

 **投資金句**

受地球村資訊快速傳遞的影響，全球股市這 15 年來波動比以往劇烈，公債在資產中扮演安全閥的角色將更為重要，採取積極投資策略的人，應該考慮持有部分公債，而只買公債的投資人，也應該適時適量的在投資中加入股票。

5-7 高收益債是垃圾還是黃金？

同樣掛名債券，各類債券的特質還是有所不同，這當中，有一種介於股票和公債之間的混合體，被稱為高收益債，這是個美麗的別名，它還有另一個名稱叫垃圾債（Junk Bond）。

叫高收益債，會讓你心動，叫垃圾債，會讓你猶豫卻步，為什麼叫垃圾債券呢？主要是發行公司的財務和信用評等較差，但不管怎麼稱呼，了解它的本質比較重要。

如何在投資組合中，活用高收益債？就多數投資者而言，我強調以簡馭繁，雖然混合型的公債指數基金（例如巴克萊綜合公債指數基金，代碼 AGG），績效不會是公債中表現最亮麗的，但也不會最差，大致可以完成資產配置中借重公債特性的功能，不管千變萬變，保有女郎的特質就行。

高利率的背後：債信評等差，違約風險高

每一項資產都有獨特的特性，當表現亮麗時，就會在市場引起一陣熱賣，高收益債也是如此，但投資者真的了解高收益債的特質以及如何運用嗎？只有充分了解了之後，才會避免追逐熱賣商品而受到傷害。許多機構做了不少分析報告，提到高收益債的優點，會強調有接近股票的報酬，卻只有一半的風險，這樣的訴求確實很動人，但真的是這樣嗎？報告涵蓋的時間足夠客觀嗎？

2015 年以來石油價格崩跌，投資高收益債的人受到不小傷害，金融海嘯期間的連動債也是如此，原因就是多數投資者只看到產品的優點，卻不了解背後的風險和但書條件，只有充分了解優缺點，才有可能減少風險，靈活運用。

任何事情都必須合理，投資的世界也是如此，高收益債提供的高利率，超過政府公債許多，例如 2016 年 2 月 11 日高收益債的殖利率已達到 10.07％，對比 10 年期政府公債殖利率只有 1.74％，這中間差距超過四倍，高收益債之所以提供這麼高的利率，當然一定有原因，也就是公司的債信評等通常在投資級（BBB）以下，違約風險比較高。

雖然這幾年的違約比例並不是那麼大，但 2015 年下半年碰到油價暴跌，不少發行高收益債的公司是美國石油開採公司，造成高

收益債指數基金從 2014 年的高點 41 美元，跌到 2016 年 2 月的 32 美元，跌幅 22%，是同期間標普 500 跌幅的三倍。

當然，高收益債有時確實交出驚人的投資報酬，例如 2009 年 54.22% 的獲利，幾乎是標普 500 獲利 26.46% 的一倍。

股債混合，產生最大效益

也有人認為高收益債兼具股票和公債的好處，且高收益債有領先股市提前反應的現象，例如 2007 年 4 月高收益債和美股幾乎同時達到高點，但金融海嘯後，高收益債在 2008 年 11 月已經從谷底攀升，領先股市復甦好幾個月，2009 年 10 月高收益債在金融海嘯的損失已經全部收復，而標普 500 才走了一半的復原路。

從短期看，有人說高收益債的風險是股票的一半，但報酬相當，我有不同看法，把時間拉長到 36 年（1980 ～ 2015 年），我用三種不同資產做了四種計算分析，得到以下數據：高收益債這 36 年中可以產生 26 倍獲利，巴克萊投資級公債（美國優質公債的混合）獲利 15.65 倍，代表美國最強企業的標普 500 則成長了 50.74 倍，第四種結果是我認為最值得參考的，把最優質的公債和最強的 500 大企業資金各混合一半，產生的獲利是 33.2 倍，高於高受益債的 26 倍，但風險還更低。

| 表 5-7-1 | 1980 ～ 2022 年 3 種資產、4 種組合的報酬比較

年份	高收益公債 報酬(%)	高收益公債 成長(倍)	巴克萊公債 報酬(%)	巴克萊公債 成長(倍)	標普 500 報酬(%)	標普 500 成長(倍)	50% 巴克萊＋ 50% 標普 500 成長(倍)
1980	-1.00	0.99	2.70	1.03	31.74	1.32	1.17
1981	7.56	1.06	6.30	1.09	-4.70	1.26	1.17
1982	32.45	1.41	32.60	1.45	20.42	1.51	1.48
1983	21.80	1.72	8.40	1.57	22.34	1.85	1.71
1984	8.50	1.86	15.15	1.81	6.15	1.96	1.89
1985	26.08	2.35	22.11	2.21	31.24	2.58	2.39
1986	16.50	2.74	15.26	2.54	18.49	3.05	2.80
1987	4.57	2.86	2.76	2.61	5.81	3.23	2.92
1988	15.25	3.30	7.89	2.82	16.54	3.76	3.29
1989	1.98	3.36	14.53	3.23	31.48	4.95	4.09
1990	-8.46	3.08	8.96	3.52	-3.06	4.80	4.16
1991	43.23	4.41	16.00	4.08	30.23	6.25	5.16
1992	18.29	5.22	7.40	4.38	7.49	6.72	5.55
1993	18.33	6.18	9.75	4.81	9.97	7.39	6.10
1994	-2.55	6.02	-2.92	4.67	1.33	7.48	6.08
1995	22.40	7.37	18.47	5.53	37.20	10.27	7.90
1996	11.24	8.19	3.63	5.73	22.68	12.60	9.16
1997	14.27	9.36	9.65	6.29	33.10	16.77	11.53
1998	4.04	9.74	8.69	6.83	28.34	21.52	14.18
1999	1.73	9.91	-0.82	6.78	20.89	26.01	16.39
2000	-5.68	9.35	11.63	7.57	-9.03	23.66	15.61
2001	5.44	9.85	8.44	8.20	-11.85	20.86	14.53

年份	高收益公債		巴克萊公債		標普 500		50% 巴克萊＋ 50% 標普 500
	報酬 (%)	成長 (倍)	報酬 (%)	成長 (倍)	報酬 (%)	成長 (倍)	成長 (倍)
2002	-1.53	9.70	10.26	9.05	-21.97	16.28	12.66
2003	27.94	12.42	4.10	9.42	28.36	20.89	15.15
2004	11.95	13.90	4.34	9.83	10.74	23.14	16.48
2005	2.26	14.21	2.43	10.06	4.83	24.25	17.16
2006	11.92	15.91	4.33	10.50	15.61	28.04	19.27
2007	2.65	16.33	6.97	11.23	5.48	29.58	20.41
2008	-26.17	12.06	5.24	11.82	-36.55	18.77	15.29
2009	54.22	18.59	5.93	12.52	25.94	23.63	18.08
2010	14.42	21.27	6.54	13.34	14.82	27.14	20.24
2011	5.47	22.44	7.84	14.39	2.10	27.71	21.05
2012	14.72	25.74	4.21	14.99	15.89	32.11	23.55
2013	7.53	27.68	-2.02	14.69	32.15	42.43	28.56
2014	1.15	28.00	5.97	15.57	13.52	48.17	31.87
2015	-7.22	25.97	0.55	15.65	1.38	48.83	32.24
2016	14.75	29.81	2.65	16.07	11.77	54.58	35.32
2017	6.48	31.74	3.54	16.64	21.61	66.37	41.51
2018	-3.18	30.73	0.01	16.64	-4.23	63.57	40.10
2019	14.97	35.33	8.72	18.09	31.21	83.41	50.75
2020	4.66	36.97	7.42	19.43	18.02	98.44	58.94
2021	4.28	38.56	-1.67	19.11	28.47	126.47	72.79
2022	-12.44	33.76	-13.06	16.61	-18.01	103.69	60.15

資料來源：Salomon Smith Barney High Yield Composite Index 1980~2002；Credit Suisse High Yield Index 2003~2013；JNK ETF 2014~2022

我的看法是，同樣的資金，一半在放在最強的企業（標普500），一半在最優質的公債（Barclays Bond），安全度高於評鑑等級較差的高收益債，還能提高收益，還有更重要的好處──資產配置裡如果有太多資產種類，只會增加多數投資者的困擾。

我強調不但要以簡馭繁，而且要能買對關鍵性的重要資產，除非有極大興趣和充裕時間來管理投資組合，不然高收益債可以割捨，因為標普500和巴克萊投資級公債這樣的混搭就可以取代高收益債，或者你有把握賺到2008～2009年高收益債的亮眼獲利，但也要小心2015年油價崩盤，對高收益債造成的傷害。

巴菲特在2002～2003年高收益債殖利率高達12.5％區間，大量擁有個別公司高收益債的期間，獲利頗豐，在2001～2004年這段期間，高收益債表現優於巴克萊投資級公債、標普500以及兩者的混搭；2009年高收益債殖利率再度飆升到12.5％以上時，巴菲特又交出一個相當亮麗的成績（2016年2月12日高收益債殖利率攀升到10.07％，是2014年6月20日5.18％的一倍，高收益的投資機會是否再次出現，值得關注）。簡單說，過去數據顯示高收益債的殖利率在12.5％時，似乎都有亮麗的表現。如果投資者能精準抓到進場時間，高收益債當然可以列入投資內。

2016年出版時，根據截至2015年的數據，當時的情況如下：

1. 高收益債（現已改名為非投資級公債）代碼 JNK，成長 26 倍。

2. 巴克萊公債成長至 15.65 倍，

3. 標普 500 成長至 15.74 倍，

上述第 2 點和第 3 點混搭的成長為 33.2 倍，當時書上的結論是建議使用混搭的方式進行投資，因為股票的收益和公債的品質都優於非投資級的高收益債。

然後，在八年後的 2022 年，我們來驗證一下：

4. 高收益債（現已改名為非投資級公債）代碼 JNK，成長至 33.76 倍。

5. 巴克萊公債成長至 16.65 倍，

6. 標普 500 成長至 103.69 倍，

上述第 5 點和第 6 點混搭的成長為 60.17 倍，成長幅度有一個明顯的差距。這 8 年裡，非投資級公債 ETF 成長了約 30％，而混搭型成長了約 87％。

也就是說，巴克萊公債和標普 500 混搭的 60.17 倍相比非投資級的 33.76 倍，如果採取 2016 年當年的建議，兩者的收益差距相當大。這再次證明了知識就是力量，當時我們的邏輯判斷也是正確的。

另外，有一種公債的績效與巴克萊公債非常接近，那就是不在本表的政府公債 ETF，其代碼為 AGG，管理費都是 0.03％，但 AGG 從 2004 年就已成立，而巴克萊公債則是從 2008 年開始。然而，大家無需糾結這個問題，這兩者都是可以參考使用的工具。

図 5-7-1 | 1997 ～ 2022 年高收益債殖利率

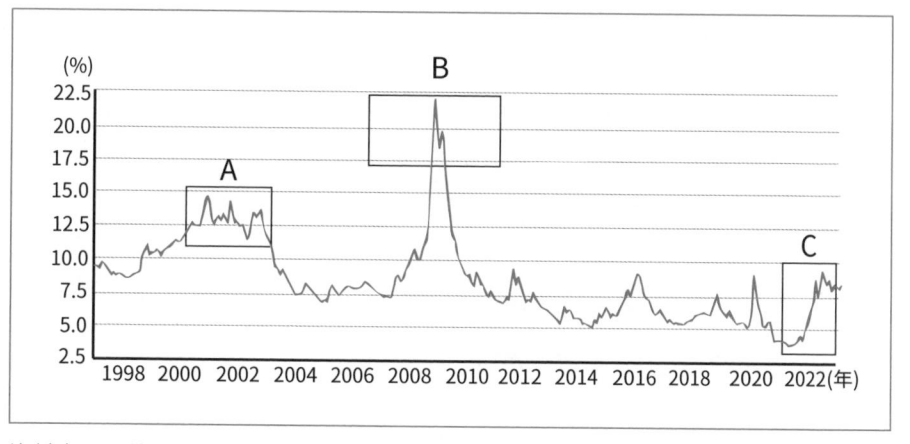

資料來源：美國聖路易聯邦準備銀行

2021 年初到 2022 年末的高收益率，達到歷史新低，這在投資高收益上，有沒有什麼特別意涵值得你關注？有經濟學家認為，2019 年新冠肺炎期間，高收益債在 2020 年三、四月比股市提前觸底反彈，有人喜歡用高收益作為股市的先行指標，這點值得持續關注。

2023 年是否也有如此的現象值得密切的關注，有興趣的投資者可以在 2023 年結束後，對這個現象來做個驗證，看是否可以變成另外一個有效的指標參考。

 **投資金句**

高收益債提供優於公債許多的高利率，相對的，違約風險也比較高，一般投資人除非有極大的興趣和充裕的時間來管理投資組合，否則建議投資還是要化繁為簡，用股、債的投資組合，同樣可以達到提高獲利、降低風險的目的。

5-8 該把錢拿去買房還是用來投資？

房地產究竟是家的溫暖、投資的避風港或投機工具？以上三種特質房地產都兼具了，投資房地產有兩種方式，一是實體的擁有和經營，例如你自住或出租的房屋，二是持有證券化的房地產信託（REIT），例如購買房地產公司的股票、房地產證券憑證，或房地產信託的指數基金等。

投資大師彼得‧林區在基金操盤的 13 年生涯中，交出了年複利報酬 29％的績效，許多人可能會猜測，以他這麼驚人的成績，恐怕在他眼中只有股票是可以投資的標的。

事實不然，他在書中提到，任何人在投資股票之前，應該要問自己三個問題，其中第一個就是「我有房子嗎？」，看來大師認為自住的房產還是優先於股票的投資，這有他的論點，有些還滿貼切的，他認為 99％的房子能為你賺錢，雖然有些家庭被迫賠價出售，但很少人會一棟接一棟在住宅上賠錢。

投資房地產兩大優勢

　　然而，房產界的投資天才有時是股市的白癡，九成房產投資者會賺錢，因為決定購買一間房子前，會先看過數十件案子，對學區、交通、格局、採光、周邊建設、屋況、整修預算……這些點點滴滴詳盡了解後才會下手，這是購屋人的共同經驗，也難怪彼得・林區嘆息，投資人花幾個月時間挑房子，選股時卻只花幾分鐘，買微波爐花費的時間都比買股票長。確實，房地產有許多優勢是股票所沒有的。

優勢❶ 價格下跌也沒有斷頭危機

　　同樣使用財務槓桿，房貸比股票融資安全，一般股票的融資額度大約五成，股價波動大，一旦暴跌很容易獲追繳令，甚至慘遭斷頭，被迫低點賣出，房產就沒有這樣的顧慮，你不會因房產跌價收到銀行的追繳通知，自住者也不會因為房價下跌而驚慌賣出。同樣是貸款，安全性大不相同，房產安穩多了。

優勢❷ 借貸成本相對低廉

　　房地產抵押的借貸成本，恐怕是所有財務商品中最低的，2015年台灣房貸利率也就在 2.25％附近，相比之下，股票融資的利息大

約 6％左右。彼得‧林區以美國來看，美國購買房產確實有很大的誘因，一是房貸可以抵稅（上限 100 萬美元），而美國股票獲利是要併入稅負重的個人所得。

其次，若是房價上漲多年，夫妻一輩子有一次 50 萬美元獲利減免的機會，還有一點是美國租房貴，以所得收入來看，買房比較划算，這個現象在台灣剛好相反，所以投資人要面臨一個思考，在台灣投資房產是不是要像彼得‧林區說的，先買房再投資股票，或者應該先找到好的投資標的，讓資金產生較高的收益，用來租房，畢竟台灣租金相對美國低廉。

這是一個有趣、應該釐清卻不容易下決定的問題，因為這不單是一個財務數字的考量，而是和每個人的價值觀、生活態度及消費喜好都有關係。

自住的房產需布置、規畫，產生一個家的歸屬感，這部分租屋時較難滿足，所以在做決策考量上，不用在意短期房價波動，且有時不一定是全然財務上的考量，有人認為房產不一定要自己擁有，只要住得舒服、符合預算，並不願意當「屋奴」。這兩者其實可以試著找到一個平衡點，達到理財投資的目的，也符合自己居住的需求。

評估租金報酬率和房價合理性

若是要買房自住，仍需要考慮房價的合理性，房價太高時可以選擇租屋，特別我們提到台灣租屋相對便宜。

2012 年我寫給投資股東的年度報告上提到：「布局美國，是著眼於美國 200 年來的經濟基礎和體質，目前已擺脫最艱困時刻。」2012 年時美國的房地產，還是全球相對具有吸引力的地方，當年回台北時，和平西路靠植物園附近，有一間屋齡五年的新屋，房價約 100 萬美元，每月租金只有 200、300 美元，我告訴經紀人，看來美國房產相對有吸引力。

如果是我，這 100 萬美元會拆成兩部分來用，用 50 萬美元購買美國房產，出租後租金扣完地價稅，剩下的錢剛好用來租台北新房；剩下的 50 萬美元，投資台灣龍頭公司，以股利 4％計算，每個月會有台幣五萬元當零用錢。

美國房產的投資報酬率大約是 4.5 ～ 5.5％，扣掉出租的空窗期或耗損，保守估計也有 4％，而台北房產的租金報酬率低於 2.5％。2008 年金融海嘯後，美國房價向下腰斬了 20 ～ 30％，房價經過修正相對安全，而台灣則是上揚，以台北房屋租金報酬率這麼低的情況來看，總有一天台美房價要做交叉，也就是台灣房價要下跌，美國房價要上揚，美國房價成長機會高於台灣。

以上是我在 2012 年中寫的報告，現在回頭檢視，2012 ～ 2015 年美國房產信託 ETF（美股代號 VNQ）上漲約 38％，而台灣房價則開始停滯或下跌；從耶魯大學教授羅伯特・席勒（Robert Shiller）的美國 20 個城鎮和全國房產指數來看，也從 2012 年的 134 攀升到 2015 年的 182，上漲了 35.8％，以上兩個數據吻合了我當時對美國房產趨勢發展的看法。

　　建議一般投資人，可以用租金報酬率和房價合理性，做為首次購屋的判斷輔助，房價不合理，就用租的，把暫時多餘的資金放在股利收入不錯的投資工具，例如成長收入型基金或股債混合的指數型基金，如果能有 4％的收益，就可以拿來付租金，等到房價稍合理時再購屋，這當中不會犧牲居住品質，還可以避開房價高點時面臨的下跌或成長停滯風險。

　　這樣的說法有些人不以為然，例如中國房產不看租金報酬率，看的是房價成長，或許中國有特殊的情形，但投資世界裡，任何股價偏離了合理價位區，或許短期沒有大變化，但遲早會反應，房產也不會例外，不同地區會出現反應快慢落差而已。

　　用租金報酬率和美國公債利率、股利率來做對比，進而判斷房價的高低，雖然不是完美的指標，仍是一個簡單、有用的參考，試想出租房子有許多煩事跟雜事，如果收益比不需要煩惱的公債來得

低，那麼未來的成長性就可能受限，房價是否偏高值得更密切的觀察。

投資金句

自住者買房，首先要考量房價合理性，若是房價處於高檔區，投資人可以先找個好的投資標的，讓資金產生較高的收益，這當中不會犧牲居住品質，還可以避開房價高點時面臨的下跌或成長停滯風險。

5-9 房地產在資產配置中可愛及可取之處

1985 年我到美國留學的第一個聖誕節，學到了平常沒注意的單字，是美國人生活中常用、外國學生卻不那麼熟悉的shoppingmall（購物商場），現在回想不由為當年的孤陋寡聞而覺得好笑。

美國的房地產信託發展非常成熟，一走出甘乃迪機場，紐約市區環河兩邊是密集的公寓，通過林肯隧道進入紐澤西州，有不少倉庫建築，是紐約市商店的倉儲；繼續往普林斯頓方向移動，可以看到許多醫療中心⋯⋯以上這些和前面提到的購物商場，都可以是房地產信託（REIT）的投資標的，美國標普 500 有 20 家公司就是以房地產信託為主。

REIT 這個投資標的，我覺得比高收益債（High Yield Bond）值得投資者關注，兩個原因，第一是長期以來的投資報酬不輸股票太多，其次是穩定性，畢竟 REIT 擁有一個實體的房地產。

與股市負相關，具互補性

　　過去 80 年來，REIT 每年收益約 6 ～ 7 ％，資本利得報酬不高，主要來自於租金收益，因為 REIT 規定 90 ％的房租淨收益要發放給股東，自 1926 年以來投資報酬略低於小型股，但高於大型股，而 REIT 的波動程度則與大型股差不多，最重要的一點，REIT 與股市兩者呈現負相關，一漲一跌具互補性，在資產配置中扮演了重要角色，從圖 5-9-1 效率前緣移動和報酬變化就可以看出來。

│ 圖 5-9-1 │ 投資組合加入房產，有助分散風險

資料來源：Ibbots on Associates，Morningstar

圖為 1972 ～ 2013 年的數據顯示，股票和公債的投資組合（黑線），加入了房產和商品這兩種資產後，效率前緣會向西北方向移動，產生了棕色線（包含股票、公債、房地產和商品四種資產），可以達到投資報酬增加、風險下降的效果，原因就是商品和房產跟其他資產呈現負相關。

　　舉例來講，2000 年、2001 年科技泡沫，股市這兩年分別下跌 -9.03％和 -11.88％，房地產反而上漲了 26％和 16％，一正一反，這也是資產配置所需借重的特質，以達到穩健投資組合的布局。

　　因此，滿足了自住的房子以外，可以考慮介入房地產 REIT 的 ETF。為什麼我們需要？總結來講，房地產信託有三個特性：1. 投資報酬與美股大致相當；2. 和股市相關係數不強，漲跌互補；3. 加入房產會讓投資組合的風險下降。

資產加入 REIT 產生微妙化學變化

　　富達投資利用晨星（Morningstar）截至 2013 年 6 月過去 20 年的投資報酬資料，以三種不同資產做了五種投資組合，結果發現，投資組合加入 10 ～ 33％房地產後發生了微妙變化，也就是報酬拉高，但標準差（風險波動度）下降。

　　如果以夏普指數（Sharpe Ratio）衡量風險後所得到的報酬來

講，投資組合五的配置最理想，投資報酬 8.98％在五種組合中最高，風險居中，夏普指數也最高（就是考慮風險後的投資報酬係數最高），所以 REIT 在資產配置中扮演了一個重要的角色。

什麼是不動產投資信託

不動產投資信託（Real Estate Investment Trust，REIT）又稱房地產投資信託、房產信託、地產信託，類似共同基金，但投資標的為不動產或不動產相關商品。美國國會在 1960 年立法通過了不動產投資信託，主要是藉由一般投資人的資金集資，將不動產予以證券化，使得一般投資人可以用小額參與不動產市場，獲得不動產租金和增值利益，同時投資人又不需要實質持有不動產標的，也沒有管理上的困擾，REIT 可以在證券市場交易，流通性優於實體不動產。REIT 主要收入來自租金，收益較穩定，依稅法規定，REIT 發行公司必須將大部分的盈餘分配給投資人，因此 REIT 的殖利率高於一般股票。過去歷史數據顯示，REIT 的投資風險與報酬約居於股票與公債之間。由於一檔 REIT 同時擁有上百個投資標的，可以分散風險，也是有效對抗通貨膨脹的投資工具。

| 表 5-9-1 | 房地產的投資組合對比

投資組合	資產比例	投資報酬（％）	標準差	夏普指數
投資組合 1	80% 標普 500、20% 投資級公債	8.35	13.3	0.17
投資組合 2	60% 標普 500、40% 投資級公債	7.90	10.0	0.27
投資組合 3	10% 房地產、55% 標普 500、35% 投資級公債	8.3	10.7	0.34
投資組合 4	20% 房地產、40% 標普 500、40% 投資級公債	8.45	10.0	0.46
投資組合 5	1/3 房地產、1/3 標普 500、1/3 投資級公債	8.98	11.6	0.49

資料來源：Morningstar EnCorr, as of Jun. 30, 2013.and Fidelity

 投資金句

REIT 的投資報酬與美股大致相當，且和股市相關係數不強，漲跌互補，在資產配置中加入 REIT，會讓投資組合的整體風險下降，因此，會比高收益債更值得投資者關注。

5-10 該如何看待「商品」？它是一項好投資嗎？

商品（Commodities）這個投資項目確實在某些時期，如股票、公債這兩項投資工具都不靈光時，會獨個走自己的路，有眾人皆醉我獨醒的味道。

就資產配置而言，商品會列入與股票、公債負相關的資產，想把資產配置運用得虎虎生風的投資者，可以把商品列為備而不用、但關鍵時刻要知道怎麼用的工具，畢竟完整的戰士訓練，不管是炮、槍、刀都應該懂得怎麼運用，才能保護自己。

為什麼商品該「備而不用」？商品在投資上有兩項限制和缺點，首先，在某一個短中期時段，商品或許有亮麗的成績表現，但中長期的投資報酬並不太吸引人，成績甚至落後於公債；其次，可以找到穩健績效的商品指數基金，少之又少。因此，商品在資產配置中無法扮演重要角色。

暴漲暴跌，但通膨來臨時是亮眼的一項資產

「商品」到底是什麼？商品涵蓋了能源、金屬、原物料（包含大豆、咖啡、糖、小麥等民生必需品），iShare GSGI 商品指數基金（GSG）、德意志銀行商品指數基金（DBC）是最常用的兩個商品期貨指數基金，從過去 10 年來看，這兩個指數基金確實不是出色的投資工具，如果你夠細心，可以發現商品的亮麗績效經常是曇花一現。

不同的研究學者，採用不同時間計算點的商品投資，會得出完全不同的結論，但再把時間拉長，標普 500 的投資報酬穩定性和成長性都更高於商品（標普 500 中本身就與一些商品有密切關係），所以就追求投資報酬而言，商品無法取代標普 500。

商品某一段時期的特殊表現，例如 1999 年成長 40.92％、2007 成長 32.67％，都是驚人的獲利，但是經常隔年就墜入谷底，這個狂漲狂跌的特性，顯示了風險度極高，想把資產配置運用到極致的投資者，每一個季度花幾分鐘時間關注趨勢，適時適量的納入，確實有加分效果。

當該年度通貨膨脹率上升超過前一年的 25％，例如去年通膨率 3％，今年上升到 3.75％（3.75 － 3 / 3），通常該年度商品的投資報酬率會極為亮麗，以 2000 年為例，當年通膨率上升 26.49％，

| 表 5-10-1 | 通膨率上漲超過 25% 年度 商品績效表現

單位：%

年份	通貨膨脹變化	商品	高品質巴克萊公債	大型股
1987	290.27	23.77	2.76	5.23
1990	31.4	29.08	8.96	-3.17
1996	30.71	33.92	3.63	23.07
1999	66.46	40.92	-0.82	21.04
2000	26.46	49.74	11.63	-9.11
2002	53.55	32.07	10.26	-22.1
2004	73.4	17.28	4.34	10.87
2007	60.63	32.67	6.97	5.49
2009	2922.22	13.48	5.93	26.47

資料來源：1ST Global

說　　明：2009 年通膨之所以上漲 2922.22％，主要是 2008 年通貨緊縮造成的強烈
對比，基本上這個數字不具意義。

| 表 5-10-2 | 通膨率下跌超過 25% 年度 商品績效表現

單位：%

年份	通貨膨脹變化	商品	高品質巴克萊公債	大型股
1981	-27.9	-23.01	6.25	-4.91
1982	-56.71	11.56	32.62	21.41
1986	-70.03	2.04	15.26	18.47
1991	-49.92	-6.13	16	30.55
1997	-48.8	-14.07	9.65	33.36
2001	-54.28	-31.93	8.44	-11.88
2006	-25.73	-15.09	4.33	15.8
2008	-97.79	-46.49	5.24	-37

資料來源：1ST Global

商品的投報率為 49.74％，而巴克萊公債為 11.63％、面臨高科技泡沫的標普 500 更下跌 -9.31％，所以商品和其他資產負相關的特性，確實在某時段提供了不錯的選擇。

但長期而言商品的表現並不突出，同樣的，當通貨膨脹率下跌超過 25％時，商品的投資報酬表現極差。

| 圖 5-10-1 | 世界的通膨表現

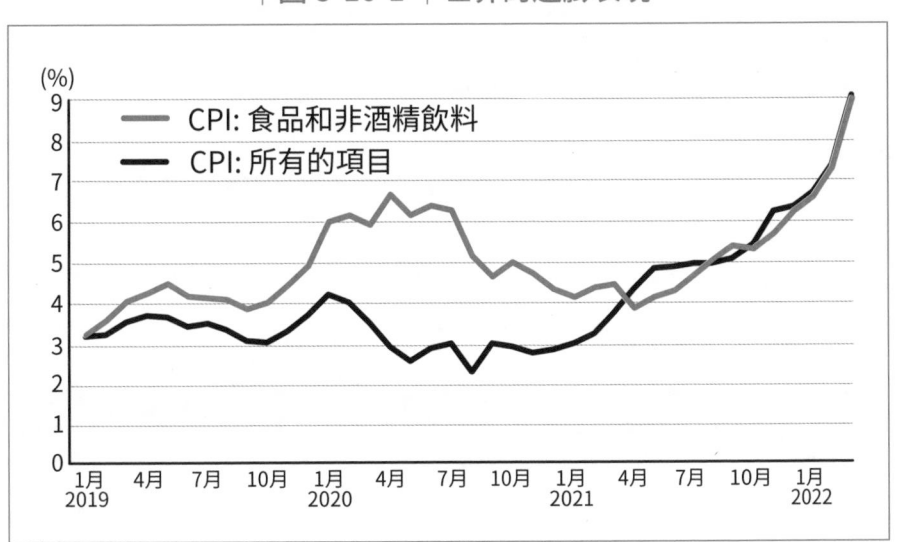

從圖 5-10-1 可以看得出來世界的通膨（黑線），由 2019 年的 3％急劇上升至 2022 年 1 月 9％（2022 年 11 月，美國通膨持續下降到 7.1％左右，初版的表 5-10-1 提到通貨膨脹超過 25％商品績效的表現，而我們出現的是圖 5-10-2 跟圖 5-10-3，也就是兩個商品期

貨代碼 DBC 和 GSG，在 2021 與 2022 有非常亮麗的績效表現）。

　　幾乎是 40％與 20％的成長，特別是對比標普 500 在 2022 年的跌幅 20％可以說有一個天壤之別，可見商品的投資不需要在通膨高達 25％的環境下依然有著力的空間。不必多，適度的比例就可以對投資組合產生相當的貢獻，在 2022 年股債雙殺的特殊環境下，小比例的商品資產加入例如 5％～ 10％，也可以是小兵立大功。

| 圖 5-10-2 | DBC 年度歷史總回報率（%）

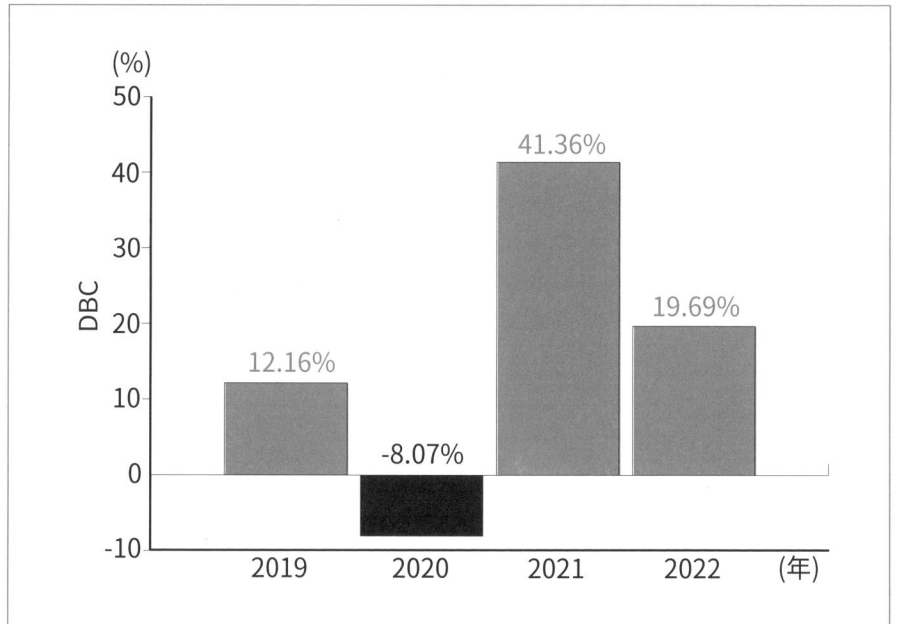

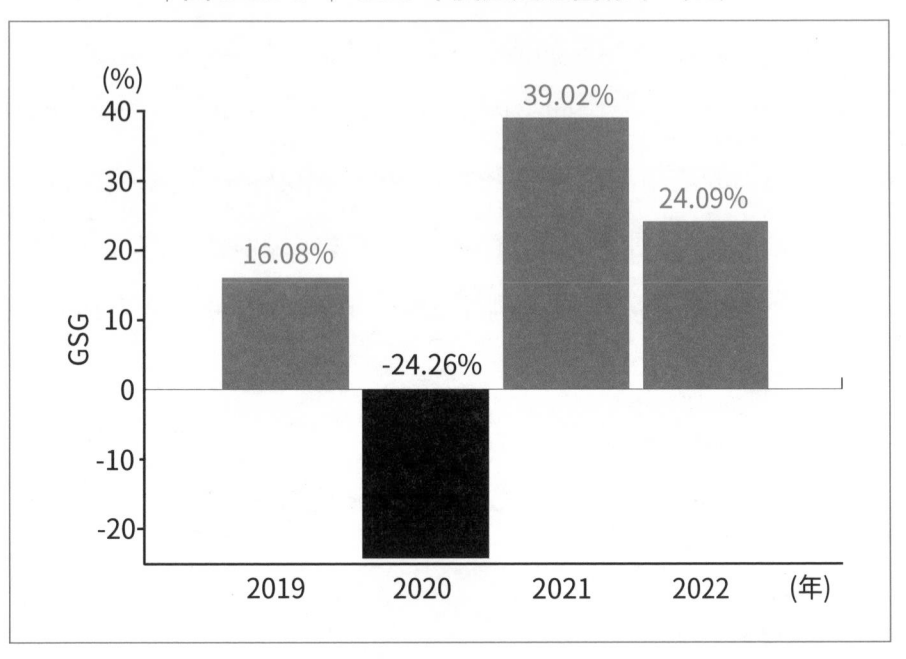

圖 5-10-3 ｜ GSG 年度歷史總回報率（%）

 **投資金句**

商品和股市、公債等其他投資工具負相關的特性，在某些時段是資產配置中不錯的選擇，要注意的是，中長期而言，商品的投資報酬並不太吸引人，成績甚至落後於公債，而且要找到穩健績效的商品指數基金，少之又少。

5-11 黃金的價值有幾何？你喜歡黃金，巴菲特喜歡黑金

在資產配置裡，每一個資產都有從醜小鴨變天鵝的時候，巴菲特對每一隻醜小鴨都曾經關注和利用過，唯獨黃金。雖然巴菲特不喜歡長期公債，因為他認為長期公債扣除通貨膨脹後，獲利成果有限，但短期公債在他手裡也運用得虎虎生風，唯獨黃金，這隻醜小鴨裝扮得再美麗，他都沒有好感。

1980 年 6 月時黃金價格來到每盎司 670 美元，時隔 28 年後，2007 年 8 月黃金價格才又回到這個價位，在 2011 年 9 月創新高價 1,830 美元，這四年當中漲了近 1.73 倍，但在 2016 年初又向下修正近 40％，這樣的波動對交易者而言被視為機會，黃金是交易買賣的產品，印度、中國和多數的亞洲人喜歡實體黃金，各有各的理由，巴菲特從投資的角度卻深不以為然，為什麼呢？

黃金無法產出更多黃金，巴菲特遠離黃金

巴菲特提出一個有趣也很實際的見解，他說：「黃金就是一個沒有生產力的資產」，他認為許多人擁有黃金，不是基於黃金本身可以產生的價值，而是相信未來有許多人會比自己更喜歡黃金才買。巴菲特認為黃金有兩大缺點：用途不大、沒有生產力，雖然黃金有工業和裝飾的用途，但這兩者吸引力有限，無法讓黃金產出更多黃金，「你今天持有一盎司黃金，到天荒地老還是一盎司，無法多出一點。」

巴菲特在 2012 年給股東的信提到，全世界黃金存量 17 萬噸，當年黃金價格是每盎司 1,750 美元（到了 2016 年 1 月 29 日只剩 1,069.5 美元），17 萬噸一起融合大概一個籃球場就可以容納，他列了一個有趣的試算。

「姑且稱之為 A 堆，大約值 9.6 兆美元，如果用同樣金額產生一個 B 堆，可以買下美國所有糧食的耕地，也就是四億英畝土地，每年可以生產大約 2,000 億美元的價值，還可以買下 16 家艾克森美孚（Exxon Mobil）石油公司（全世界最賺錢的公司，每年可以產生 400 億美元盈餘），買下土地和石油公司後還剩下一兆美元零用錢。」

巴菲特認為不管用什麼貨幣來計算，這些土地持續生產的農產

品，還有 100 年後艾克森美孚石油公司累積發放好幾兆美元的股利，回頭一看那 17 萬公噸的黃金，也就是 A 堆，依然無法產生任何東西，你可以撫摸那塊立方體，卻得不到任何回應。

巴菲特認為，憂慮「經濟崩盤」時會促使散戶投向貨幣基金，特別是美元資產，「貨幣崩盤」則加速轉換到黃金之類的貧瘠資產，散戶經常為了心理的那一點安慰，要付出昂貴代價。你喜歡 A 堆的黃金，還是喜歡有生產力的 B 堆？巴菲特可以神閒氣定的長期持有 B 堆，從來不會像散戶一般，為了獲得一點點心理慰藉，而轉向貨幣美元或黃金之類的東西，因為那長期而言是要付出代價的。

如果你也認同，那麼黃金在資產配置裡，不適合多數投資者，對價格敏感、能夠迅速反應的投資者，則可以作些許的布局。

黃金以 50 年數據來看，與通貨膨脹差不多

任何價格的波動都能引起交易者的興趣，以黃金為例，2005 年 7 月 31 日每盎司 480 美元，從那天起，黃金一路上漲到 2011 年 9 月 2 日每盎司 1,830 美元，走了一個長達七年的大多頭，這七年當中上漲了近 2.8 倍，遠遠超過股票和任何一種投資商品，你抓到了這樣一個大多頭嗎？如果沒有，你不要懊惱，許多比你專業的經

濟學博士，在 400 美元以下出脫了不少黃金庫存，這些專家耍了手中的專業大刀，不但閃了腰，還砍了腿，那個痛苦的表情我們就別看了。

接下來，2011 年 9 月黃金價格在 1,830 美元時，大家紛紛預期還會上漲之時，它卻又像溜滑梯一樣溜了下來，2016 年 2 月 5 日跌到了近 1,099 美元，修正將近 40%，又跟美股走了一個反方向。在專家都看好的時候，如果你半信半疑沒有參與，那麼你也避開了這波跌幅，當專家都擠在眼鏡行配眼鏡時，我們倒是淡然處之的看看黃金這樣的一個投資。

過去這 10 年的極端的走勢，可能還不能呈現黃金價的全貌，再把時間拉長，你就可以看出更清楚的面貌，以 50 年數據來看，黃金漲幅可能與通貨膨脹差不多，2005 ～ 2011 年這七年黃金投資報酬好得驚人，但在 1982 ～ 2006 年這 25 年間，則差得一塌糊塗，好得不得了和差得一塌糊塗都是在黃金的投資上。

2022 年的俄烏戰爭，中國大陸的封城，供應鏈的短缺或中斷，都造成了物價快速的上漲，黃金的投資呈現了一個不壞的績效，不過這邊一個有趣的現象是，2020 年 3 月到 2022 年 10 月，俄烏戰爭在情況最嚴峻的時候，黃金竟然呈現下跌的趨勢，接近每盎司 1,800 美元下跌到 1,520 美元，隨即上升到 2023 年 3 月的每盎司 1,836 美元，黃金的走勢也並不如一般讀者想象中如此容易掌

握，採取資產配置策略同時也偏好以簡馭繁的投資者，其實如巴菲特一樣忽略黃金這項資產，並沒有太致命的損失，因為商品這項資產，就足以替代和彌補。

| 圖 5-11-1 | 黃金價格走勢

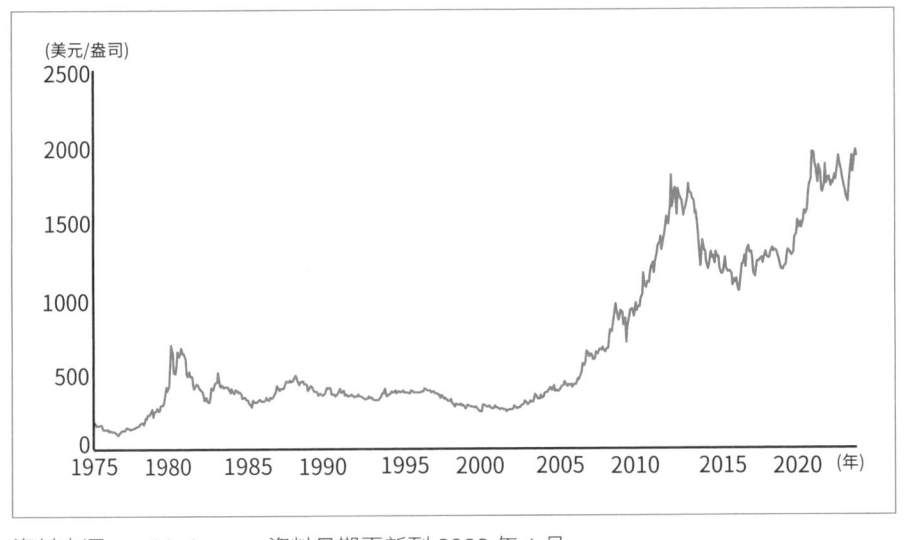

資料來源：goldprice.org 資料日期更新到 2023 年 1 月

 投資金句

巴菲特認為黃金有兩大缺點：用途不大、沒有生產力，當擁有同樣價值的資產時，他寧願拿去投資別項商品，因此，黃金在資產配置裡，不適合多數投資者，對價格敏感、能夠迅速反應的投資者，則可以作些許的布局。

NOTE

第 6 章

資產配置的
雙劍合璧，多箭齊發

股債混合是資產配置中最簡單的策略，雖然簡單但頗具成效，更重要的是，股債混合不但處理了股市短期波動的不穩定，也解決了許多人不敢參與股市的難題。

　　巴菲特的績效幾乎沒有人能模仿，一般投資者透過資產配置，可以在相同風險下獲得較高的投資報酬。如何做到最有效的資產配置組合？根據個人風險承受度量身打造是最好方法。

 6-1 進可攻退可守的天下一招，股債共舞簡單有力的雙節棍

「你我都是單翼天使，唯有彼此擁抱，才能展翅飛翔。」

這話不知是誰說的，應該是情人間的濃情蜜語，在愛情或生活中的感悟。印象中天使都是雙翼的，單翼的天使，則是完美化身的不完美，但，兩個不完美的擁抱和結合，可以展翅高飛。難怪有人說，夫妻不是一加一等於二，而是零點五加零點五等於一，有它幾分的感悟和道理。

投資世界也彷彿如此，所有的投資工具中，股票的長期投資報酬是排第一，長期美麗，但短期卻又讓人有時無法消受，甚至還可能遇上10年之久股票市場都沒什麼表現，投資人當然也沒賺到錢的情況，事實上，過去百年當中就曾發生兩次類似情形。

公債看似穩當多了，特別是2000年後的股災，到2019年可

以說這 20 年來公債表現出色，連股票都未必追趕得上。但是時間一拉長，公債可以擊敗物價膨脹，但也領先不了多少，如果再碰上 1950 ～ 1981 年長達 32 年的公債大空頭，價值損失超過 80％，這可是很讓人心碎的景況。

不完美的股債單 ── 工具加起來相對完美

所以這兩個工具都不完美，可是兩個不完美加起來，卻是相對的完美，而且可以比翼高飛。看一下股票和公債這兩種投資工具，從股災開始的投資報酬圖形，還真像是一對翅膀，一左一右平衡著，也真像鳥的兩翅、飛機的雙翼，只有這樣的結構，才能飛得久、飛得遠！

阿甘式的投資（每年持續性的投資在標普 500），成績固然令人心動，但它必須經歷 20 年以上的投資期（運氣好碰上 1980 ～ 1999 這 20 年股市的超級牛市是個例外），因此，股債共舞的混合，提供了另外一個選擇和解決方案。

2022 年難得出現過去 23 年一次較大幅度的股債雙殺（2018 年則是股票略跌 4％，公債持平，沒有發揮股債互補的作用，但這過去 23 年來，大部分時間還是發揮了股債共舞，兩者不錯的互補效果）。

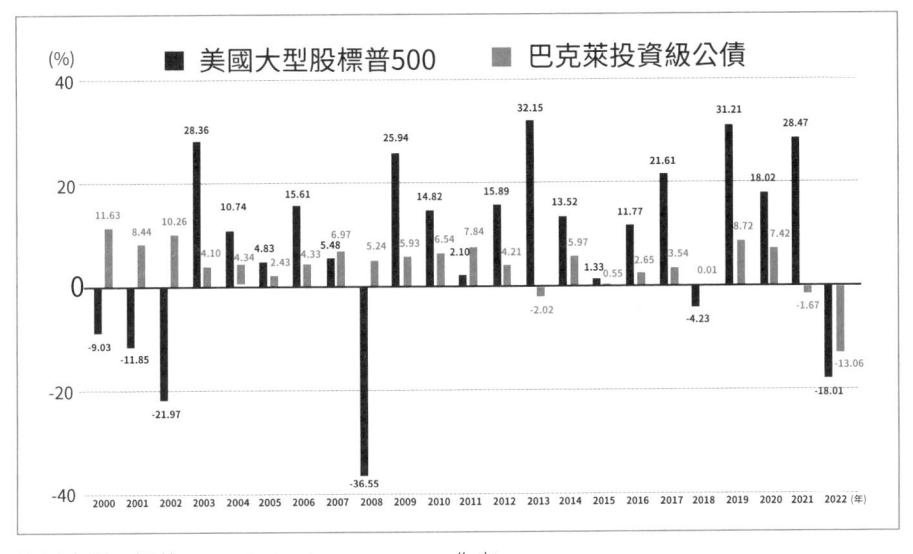

│圖 6-1-1 │ 股債共舞投資報酬分布像鳥的兩翅，一左一右平衡

資料來源：標普 500，index.barcap.com，作者

　　圖 6-1-1 顯見股債可以共舞，可以雙劍合璧。大家都知道，想
獲得財務自由必須借助一個有相當成長性的資產，例如股票、房地
產或者直接投資企業。這當中最簡單的參與法，就屬在網路上靠滑
鼠的移動，即可變身不同產業的股東，進而擁抱全球的一流企業；
並且也是一通電話就可以變現的股票投資。尤其低廉的佣金是房地
產無法比擬的好處。

　　許多人不敢參與股市，一方面是它的複雜度（要擇股還要擇
時），二方面是股市的劇烈波動性，一年波動可以從 -43％到＋

54％，這麼巨大幅度的波動，讓許多人卻步。

不知道你是否曾搭船去過離島，那暈船的難過程度，超過暈車，主要是船身的晃動大於車子的顛簸。高中時，我參加過救國團的澎湖戰鬥營，由於軍艦的噸位大，所以船身的晃動程度改善許多，但，老軍艦以前轟隆作響的引擎發動聲與油料燃燒味，都不是讓人那麼地舒適，所以我對於搭船還是卻步。

直到有一年，從美國佛羅里達參加了六天五夜的愛之船航行，那種超大噸位的遊輪，船上設備應有盡有，有表演劇院、小型賭場、布置豪華的餐廳，甲板上還有戶外浴池，就差一座網球場，搭這樣的遊輪根本感覺不出船身的搖晃，我那時才知道，原來船身的晃動是可以被克服的。

出海享受陸地上看不到的旖旎風光，本來就不是只有搭「小船」一個選擇，因為光是克服波動的海浪，就讓人頭暈目眩了。同樣的想要靠投資獲致成果，也不是只有買股票一途。

其實大家所擔心的股市大震盪，如果透過公債的搭配，絕大部分時候是可以被改善的。最簡單的做法有下列幾種：第一，美國股票搭美國公債；第二，國際股票搭美國公債；第三，四種不同工具混搭，也就是包括美國股市、國際股市、美國公債、國際公債。

以上的搭配方式不過使用股票和公債兩種不同工具，但若運用得當，就可以像李小龍的雙節棍一樣，一節攻擊、一節防守，當

然，也可以同時攻擊或同時防守。

金融海嘯之後的驗證

就拿本世紀兩次股災來做個模擬，除可體會股災的重度殺傷力，也可以了解股債混合可有效降低風險的能耐。事實上，股債混合一方面可以享受股票的高度成長，又可以藉由公債的相對穩定來平緩波動。此雙重好處，就像遊輪的穩定度一般。

經過測試，股債各半的組合，在 2000 ～ 2003 這三年期間的損失可以控制在 5％左右，2008 年遇上金融海嘯大事件，損失也僅有約 16％，且這樣的虧損也僅維持一年，第二年便幾乎回本，再說損失的情況還在多數人可接受的範圍內。

倘認為 16％的跌幅還是過重，讓人無法忍受，透過加大公債的比例，就可以解決這個問題。這在風險測試的章節（請見本章第 6-5 節）會詳加討論，重點是股債共舞，可以根據多數人能忍受的範圍量身定製。

做法❶ 100 萬資金全數投入在股市

假設一開始即碰到罕見股災，如 2000 ～ 2002 長達三年美股下跌了將近 50％，許多人可能在 2002 年因看不到曙光而認賠離場，

只是命運總捉弄人，隔年美國股市馬上大幅反彈近 27％。計算 2000 年碰到第一次股災到 2006 年，投資報酬率才剛小正一點，很快的 2008 年金融海嘯再報到，此次跌幅高達 37％（若從高點計算，則跌幅接近 50％），離場不玩的人不在少數。

以事後論來看，得熬過這 11 年（2000 ～ 2010 年）兩次股災才漸入佳境，到 2013 年時整體部位獲利達 61％，也就是說，年底帳戶金額將躍增為 161 萬元。

但要注意的是，想享受這樣的成果得承受中間煎熬的階段，打死不離場，而截至 2015 年底，帳戶金額甚至可達 185 萬元多，累積報酬率為 85％。但現實是，光 2000 ～ 2009 年這 10 年股市劇烈的上下震盪，早讓許多人身心俱疲上不了船，也出不了海，當然看不到美麗的海上風光。就算上了船，經不起船身激烈晃動而吵著要下船的也大有人在。

做法❷ 100 萬資金全數投資在公債

自 2000 年以來的 16 年，是歷史罕見的公債大多頭時間，除了 2013 年虧損 -2.02％外，其他時間都上揚，就算是在金融海嘯的 2008 年，帳戶依然繼續成長至 174 萬元，到 2015 年甚至達 230 萬元，成績相當亮麗。

但沒有人在事前就能預知公債會表現如此亮麗，何況長期數據

顯示，公債的投資報酬低於股票，而這幾年公債的表現落後股票，2015 年僅有 0.55％的成長。是不是趨勢反轉？這取決於經濟發展的速度和力道，以前也曾經發生過公債大空頭的情況，會不會歷史重演？值得關注，而這只有時間能夠告訴我們。

做法❸ 股票跟公債各一半，也就是兩者都投資 50 萬元

經試算，這樣的組合，自 2000 年到 2015 年底，股票會從 50 萬元成長到 92 萬多元，至於公債則會從 50 萬元成長到逾 115 萬元。2000 ～ 2012 年是公債的牛市，所以公債成績特別亮麗，而兩者加總可達到 208 萬元；若計算至 2015 年底，比起資金 100％投入股市的做法，雖僅多出 23 萬元，但有三點要特別說明：

首先，股票和公債各半混搭的組合，在兩次股災期間的損失相對有限，2000 ～ 2003 這三年的損失僅 2％，對比 100％股票損失高達 37％，這是一個相當大的差距。至於 2008 年金融海嘯股債各半的損失為 16％，且只有單一年度讓人感受到雙位數的虧損，到隔年則幾乎回本，再說三年後就呈現持續獲利的走勢。

讀者可能會發現，表 6-1-1 中股債共舞，2007 和 2008 年的資產損失只有 11.8％，而不是 2008 年標普 500 和巴克萊公債各半混搭的 -16％ （-37％股票＋ 5.24％公債 /2 ＝ -15.88％），此原因在於，表 6-1-1 是每年不做平衡的結果。由於公債經過 8 年的獲利成

長，已經由當時的 50 萬元成長到 82.8 萬元，這個基礎點比股票成長到 56.8 萬元來得大，在公債比重較大的安全效應下，2008 年的混搭結果是產生 11.8％的跌幅。當然，如果每年做平衡，跌幅就會是 -16％。

但根據過往的統計，長期來講，平衡和不平衡兩者，平衡還是略占優勢，這在本章節後面會有更清楚的說明和比較。

其次，經過 10 年公債的大多頭，和股票失落的 10 年，截至 2015 年，公債領先股票的差距也只有 45 萬元，相當於 24％的差距。回顧 2002 年股票損失了 38％、只剩下 62 萬元，那時落後公債達 71 萬元（股票 62 萬元 vs 債券 133 萬元），差距拉開至 115％，面對當時的環境，相信多數人都會選擇離開股市，也就不可能在 2015 年看到這麼好的成果。

第三，來到 2015 年股債混合的資金雖成長了一倍，但仍比 100％公債的投資總金額少了 22 萬元，看似公債大勝。但不要忘了，2000 ～ 2009 是特殊的 10 年，股市重挫、公債大多頭，未來不一定有相同的結果。

要強調的是，股債混合的優點，因降低了股市的波動度，不會讓投資者緊張，因此不會做出錯誤的決定，而可以堅持原定計畫，進一步看到成果，此種策略因而可讓許多風險承受度較低的投資者，也能參與股票投資，享受長期經濟成長所帶來的利益。

| 表 6-1-1 | 股債共舞投資報酬率（不做平衡）

年份	當年度投資報酬（%）		單一投資		股債混合各 50%（不做平衡）		
	標普 500	公債	股票 100 萬 年底金額	公債 100 萬 年底金額	股票 50 萬 年底金額	公債 50 萬 年底金額	股票＋公債 年底金額
1999	－	－	1,000,000	1,000,000	500,000	500,000	1,000,000
2000	-9.03	11.63	909,682	1,116,300	454,841	558,150	1,012,991
2001	-11.85	8.44	801,887	1,210,516	400,943	605,258	1,006,201
2002	-21.97	10.26	625,744	1,334,715	312,872	667,357	980,229
2003	28.36	4.10	803,179	1,389,438	401,589	694,719	1,096,308
2004	10.74	4.34	889,462	1,449,740	444,731	724,870	1,169,601
2005	4.83	2.43	932,463	1,484,968	466,232	742,484	1,208,716
2006	15.61	4.33	1,078,044	1,549,267	539,022	774,634	1,313,656
2007	5.48	6.97	1,137,172	1,657,251	568,586	828,626	1,397,212
2008	-36.55	5.24	721,509	1,744,091	360,755	872,046	1,232,800
2009	25.94	5.93	908,634	1,847,516	454,317	923,758	1,378,075
2010	14.82	6.54	1,043,304	1,968,343	521,652	984,172	1,505,824
2011	2.10	7.84	1,065,196	2,122,662	532,598	1,061,331	1,593,929
2012	15.89	4.21	1,234,462	2,212,026	617,231	1,106,013	1,723,244
2013	32.15	-2.02	1,631,281	2,167,343	815,641	1,083,671	1,899,312
2014	13.52	5.97	1,851,902	2,296,733	925,951	1,148,366	2,074,318
2015	1.38	0.55	1,877,438	2,309,365	938,719	1,154,683	2,093,402
2016	11.77	2.65	2,098,470	2,370,563	1,049,235	1,185,282	2,234,517
2017	21.61	3.54	2,551,855	2,454,481	1,275,928	1,227,241	2,503,168
2018	-4.23	0.01	2,443,991	2,454,727	1,221,996	1,227,363	2,449,359
2019	31.21	8.72	3,206,802	2,668,779	1,603,401	1,334,389	2,937,791
2020	18.02	7.42	3,784,794	2,866,802	1,892,397	1,433,401	3,325,798
2021	28.47	-1.67	4,862,324	2,818,927	2,431,162	1,409,463	3,840,625
2022	-18.01	-13.06	3,986,620	2,450,775	1,993,310	1,225,387	3,218,697

資料來源：S&P，index.barcap.com，作者

2016 初版數據是截至 2015 年，當時股市還未完全回穩，我們曾經提到「長期的投資應該往哪裡移動」，我們強調不應該因為金融海嘯，而停留在表面上看起來安全的公債，反而應該注意下一個移動的方向，那就是「股票」。

八年後，我們再來驗證，股票當時是 1,877,438 上漲至 3,986,620 元，公債則是由 23,093,650 上漲至 24,507,747 元，股票公債混搭則是由 2,093,402 上漲至 3,218,697 元，可以看得出來，鐘擺理論的現象是存在的，而且長期而言，股票的績效還是優於公債。

美股八個重要熊市對比公債表現

從美國過去股市跌幅超過 20%的八個重要熊市可以發現（見表 6-1-2），高收益債因仍包含部分公債的個性，所以跌幅較股市來得低，而且 1962 年代還繳出 1.72%的獲利。

至於中期公債，基本上在這八個熊市中都交出了正報酬，一漲一跌間與股票產生了互補。而短期的投資級政府和公司債數據雖從 1987 年開始，但幾乎和美國中期政府公債呈現一樣的結果，但由於該債券到期時間較短，所以在公債不論漲或跌的期間，短期債表現會溫和一點。

整體來說，可以看出股票和公債呈現完美的負相關，因此有助

於投資組合的風險下降和報酬的提升。重點是，股債混搭基本上可以處理 80％以上的金融投資風暴，因此對時間有限的投資者而言，可以只考慮股債混搭這個以簡馭繁的投資組合。

| 表 6-1-2 | 股市落入熊市，美國公債、投資級債上漲 |

單位：％

時間	美國 大型股	巴克萊高收 益債券指數	美國中期 政府國債	投資級政府 和公司債
1929 年 8 月～ 1932 年 6 月	-83.41	-51.52	12.46	—
1946 年 5 月～ 1946 年 11 月	-21.76	-14.64	0.34	—
1961 年 12 月～ 1962 年 6 月	-22.28	1.72	2.46	—
1968 年 11 月～ 1970 年 6 月	-29.23	-11.04	2.62	—
1972 年 12 月～ 1974 年 9 月	-42.62	-17.55	4.90	—
1987 年 8 月～ 1987 年 11 月	-29.53	-3.62	2.39	2.17
2000 年 8 月～ 2002 年 9 月	-44.73	-8.66	27.50	23.45
2007 年 10 月～ 2009 年 2 月	-50.95	-25.59	15.61	6.09

資料來源：1ST Global
說　　明：熊市指股市大跌 20％以上。

投資金句

許多人不敢買股票，一方面是它的複雜度（要擇股還要擇時），二方面是股市的劇烈波動性。但如果懂得把債券納入，以股債混搭的方式參與市場，因為降低了股市的波動度，投資者因此不會緊張，不會做出錯誤的決定，而可以堅持原定計畫，進一步看到成果。

資產配置 2：
多箭齊發的進階策略

雖然現代投資理論的風險係數和標準差（也就是風險波動的範圍），在巴菲特眼中不符合商業理論，但巴菲特是少數的天縱奇才，現代投資理論再怎麼設計都無法超越他的績效，甚至還落後許多。

但有一件事情必須認清，那就是巴菲特的績效幾乎沒有人能模仿，一般投資者必須從天上走入凡間，方法是透過現代投資組合理論，將不同資產元素加入，以達到在相同波動風險下，獲致較高投資報酬的目的，或做個取捨改變資產比例，在可接受報酬下降的範圍下，將風險做更大比例的下降。

活用現代投資組合理論

有一本書很有意思，那就是《Think, Act, and Invest Like Warren

Buffett（像巴菲特一樣的思考、行動和投資）》，作者斯韋德羅（Larry E. Swedroe）用了八個不同資產，在長達 37 年（1975 ～ 2011）的時間裡，以巴菲特極不認同的現代投資理論（Modern Portfolio Theory，MPT），測試了各種投資組合的成效。

37 年的長河流中，經歷了 80、90 年代美國股市的亮麗，也曾經歷失落的 10 年，所以時間樣本相當合理。有趣的是，書名是談巴菲特的想法，但書的內容完全是現代投資理論的內涵，只是借用巴菲特之名吸引讀者目光。

作者使用法馬／法蘭奇（Fama / French）所創的指數作為計算基礎，雖未必能在市場上買到完全複製該指數的基金，但可以找到類似追蹤該指數的商品。

加入不同資產元素，呈現不同投資組合的豐富內涵

投資組合 ❶

第一個投資組合，是以 60％股票搭配 40％公債，接下來的四個投資組合變化，僅在股票部分做資產類別的增加和比例調整，最後第六個投資組合則在公債的持有比例上做了變化，我們來看它產生的結果。

這樣的組合幾乎接近平衡型基金（Balance Fund）的設計，

可以看到這 37 年的年複利率是 10.6％，年度標準差也只有 10.8％（標準差的意涵請參閱 2-6「標準差和 β 值真的沒用嗎？」相關內容），如果投資組合是百分之百標普 500 的股票，標準差預估在 20％，所以第一個投資組合為加入了 40％公債的化學變化，結果波動風險下降了一半。

不要小看這一半波動度的下降，它可以讓許多投資者不會在股市大落時，因恐懼而做出傻事，也不會因股市的顛簸之苦，而無法享受長期的經濟成長。對某些投資者而言，這是敢於登船出海享受海上風光的絕佳投資組合。

投資組合 ❶	
標普 500 指數（S&P 500 Index）	60%
五年期政府公債（five-year treasury notes）	40%

投資組合 ❷

投資組合為將原有 60％的標普 500 股票降至五成，另加入了小型股（Small Cap.）指數基金，因為第二個不同資產的加入，因此又出現了變化，績效可以拉高到年複利率 11.7％，標準差只有增加 0.6％，都是在合理的波動範圍內。千萬別小看這每年 1.1％複利的增長，37 年下來是一個非常驚人的成效。

如果是第一個投資組合的 10.6％年複利率，10 萬美元的投

資額在 37 年後會成長到 416 萬美元；投資組合 ❷ 的年複利率為 11.7％，累積金額會近 600 萬美元，這就是僅僅 1％ 差別但在連續 37 年的滾動下所導致截然不同的成果。

算一算這多增加的 184 萬美元，幾乎比期初所投資的 10 萬美元，多了 18 倍的效益。因而長期下來，投資要能脫穎而出，見到豐碩的成果，得錙銖必較，因為哪怕是微小的差距，都會產生驚人的結果。

就算是熟悉複利威力的我，對於這樣的結果也感到非常神奇，甚至為了避免錯誤，還檢查了好幾次。現在大家應該可以充分了解，為什麼巴菲特說他寧可追求顛簸的 15％ 投資報酬，也不要一路平坦卻只有 12％ 的投資標的了。

投資組合 ❷	
標普 500 指數（S&P 500 Index）	30%
法馬／法蘭奇小型股指數（Fama / French small cap Index）	30%
五年期政府公債（Five-year treasury notes）	40%

投資組合 ❸

該投資組合另外加入了兩個資產，都是價值股（Value Stock）元素，包含大型股和小型股的價值指數基金，這時績效又更明顯提高達到年複利率 12.2％，比投資組合 ❷ 的績效多了 0.5％，但風險

波動度也跟著上漲。

因為增加報酬也拉高了波動，值不值得如此做？我們一樣用複利 37 年來計算，投資組合❸會成長到 700 萬美元，對比投資組合❷的 600 萬元，兩者相差了 100 萬美元。投資者會願意多承受這增加的 1.1％標準差（風險波動度）來換取此 100 萬美元的差距嗎？我想多數投資者會願意。

投資組合❸	
標普 500 指數（S&P 500 Index）	15%
法馬／法蘭奇美國大型價值股指數（排除公用事業） （Fama / French US large value index (ex utilities)）	15%
法馬／法蘭奇小型股指數（Fama / French small cap Index）	15%
法馬／法蘭奇美國小型價值股指數 （Fama / French US small value index）	15%
五年期政府公債（Five-year treasury notes）	40%

投資組合❹

該組合再加入兩項國際性資產，分別是國際大、小型價值（Value）股，這時產生了極有趣的變化，投資績效從年複利12.2％提高到 12.4％，但風險波動度不升反降，從 12.5％下降到11.8％。這就是非常漂亮的組合設計了。

可以說既有金城武的面孔和身材、又有郭台銘的財富，不但風險波動度下降，而且投資成長到 756 萬美元，比投資組合❸的 700

萬美元，增加了 56 萬美元。這就是現代投資理論強調的「免費午餐」。當然，這樣的投資組合絕對人見人愛。

投資組合❹	
標普 500 指數（S&P 500 Index）	7.50%
法馬／法蘭奇美國大型價值股指數（排除公用事業） （Fama / French US large value index (ex utilities)）	7.50%
法馬／法蘭奇美國小型股指數 （Fama / French US small cap index）	7.50%
法馬／法蘭奇美國小型價值股指數 （Fama / French US small value index）	7.50%
國際價值股指數（MSCI EAFE value Index）	15%
DFA國際小型股指數（Dimensional international small cap index）	15%
五年期政府公債（five-year treasury notes）	40%

投資組合❺

　　對於保守的投資者而言，為了降低風險，當然得減少一些投資報酬作為替換，但，還可不可以更好呢？該組合加入高盛商品指數（商品如咖啡、糖、小麥等），部位僅 4％，雖然不多，但好像料理中加了一點胡椒和鹽巴，有了調味效果。

　　與投資組合❹相較，投資組合❺的投資報酬率僅下降了 2.4％（12.1-12.4/12.4×100），但標準差卻下降有 5％（11.2-11.8/11.8×100），這說明了有時加入一點不同的資產並且做比例上的調整，有可能讓風險下降的幅度大於投資報酬損失的部分，所以乍看

是值得的。

但降低風險是需要付出代價的，將時間拉長來看，兩者的實際績效是，投資組合❹的 10 萬美元經過 37 年的滾動後將成長到 756 萬美元，至於投資組合❺則為 685 萬美元，亦即投資組合❺少了 70 萬美元，換句話說，37 年的總投資報酬損失了 9.27%（685-755/755×100）。

投資組合❺的設計確實會讓風險下降的幅度，大於投資報酬損失的部分，不過我相信，長期來看，多數人可能不會喜歡投資組合❺的最終結果。或許短期可以接受，但長期損失 10%的投資報酬，還是滿大的差別。

投資組合❺	
標普 500 指數（S&P 500 Index）	7%
法馬／法蘭奇美國大型價值股指數（排除公用事業） （Fama / French US large value index (ex utilities)）	7%
法馬／法蘭奇美國小型股指數 （Fama / French US small cap index）	7%
法馬／法蘭奇美國小型價值股指數 （Fama / French US small value index）	7%
DFA 國際小型股指數（Dimensional international small cap index）	14%
國際價值股指數（MSCI EAFE value Index）	14%
高盛商品指數（Goldman Sachs Commodities index）	4%
五年期政府公債（Five-year treasury notes）	40%

投資組合❻

　　對錢多膽小怕狗咬的保守投資者而言，或許對投資組合❺不是很滿意，因為風險波動下降的比例還是有限。那麼有沒有更好的方式呢？投資組合❻把股票由60％下降到40％，同時公債比例由40％拉升到60％。若將投資組合❻的績效與投資組合❶來對比，會發現投資組合❻的績效不僅提高，風險也降低很多，幅度高達27％。

　　這就是我們前面對於現代投資理論有用和無用的論述，也是我所提及的，可以將現代投資理論比喻為一張旅遊藍圖，你希望的旅遊行程，必須在預算和景點間取得一個平衡，就像投資者得在報酬和風險間取最佳平衡點一樣。

　　雖然目前在市場上並不容易找到與法馬／法蘭奇指數完全一致的基金，但我特別將在美國可購買的類似基金列了一張表（見表6-3-2），投資者可利用表中提供的內容，進一步做出適合自己的投資組合。

投資組合 ⑥	
標普 500 指數（S&P 500 Index）	4.50%
法馬／法蘭奇美國大型價值股指數（排除公用事業） （Fama / French US large value index (ex utilities)）	4.50%
法馬／法蘭奇美國小型股指數 （Fama / French US small cap index）	4.50%
法馬／法蘭奇美國小型價值股指數 （Fama / French US small value index）	4.50%
DFA國際小型股指數（Dimensional international small cap index）	9.50%
國際價值股指數（MSCI EAFE value Index）	9.50%
高盛社會指數（Goldman Sachs Commodities index）	3%
五年期政府公債（Five-year treasury notes）	60%

| 表 6-2-1 | 六個投資組合比一比

1975 ～ 2011 年		
投資組合	年化收益（%）	年度標準差（%）
#1	10.6	10.8
#2	11.7	11.4
#3	12.2	12.5
#4	12.4	11.8
#5	12.1	11.2
#6	10.9	7.9

你沒有學到的資產配置，巴菲特默默在做的事

 **投資金句**

巴菲特的績效沒人能模仿,所以,一般投資者必須從天上走入凡間,方法是透過現代投資組合理論,將不同資產元素加入,以達到在相同波動風險下,獲致較高投資報酬的目的。

6-3 資產配置的三箭齊發，價值股、小型股、低波動性股的另一種組合

投資組合因不同資產的加入，而呈現明顯的差異，有些人可能知道怎麼做，但，知其然不知其所以然，儘管執行得好，也可獲致令人滿意的績效，只不過若實務跟理論都能同時具備，碰到問題時將更具信心。

投資組合中，不同資產的加入都會產生化學變化，以下的三張表格即呈現了三個重要的事實，分別是：

1. 長期價值股的表現優於成長股。

2. 小型股的績效長期優於大型股。

3. 低波動度的股票投資報酬優於標普 500。

若能把這三項長期都表現優質的標的都納入投資組合，就是所謂法馬／法蘭奇的三支箭。

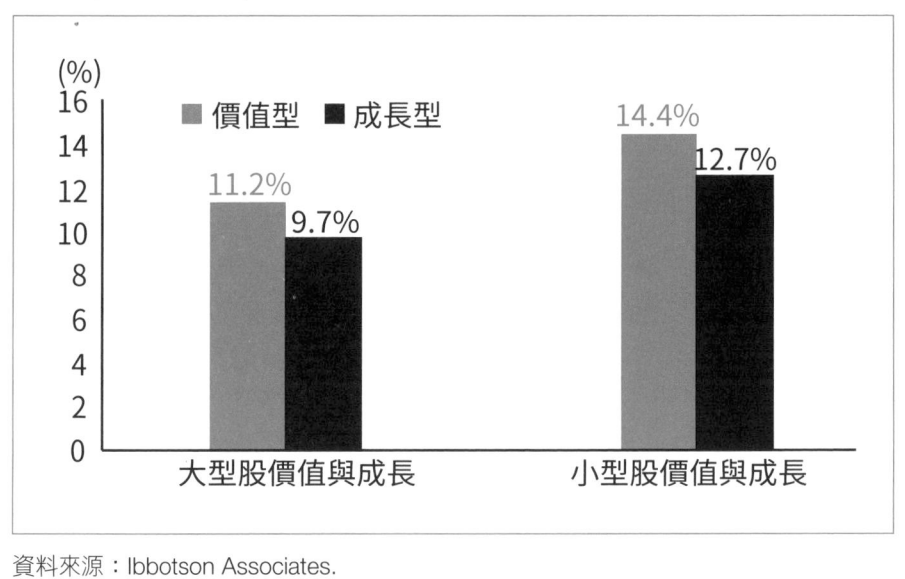

| 圖 6-3-1 | 長期來看 價值股勝出（1928 ～ 2013 年）

資料來源：Ibbotson Associates.
說　　明：此圖顯示 1928 年以來不論是大型或小型價值（Value）股，投資報酬均優
　　　　　於成長（Growth）股。

　　圖 6-3-1 的數據比較時間軸是 1928 到 2013 年，如果我們選擇
的時間點是 2005 ～ 2022 年這 18 年，結果還會是一樣嗎？價值股
在這段時間的績效還能領先成長股嗎？我們在表 6-3-1 有數據的更
新，給大家有一個不同的角度觀察。

　　原本多箭齊發的初版，提到了長期以來價值股優於成長股，小
型股優於大型股，但請記住這個長期的定義有多長，這個時間軸的
取捨有時候會產生不同的結果，例如我們再版時把時間從 2016 年
延長到了 2022 年，就發現成長股的績效又追上了價值股，可以說

| 表 6-3-1 |

年份	VUG	VTV
	成長股	價值股
2005	5.20%	7.19%
2006	9.13%	22.28%
2007	12.68%	0.20%
2008	-38.22%	-35.91%
2009	36.46%	19.72%
2010	17.11%	14.45%
2011	1.87%	1.16%
2012	17.03%	15.19%
2013	32.38%	33.03%
2014	13.62%	13.19%
2015	3.32%	-0.89%
2016	6.13%	16.88%
2017	27.80%	17.12%
2018	-3.32%	-5.39%
2019	37.26%	25.85%
2020	40.16%	2.23%
2021	27.26%	26.47%
2022	-33.13%	-2.05%

2004～2022		
年複利	9.45%	8.21%
累積成長報酬	407.99%	313.98%

過去 18 年的紀錄，顯示結果是跟 2016 年初版時的論述是相反的，也就是 2004 年到 2022 年這期間的績效，成長股優於價值股，大型股優於小型股。

| 圖 6-3-2 | 長期來看 小型股展現絕對優勢

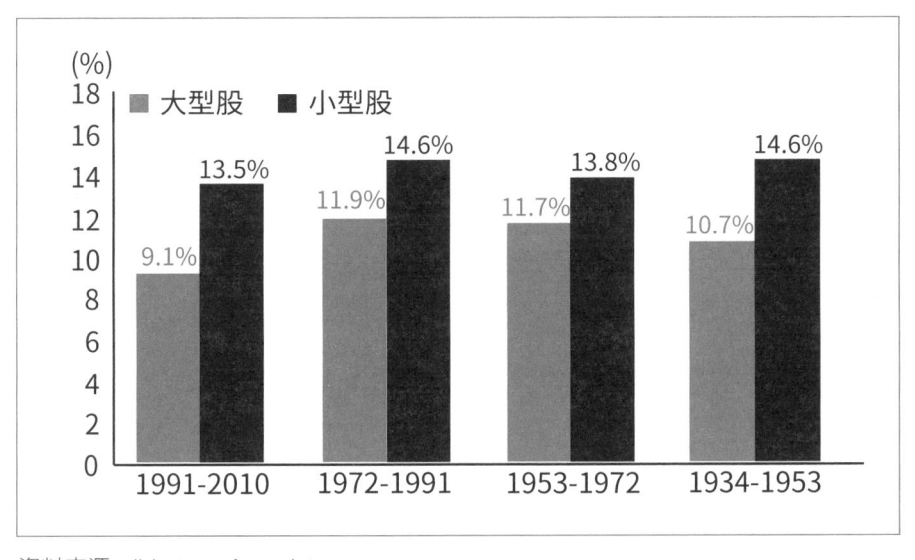

資料來源：Ibbotson Associates

説　明：以 20 年為一個單位，小型股的投資報酬率持續性的優於大型股。以上數據
　　　　是每 20 年的年複利報酬。

圖 6-3-2 是截至 2010 年每隔 20 年大型股與小型股的紀錄比較，看起來是小型股的績效領先，但是以 2022 年過去的 10 年大型股的績效則優於小型股，投資環境不是一成不變的，而時間的取樣落在哪一個時段，得出的結果也會不同，細心的投資者應該關注過去投

資歷史的發展，但也會注意投資環境的變遷，帶來結果的改變。

投資是科學和藝術的結合，有趨勢的觀察，也留意各種變化的可能。

| 圖 6-3-3 | 長期來看，低波動性股票打敗標普 500

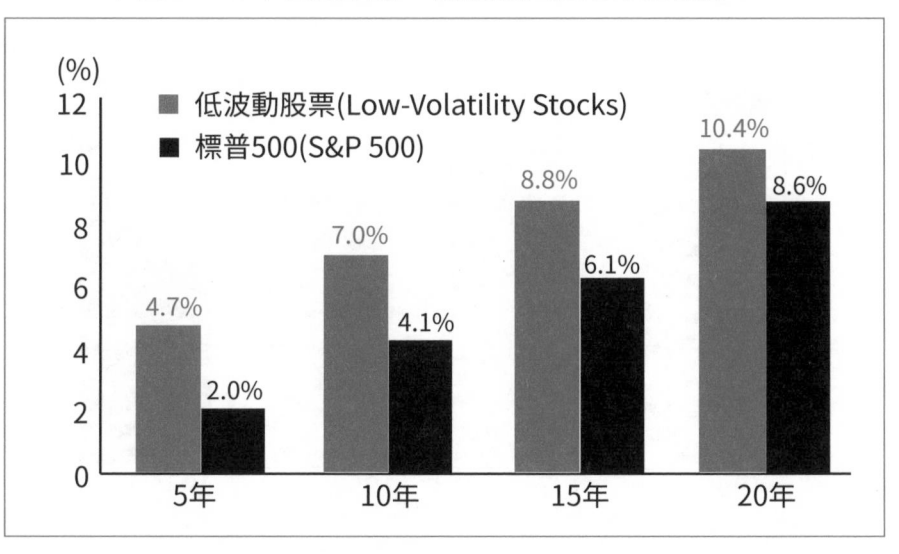

資料來源：Asset Allocation DeMystified

說　　明：低波動性的股票，即貝塔係數較低的股票（約 0.7 或更低），過去五年、
　　　　　10 年、15 年和 20 年的表現都優於代表大型股的標普 500。原資料未標示
　　　　　投資報酬時點，但從標普 500 的投資報酬紀錄推算，應該是截至 2011 年
　　　　　的數據。

如何設計投資組合？

資產配置要能落實和活用，有幾個值得注意的地方：

1. 資產配置的概念，不在於你擁有多少數量的共同基金或指數基金，重要的是要有足夠不同形態和代表性的資產。例如前一章節所提的八種資產，就分別代表不同類型的資產類別。

2. 2013 年尤金‧法馬／法蘭奇（Fama／French）同時跟羅伯特‧希勒（Robert Shiller）、拉爾斯‧彼得‧漢森（Lars Peter Hansen）共同獲得 2013 年諾貝爾獎。1993 年尤金‧法馬發表了三因素的模型，分別考慮了貝塔值（風險係數）、資本大小（大小型股市值規模）、價值與成長，取代了早期發展的單一因素資本資產定價模式（Capital Asset Pricing Model，CAPM），強調透過分散（Diversification）來降低風險係數，大概可以解釋 90%的變動。*

若想追隨法馬／法蘭奇設計的指數，則投資者必須找到相關的 ETF 來進行投資。先鋒基金（Vanguard）所提供的 ETF，管理費向來具競爭力，因此建議以此基金公司的指數基金做為優先考慮，不足的再搭配其它公司產品。以下列出相關 ETF 商品，供有興趣的讀者作為設計投資組合時的參考。

---

* 1997 年馬克‧卡哈特（Mark Carhart）則提出第四個動量動能的因素，2012 年又有幾位中國學者提出了第四個應該考慮的變數模型，他們稱之為 Q 模型。2013 年尤金‧法馬提出了第五個資產定價模式，但接下來的討論只有極少數人能夠充分了解，一般投資者無需參與如此深入的討論。

| 表 6-3-2 | 法馬／法蘭奇資產配置中指數基金模擬參考

股／債／商品	類別	代號	指數基金名稱
美國股票	美國大型股標普 500	SPY	SP 500
美國股票	大型價值股	VTV	先鋒 Vanguard Value ETF
美國股票	小型價值股	VBR	先鋒 Vanguard Small-Cap Value
美國股票	小型股	VB	先鋒 Vanguard Small-Cap ETF (VB)
國際股票	國際價值股	EFV	安碩 iShares MSCI EAFE Value
國際股票	全球小型股（不含美國）	VSS	先鋒 Vanguard FTSE All-World ex-US Sm-Cp
公債	美國混合型公債	BND	先鋒 Vanguard Total Bond Market
商品	商品	GSG	安碩 iShares S&P GSCI Commodity-Indexed

備註：安碩（iShares）是一個由貝萊德（BlackRock）管理的一系列指數型基金（ETF）

常春藤大學的操盤手如何設計投資組合？

在美國的常春藤盟校和多數著名大學都有所謂的捐贈基金（Endowment Fund），他們和法馬／法蘭奇的三箭齊發組合設計不同的是，他們多加入了一些元素，例如房地產、絕對投資報酬以及實質擁有資產，不過，有些資產是多數投資者不容易複製的，例如私人企業資產、絕對投資報酬、對沖基金。

這些名校的捐贈基金資產很多是上百億的，以哈佛大學而言，2014 年資產高達約 350 億美元，耶魯、史丹佛、普林斯頓約各 200

億美元，這些常春藤盟校資產的內容含括七到八項。

有人會模仿常春藤的資產配置組合，但，重點不只是這些資產的項目，而是比重。事實上，在最恰當的時機做最恰當的組合比重，這才是能力。一般投資者確實可以從認識、琢磨常春藤盟校資產類別的投資組合開始，慢慢培養對資產價格的判讀和比例適度調配的敏感性，就像中國人所說的火候。但常春藤盟校的操盤手會不會有思考和做錯的盲點呢？當然有！

美國捐贈基金的追蹤者（NACUBO and Commonfund Study of Endowments）以 851 所大學，高達 5,160 億美金資產，截至 2014 年 6 月 30 日會計年度（2013/7/1 ～ 2014/6/30）的資料顯示，捐贈基金的平均成績為 15.5％。不同學校因資金規模大小不同所採取的策略因此有異，但平均資產分布在五大類：

1. 股票：美國股票、國際股票、新興市場股票、私人企業等。

2. 固定收益：美國公債、國際公債、抗通膨債等。

3. 另類投資（Alternative Strategy）：絕對報酬（Absolute Return）、對沖基金等。

4. 真實（實際／實體）資產（Real Assets）：商品、自然能源、房地產（Real Estate）、公共商品（如基礎設施資源）。

5. 現金。

其中一個類別是傳統資產配置較少觸及的另類投資策略

（Alternative Strategies），當中有一項是絕對投資報酬（Absolute Return）。絕對投資報酬追求的是不管股市好壞，都能有一定的正報酬，這是因為學校有一定的開支，不能因為股市的震盪或下挫就少了財源來維持學校的營運。無論如何，尋求穩定的投資報酬，是捐贈基金的重要使命。

| 表 6-3-3 | 美國名校捐贈基金的資產分配

資產類別	平均資產比例（%）
美國國內股票	17
固定收益	9
國際股市	19
另類（替代）投資策略	51
現金部分	4

資料來源：2014 NACUBO-Commonfund Study of Endowments

備註：1997 年馬克・卡哈特（Mark Carhart）提出第四個動量動能的因素，2012 年又有幾位中國學者提出了第四個應該考慮的變數模型，他們稱之為 Q 模型。2013 年尤金・法馬提出了第五個資產定價模式，但接下來的討論只有極少數人能夠充分了解，一般投資者無需參與如此深入的討論。

　　學校資產的比例，初版時的比例與 2021 年相比，幅度變化並沒有太大，重點還是在另類的投資策略，占最大的比例，這也是非機構投資人可以接觸的。這個部分也是他們獲得超額報酬的投資來源，不過一般投資者也並不需要如此複雜的操作。懂得適度調整資

| 表 6-3-4 | 2021 美國高校捐贈基金資產配置

單位：%

	公立大學	學院	大學捐獻基金	私立大學	其他
美國國內股票 U.S.Equities	16.9	13.8	24.4	10.8	23.5
國際市場（美國除外） Non-U.S.Equities	15.2	14.5	18.7	10.7	21
全球股市（含美國） Global Equities	7.8	7.5	3.1	7.4	5
另類（替代）投資策略 Marketable Alternatives	14.5	15.9	12.3	18.2	12.6
私人企業 Private Equity	12.6	14	8.9	16.7	13.2
私人企業創投 Private Venture Capital	9	10	9.9	13.1	4.9
固定收益 Fixed Income	13	12.4	11.8	10.2	12.3
實質性資產（含房地產） Real Assets	10.4	11.4	10.7	9.7	7.5
其他 Other	0.6	0.5	0.2	3.3	**

資料來源：nacubo.org

產比例和方向，把書本所討論的各項資產充分了解它的特性，進而活用，在關鍵時刻資產的比例和方向正確的調整，一樣可以以簡馭繁創造不錯的收益。

表 6-3-5 常春藤盟校資產配置

資產類別	中文名稱	ETF 代號	英文名稱
美國股票	先鋒美國股票	VTI	Vanguard Total U.S Stock
美國小型股	先鋒全美小型股票	VB	Vanguard Small-Cap ETF (VB)
國際股票	先鋒國際股票（不含美國）	VEU	Vanguard FTSE All-World ex-US
新興國家	先鋒新興市場	VWO	Vanguard FTSE Emerging Markets
美國公債	先鋒全美混合債券	BND	Vanguard Total Bond Market
美國公債	抗通膨公債	TIP	iShares TIPS Bond
全美房地產	全美房地產	VNQ	Vanguard U.S Real Estate REIT
國際房地產	國際房地產信託	RWX	SPDR International Real Estate
商品指數	商品指數	DBC	PowerShares DB Commodity Tracking
商品指數	商品指數	GSG	iShares S&P GSCI Commodity-Indexed Trust

投資金句

投資組合中，不同資產的加入都會產生化學變化，但長期來看有三個重要的事實值得關注：1. 長期價值股的表現優於成長股。2. 小型股的績效長期優於大型股。3. 低波動度的股票投資報酬優於標普500。

6-4 另類資產配置有多另類，多而不專，不如少而精

前面介紹短中長期公債，隨著利率的波動，價格反應的程度和報酬也大不同，每一個人想關注的投資標的各異，例如巴菲特通常使用短期公債做組合，因為不希望資金被未來不確定的因素鎖住；又如媒體曾報導台灣央行總裁彭淮南特別關注 10 年期公債。

如果你對利率的敏感度夠高，而且也有較多時間來管理投資組合，那麼未必需使用綜合型指數基金，例如巴克萊投資級公債（AGG），你可以依不同時間類別的指數基金來操作，表中提供了三年期公債指數基金（SHY）、10 年期公債指數基金（IEF）、及 20 年期公債指數基金（TLT）的相關產品，這三種指數基金分別代表了不同到期年限：一～三年、七～ 10 年、20 年。

若你還記得 2 ％利率的調升，如公債票面利率從 3 ％調升到 5 ％，10 年和 20 年公債價格的損失分別是 15.5 ％與 25 ％，你就會

了解巴菲特偏好中短期公債的原因。但相對來說，當利率下跌時，長期公債可產生較高的獲利。

公債產品也不是這麼單調無趣，裡面還可以細分美國政府公債、美國公司公債、新興國家公債等。例如美國的投資級公司公債代碼（LQD），過去五年（2011～2015年）的投資報酬率為4.92％，即高於政府公債（AGG）的3.40％，這兩個雖然都是投資級債，但對於風險承受度較高的人來說，在公債的選擇上，可以考慮公司公債而不是政府公債。

公司債的保證當然略低於政府債的保證，但都是投資級債，兩者安全度都相當高，因此配置公司債，犧牲些許的安全度，1.5％的年報酬差距，長期下來也會出現驚人的差別。

而對於風險性承受度更高、更積極的投資者來說，甚至可以考慮新興國家的公債（PCY），雖然短期因波動互有領先，但長期而言將獲得較高的報酬。過去五年（2011～2015年）這三種不同的公債報酬分別是：新興公債的5.78％、美國投資級公司公債的4.92％、以及美國政府投資級公債的3.40％。

另外，對於想要一次投資全球股市，不想要區分美國、國際或新興市場的投資人而言，先鋒（全球）指數基金（VT）是一個選項。讀者可依自己的需求參考下列表格，若能充分利用，有些資產可考慮進入衛星投資組合。事實上，美國的指數基金除了期貨類型

外，一般而言費用都很低，但比起費用，什麼時間使用什麼資產和
多大的比重，更是關鍵。

| 表 6-4-1 | 資產配置中其他可參考的指數基金

資產類別	中文名稱	ETF代號	英文名稱	費用比例（%）
全球股票	先鋒全球股票	VT	Vanguard Total World Stock Market	0.14
美國股票	先鋒中型股價值	VOE	Vanguard Mid-Cap Value	0.09
美國股票	先鋒小型股價值	VBR	Vanguard Small-Cap Value	0.09
美國公債	巴克萊投資級公債	AGG	iShares Core US Aggregate Bond	0.08
美國公債	先鋒中期公債	BIV	Vanguard Intermediate-Term Bond	0.10
美國公債	iShares 投資級公司公債	LQD	iShares Investmnet Grade Corp Bond	0.15
美國公債	巴克萊高收益公債	JNK	SPDR Barclays High Yield Bond	0.40
現金或貨幣市場	短期公債	SHY	iShares 1-3 Year Treasury Bond Cash - Money Market	0.15
美國公債	iShares 7-10 年中期公債	IEF	iShares 7-10 Year Treasury Bond	0.15
美國公債	iShares 20 年長期公債	TLT	iShares 20+ Year Treasury Bond	0.15
已開發國家股票	先鋒已開發國家市場	VEA	Vanguard Developed International Markets	0.09
新興市場股票	先鋒新興市場	VWO	Vanguard FTSE Emerging Markets	0.15
美國房地產	先鋒美國房地產	VNQ	Vanguard U.S Real Estate REIT	0.12
國際不動產	SPDR 國際房地產	RWX	SPDR International Real Estate	0.60
國際債券	新興國家債券	PCY	PowerShares Emerging Markets Bond	0.50
國際債券	SPDR 巴克萊國際公債	BWX	SPDR Barclays International Bonds	0.50

另類資產能替代傳統資產嗎？

這幾年另類資產（也稱之為替代資產，Alternative Asset Classes）的討論頗引起投資者的關注，另類資產和傳統的資產配置採取不同策略，希望能達到負相關的互補作用。那麼，有哪些資產可被列為另類資產呢？

這幾年指數基金風行，越來越多不同資產類別的產品出現，例如看空的指數基金、對沖指數基金、外匯指數基金、以退休時間設定的指數基金、公債短中長期基金、高股利基金等，資產類別可以多到幾十種，投資戰術也越來越多元。

| 表 6-4-2 | 另類資產與另類投資戰術

另類資產 Alternative Asset Classes	另類投資戰術 Alternative Strategies
房地產	槓桿投資（融資操作）
商品	反向投資（買看空的投資）
貴重金屬	看多／看空同時混搭
外匯	市場中性
波動性資產	絕對報酬
私人企業	可轉換／合併套利
基礎設施等資產	期貨管理
	全球宏觀

如果看另類資產所使用的戰術（Alternative Strategies），基本上有流行和時尚的感覺，例如看多／看空同時混搭，或購買看空的指數基金，如果 2008 年能夠精準判斷出走空的方向，那麼肯定眾人皆跌你獨漲。但，真的那麼容易做嗎？

另外投資戰術還包含了絕對報酬（Absolute Return），與一般基金都各有對應的市場評比標準，以研判基金操作是否打敗大盤，例如股市漲 10%、基金漲 12%，合格；股市跌 5%、基金跌 8%，需要檢討，這就是所謂的相對報酬，要和指標做競賽。

但絕對報酬要的是不管股市漲跌，都能維持例如 5% 的獲利，在美國發行的一些指數年金（Index Annuity），股市漲、帳戶必有一定比例的上漲，但是跌、帳戶最壞的情況是打平，不會出現負成長，要達成這樣的成績，一定要做足下檔保護。反正不管用什麼策略，就算把所有的另類投資戰術集合在一起，就是不論股市如何波動，都要維持一定的正報酬，不過，這個正報酬未必很高。

前面提及美國常春藤盟校的捐贈基金，資產組合中都有絕對報酬這個項目，因為學校總需要一定的收入作為營運之用。絕對報酬聽起來絕對吸引人，但是多數的研究報告顯示，另類資產確實很另類，只是績效沒有想像中那麼驚艷。

另類可以考慮，但要替代傳統的資產配置操作，目前還有困難，因為現階段只有兩項資產表現突出，一個是房地產，一個則是

商品。我們分析過，美國房地產信託長期的報酬與股市接近，但波動度略低，因為它是實質可以摸到看到的資產。因此，房地產是目前另類資產中唯一值得考慮的投資標的。

至於商品，對時間有限且還不是專業的人來說，比例不宜太多，而且也要看時間做調整。除了這兩個資產以外，其他資產目前還沒有看出實績，所以投資人在做投資組合的設計時，參考法馬／法蘭奇和常春藤盟校的組合，已經足夠。

為了印證另類資產所使用的戰術，是否足以提供吸引人的報酬，表 6-4-3 是從 30 家另類資產投資的基金中挑出 14 家，和標普 500 及巴克萊公債做對比。追蹤過去三年（2020 ～ 2022 年）、五年（2018-2022 年）（有些另類資產基金沒有這麼長的期限）的績效，可以發現只有房地產信託基金出現吸引人的報酬，其他另類資產的戰術訴求都未能交出令人信服的成績。結論是，資產很另類，成績卻無法替代傳統的資產配置。

這個表格要不要更新，在沒有做之前，是想放棄的，我感覺我已經可以預判結果，因為這些數據更新，是一年一年查出數據的硬功夫，做的話，一張不起眼的報表要耗好幾個小時，不做的話只能憑我的經驗，所以還是硬著頭皮做了。

結果大家發現，一堆會吸引你眼球跟心動的花俏操作技巧，長期下來，還趕不上這些傳統資產的投資效益，例如，房地產八年的

表 6-4-3	另類資產、標普 500、巴克萊公債，績效比一比					
資產類別	代號	1 年 ~2022	3 年 (2020~2022)	5 年 (2018~2022)	8 年 (2016~2022)
房地產	PSR	-25.28	-0.25	4.05	4.67
高收益債券 多空操作	HYLS	-12.59	-1.64	1.25	2.62
套利併購	MNA	-1.49	-0.74	0.90	2.04
期貨管理	WTMF	-5.83	0.93	0.05	-1.02
多重管理策略	QAI	-8.46	-1.22	0.25	0.66
絕對的投資報酬	CPI	-7.48	-2.57	-0.54	-0.10
資產避險	QEH（下市）/ HDGE	16.56	-18.75	-18.14	-15.82
外幣多空操作	DBV	1.79	1.51	1.93	0.27
黃金	GLD	-0.82	5.88	6.53	5.14
全球宏觀	MCRO	-8.08	-0.58	0.19	0.74
美股多空操作 — 中型價值股	CHEP （已下市）	—	—	—	-2.80
美股多空操作 — 小型股	SIZ （已下市）	—	—	—	-3.19
私人企業	PEX	-25.58	-2.08	0.43	3.72
美股公債利率 價差操作	RINF	8.24	8.84	5.42	2.47
標普 500	SPY	0.09	18.02	15.61	13.97
巴克萊投資級公債	AGG	-13.06	-2.80	-0.03	0.81

單位：%

備註：標普 500 數據改用紐約大學，因此比較初版數據會有異動。

年均報酬是 4.67％，黃金也有 5.14％。

聽起來好像可以一夜致富的一些基金，這些績效都趕不上標普500 的 13.97％，至於 AGG 巴克萊公債是因為 2022 年碰到了跌幅13％，把歷年來的績效拉低了，但是作為資產配置，它還是有防守性的功能，可以說標普 500 和巴克萊公債（AGG）或其它 BND 這樣的組合，看起來傳統，但是管用。比起名字很炫、感覺可以一夜致富的操作技巧的新基金，更能為你建構資產配置的堅強城堡。

衛星投資組合可歸類在股票部位占比 15 ～ 25%為宜

投資有很多策略足以吸引人，就像花花世界中，男人女人面臨的誘惑都很多，投資也是如此。資產的類別越來越多，有些人希望有兩種組合，一個是核心基金的持有，另一是衛星基金的持有，而衛星基金裡可以包含各種如高科技基金、避險基金、綠能基金、區域國家基金等，對於有時間積極管理的人來說，成立衛星投資組合，大約是資產的 15 ～ 25％比重，此部分即可以包含自己所想要嘗試不同於傳統策略的另類策略，優點是有可能創作較高的投資報酬，例如隨著經濟發展的不同階段，轉向於最有利的資產。

儘管對於有時間又有興趣管理的人而言，以衛星配置多方嘗試未嘗不可，但，除了極少數的人適合，多數人恐花了時間，未必能

得到預期報酬。

就算是高手，衛星基金的組合也不應該占據固定收益的部分，而應歸類在股票持有部位，好處是衛星基金管理出錯時，不至於對整個戰略布局有影響，等假以時日有實際的績效展現時，再擴大比例。當然，如果效果不好，花了很多時間，卻未必能進一步提升效益，就要知所進退。

我發現有許多人的投資組合、資產類別已多到幾乎失控的狀態，其實只要把握法馬／法蘭奇的三支箭：低波動性股、大小型股以及價值股，同時考慮地緣地區的國際股，再搭配固定收益的公債，這八種資產就已經相當豐富，足夠做出適合自己的投資組合。記得多而不專，不如少而精。

🔊 投資金句

另類資產可以考慮，但要替代傳統資產，目前還有困難，因為現階段只有兩項資產表現突出，一個是房地產，一個則是商品。但這兩者也只有房地產值得投資人考慮，因為它是實質可以摸到看到的資產。至於商品，對時間有限且還不是專業的人來說，比例不宜太多，而且也要看時間做調整。

6-5 了解適合自己的投資策略，別低估市場，高估自己

壓力，太多了會崩潰，太少了沒動力，如何拿捏，也是管理資產配置的重點。人生有許多事無法提前預估，來臨時就會是一個最好的測試點。中國人所說時窮節乃現，這說明只有最危難的時候，一個人的氣節才能夠完全呈現；投資管理好一點，可以事先做測試，了解自己的承受能耐，否則股災來時再做反應，有點太晚。

美國百年股市，投資 10 年下來不賺錢的情況有兩次，不過年平均虧損約 1%，分別是 1930 ～ 1939 年及 2000 ～ 2009 年，以此百年罕見的股災來測試，極具意義。

假設老胡 60 歲，已退休，手邊有 25 萬美元，每一年想拿出 12,000 美元做退休生活津貼，相當於每個月有 1,000 美元可花用。老胡認同長期股票的成績優於公債，加上喜歡標普 500 長期獲利的美麗感覺，所以 25 萬美元中，股票部位達 60％，公債則只有 40％。

如果不考慮特殊因素，60％的股票比重，對於一個 60 歲退休的人來講偏高，但老胡表示可以承受，在此先以老胡的意見做測試。而為了能夠讓老胡有身臨其境的真實感受，每年成績依次公布，取代一次性發布。

結果方案❶呈現給老胡時，老胡原本自信的笑容消失了，1999 年底的 25 萬美元，經過三年取出 36,000 美元（每年 1.2 萬美元），來到 2002 年，帳戶只剩下 18.3 萬多美元，相當於損失 30,000 美元，跌幅高達 12％。雖然 60％股票、40％公債的混合，跌幅比起百分百投入股票的 37％跌幅來得好，但仍舊讓老胡心煩，因為如果再跌，退休生活恐怕會出狀況。

所幸 2003 年股市出現不錯的反彈，老胡總算鬆了一口氣，但還是有一點驚魂未定，2007 年年底金融海嘯之前，老胡已經領了 96,000 美元的生活費，帳戶還有 219,000 多美元，相當於賺了 6.5

萬美元，雖不滿意但還能接受。只是金融海嘯隨之而至，2008 年這一年股票出現了 37％的跌幅，讓老胡有幾乎滅頂的感受。

一看九年領了 108,000 美元，帳戶只剩下 16 萬多美元，而且金融海嘯餘波蕩漾，老胡這下子終於撐不住了，連說兩次不行！他表示要賣出股票，但賣多少呢？他說 1929 年經濟大蕭條時，美股曾長達 1、20 年不見天日，如果歷史重演，豈不是未來 2、30 年退休生活都要沉淪。所以，他覺得應該全賣。

但，結果是 2009 年美股來了個大反彈，2013 年也出現大幅成長，來到 2015 年，老胡一共領了 192,000 美元的生活費，但帳戶還有 22 萬美元，換句話說，帳戶長大為 412,000 美元，相當於 16 年間賺了 162,000 美元。

從此測試可看出，就算面臨美股失落的 10 年，投資報酬率還是有 66％，其實不差。儘管事後一看，老胡也認為 66％的報酬率不錯，但 2008 年讓他靈魂出了竅，所以覺得 60％股票的比例對於 60 歲的人來說，確實承受不了，主要是 2000 ～ 2002 年和 2008 年這兩次股災，帳戶餘額大幅縮水讓人恐慌。

方案❷ 股五債五的壓力測試

為了不驚悚過日，老胡調整好姿勢，準備進行第二次測試，他

| 表 6-5-1 | 40%公債混搭 60%股票的投資壓力測試（每年再平衡）

年份	60% 標普 500		40% 公債		帳戶金額變動		
	報酬 (%)	帳戶金額	報酬 (%)	帳戶金額	年底金額	取出金額	餘額
1999	—	150,000	—	100,000	—	—	250,000
2000	-9.03	136,452	11.63	111,630	248,082	12,000	236,082
2001	-11.85	124,864	8.44	102,403	227,267	12,000	215,267
2002	-21.97	100,789	10.26	94,941	195,730	12,000	183,730
2003	28.36	141,497	4.10	76,505	218,003	12,000	206,003
2004	10.74	136,880	4.34	85,977	222,857	12,000	210,857
2005	4.83	132,631	2.43	86,392	219,023	12,000	207,023
2006	15.61	143,607	4.33	86,395	230,001	12,000	218,001
2007	5.48	137,975	6.97	93,278	231,253	12,000	219,253
2008	-36.55	83,467	5.24	92,297	175,764	12,000	163,764
2009	25.94	123,742	5.93	69,390	193,132	12,000	181,132
2010	14.82	124,786	6.54	77,191	201,977	12,000	189,977
2011	2.10	116,378	7.84	81,949	198,327	12,000	186,327
2012	15.89	129,561	4.21	77,668	207,230	12,000	195,230
2013	32.15	154,792	-2.02	76,514	231,306	12,000	219,306
2014	13.52	149,380	5.97	92,960	242,339	12,000	230,339
2015	1.38	140,109	0.55	92,642	232,752	12,000	220,752
2016	11.77	148,045	2.65	90,641	238,685	12,000	226,685
2017	21.61	165,397	3.54	93,884	259,281	12,000	247,281
2018	-4.23	142,097	0.01	98,922	241,019	12,000	229,019
2019	31.21	180,300	8.72	99,596	279,896	12,000	267,896
2020	18.02	189,709	7.42	115,110	304,819	12,000	292,819
2021	28.47	225,710	-1.67	115,171	340,882	12,000	328,882
2022	-18.01	161,790	-13.06	114,372	276,162	12,000	264,162
提款合計							276,000
帳戶餘額							264,162
總資產							540,162

資料來源：作者

表示因為愛死標普 500，所以只願下降 10％。因此，方案 ❷ 的配置是股票 50％、公債 50％，一樣逐年提供投資報酬率數字給老胡參考。

2002 年第一次股災過後，老胡領了三次生活費、共 3.6 萬美元，結果帳戶還有 19.9 萬美元，相當於總帳戶金額 23.5 萬元，長達三年的股災讓老胡損失 1.5 萬美元，小傷皮毛，是不到 6％的跌幅，因此，老胡這次臉色好看多了，直說沒問題。

繼續往下走，來到了 2007 年金融海嘯前夕，老胡同樣領出 9.6 萬美元，但這時帳戶有 23.4 萬多美元，等於八年時間賺了八萬美元，比定存高。但沒想到金融海嘯後，帳戶金額只剩下 18.5 萬美元。

老胡臉色鐵青，表示這樣的結果還是讓人感覺吃力，萬一再往下跌，未來日子可過得一點都不輕鬆。對於 2008 年底帳戶僅剩下 18.5 萬美元的狀況，老胡心裡並不踏實。

會有這樣的想法，代表 50％的股票比重還是高了一點，特別是處在退休的狀態，沒有工作收入了，就像中國人所說：人是英雄，錢是膽，把膽拿掉了，擔心難免。所以，最好的做法就是把股票部位再下降一點吧！

不過，當公布最後答案時，老胡叫了起來，原來截至 2015 年底，就算已經拿走了 192,000 美元的生活費，帳戶仍有 243,000 美

| 表 6-5-2 | 50%公債混搭 50%股票的投資壓力測試（每年再平衡）

年份	50% 標普 500		50% 公債		帳戶金額變動		
	報酬 (%)	帳戶金額	報酬 (%)	帳戶金額	年底金額	取出金額	餘額
1999	—	125,000	—	125,000	—	—	250,000
2000	-9.03	113,710	11.63	139,538	253,248	12,000	241,248
2001	-11.85	106,330	8.44	130,805	237,135	12,000	225,135
2002	-21.97	87,841	10.26	124,117	211,958	12,000	199,958
2003	28.36	128,329	4.10	104,078	232,406	12,000	220,406
2004	10.74	122,042	4.34	114,986	237,028	12,000	225,028
2005	4.83	117,954	2.43	115,248	233,202	12,000	221,202
2006	15.61	127,868	4.33	115,390	243,258	12,000	231,258
2007	5.48	121,971	6.97	123,689	245,660	12,000	233,660
2008	-36.55	74,126	5.24	122,952	197,078	12,000	185,078
2009	25.94	116,539	5.93	98,026	214,565	12,000	202,565
2010	14.82	116,294	6.54	107,906	224,200	12,000	212,200
2011	2.10	108,327	7.84	114,418	222,745	12,000	210,745
2012	15.89	122,117	4.21	109,809	231,925	12,000	219,925
2013	32.15	145,310	-2.02	107,741	253,052	12,000	241,052
2014	13.52	136,826	5.97	127,721	264,548	12,000	252,548
2015	1.38	128,015	0.55	126,968	254,983	12,000	242,983
2016	11.77	135,795	2.65	124,711	260,506	12,000	248,506
2017	21.61	151,099	3.54	128,652	279,750	12,000	267,750
2018	-4.23	128,216	0.01	133,888	262,105	12,000	250,105
2019	31.21	164,083	8.72	135,957	300,040	12,000	288,040
2020	18.02	203,974	7.42	123,765	327,739	12,000	315,739
2021	28.47	202,815	-1.67	155,233	358,048	12,000	346,048
2022	-18.01	170,235	-13.06	120,342	290,577	12,000	278,577
提款合計					276,000		
帳戶餘額					278,577		
總資產					554,577		

資料來源：作者

元，相當於獲利 19 萬美元，換算為報酬率，每年有近 5％ 的獲利率，像極了老母雞生金蛋一樣。但，這是我們常聽到的「有錢難買早知道」，當超過了自己的風險承受度，又遇到百年罕見的金融海嘯，一般人當然堅持不住。

方案❸ 股四債六的壓力測試

第三次測試股票部位下降到 40％，公債則提升至 60％。這下老胡臉上的神情一直都很正常，因為包括 2002 年第一次股災結束時，即便已經從中拿走了 3.6 萬美元，帳戶還有 21.7 萬美元，總資產為 25.3 萬美元，也就是遇股災，卻連一點皮毛都沒傷到，難怪心曠神怡。

來到 2008 年，從帳戶拿走了 10.8 萬美元的生活，但餘額還有 20.7 萬多美元。遇上兩次重大股災，許多人早已出局，但股四債六的配置，帳戶不但沒有虧損，還賺了 6.5 萬美元，雖說這樣的成績比公債差，但卻比定存好。

而截至 2015 年，老胡一共拿走了 192,000 美元當做生活開銷用，但帳戶餘額仍有 26.2 萬美元，相當於賺了 20 萬美元。而這樣的結果絕對可以讓退休族對未來生活充滿信心。

表 6-5-3 | 60% 公債混搭 40% 股票的投資壓力測試（每年再平衡）

年份	40% 標普 500		60% 公債		帳戶金額變動		
	報酬 (%)	帳戶金額	報酬 (%)	帳戶金額	年底金額	取出金額	餘額
1999	—	100,000	—	150,000	—	—	250,000
2000	-9.03	90,968	11.63	167,445	258,413	12,000	246,413
2001	-11.85	86,886	8.44	160,326	247,212	12,000	235,212
2002	-21.97	73,418	10.26	155,607	229,025	12,000	217,025
2003	28.36	111,426	4.10	135,554	246,979	12,000	234,979
2004	10.74	104,089	4.34	147,106	251,195	12,000	239,195
2005	4.83	100,304	2.43	147,005	247,308	12,000	235,308
2006	15.61	108,818	4.33	147,298	256,117	12,000	244,117
2007	5.48	103,002	6.97	156,679	259,681	12,000	247,681
2008	-36.55	62,859	5.24	156,396	219,255	12,000	207,255
2009	25.94	104,403	5.93	131,727	236,130	12,000	224,130
2010	14.82	102,939	6.54	143,273	246,212	12,000	234,212
2011	2.10	95,651	7.84	151,545	247,196	12,000	235,196
2012	15.89	109,028	4.21	147,058	256,086	12,000	244,086
2013	32.15	129,019	-2.02	143,493	272,513	12,000	260,513
2014	13.52	118,298	5.97	165,639	283,937	12,000	271,937
2015	1.38	110,275	0.55	164,060	274,335	12,000	262,335
2016	11.77	117,288	2.65	161,572	278,860	12,000	266,860
2017	21.61	129,806	3.54	165,784	295,590	12,000	283,590
2018	-4.23	108,641	0.01	170,171	278,812	12,000	266,812
2019	31.21	140,036	8.72	174,047	314,083	12,000	302,083
2020	18.02	213,918	7.42	129,799	343,717	12,000	331,717
2021	28.47	170,463	-1.67	195,706	366,169	12,000	354,169
2022	-18.01	174,230	-13.06	123,166	297,396	12,000	285,396
提款合計					276,000		
帳戶餘額					285,396		
總資產					561,396		

資料來源：作者
備註：標普 500 數據改用紐約大學，因此比較初版數據會有異動。

方案❹ 股六債四，期間不提款的壓力測試

對一個 40 歲的人來說，因為距離退休還有差不多 20 年的時間，倘公債持有比例為 40％、股票 60％，不需每年提款，此時對股災的承受能力將提高不少。以 2002 年股災後的帳戶金額來看，還有 217,000 美元，雖損失 33,000 美元，但損失幅度為 13％；至於 2008 年帳戶餘額 273,000 美元，23,000 美元的獲利儘管不高，但因為不需要從帳戶提款，相對比較有條件度過讓人難受的股災，堅持下去，到 2015 年就有 55 萬美元的豐碩收穫。

所以即將退休的前五年，投資組合設計必須考量每年從帳戶領取金額後對股災應變能力變脆弱的事實。除非別的地方有財源，可以優先動用，或降低提取金額，否則難以度過難關，當然也難以見到較好的投資報酬。

能夠不提款，幾乎不同比例配置產生的總金額，都會高於取款的部分，因為資金在帳戶裡可繼續發揮投資效果。所以每個人在退休前，都應該把握 20 年的投資黃金期，用平常心面對股市波動，一旦打下基礎，那麼接下來的退休生活就更有餘裕了。

你沒有學到的資產配置，巴菲特默默在做的事

表 6-5-4 ｜ 40% 公債混搭 60% 股票、期間不提款的投資壓力測試

年份	60% 標普 500		40% 公債		帳戶金額變動		
	報酬 (%)	帳戶金額	報酬 (%)	帳戶金額	年底金額	取出金額	餘額
1999	—	150,000	—	100,000	—	—	250,000
2000	-9.03	136,452	11.63	111,630	248,082	0	248,082
2001	-11.85	131,211	8.44	107,608	238,819	0	238,819
2002	-21.97	111,816	10.26	105,329	217,145	0	217,145
2003	28.36	167,231	4.10	90,419	257,650	0	257,650
2004	10.74	171,197	4.34	107,533	278,730	0	278,730
2005	4.83	175,323	2.43	114,201	289,524	0	289,524
2006	15.61	200,836	4.33	120,824	321,660	0	321,660
2007	5.48	203,581	6.97	137,632	341,213	0	341,213
2008	-36.55	129,895	5.24	143,637	273,532	0	273,532
2009	25.94	206,684	5.93	115,901	322,585	0	322,585
2010	14.82	222,238	6.54	137,473	359,711	0	359,711
2011	2.10	220,355	7.84	155,165	375,520	0	375,520
2012	15.89	261,115	4.21	156,532	417,647	0	417,647
2013	32.15	331,140	-2.02	163,684	494,824	0	494,824
2014	13.52	337,048	5.97	209,746	546,794	0	546,794
2015	1.38	332,600	0.55	219,921	552,521	0	552,521
2016	11.77	370,542	2.65	226,865	597,407	0	597,407
2017	21.61	435,888	3.54	247,422	683,309	0	683,309
2018	-4.23	392,656	0.01	273,351	666,007	0	666,007
2019	31.21	524,328	8.72	289,633	813,961	0	813,961
2020	18.02	576,401	7.42	349,743	926,144	0	926,144
2021	28.47	713,890	-1.67	364,271	1,078,161	0	1,078,161
2022	-18.01	530,391	-13.06	374,941	905,332	0	905,332
總資產							905,332

資料來源：作者

公債比重可按年齡做配置

從老胡的壓力測試可知，他無法承受60％股票與40％公債混搭的組合，相對來說，40％股票與60％公債的方案，最適合他。其實經過16年時間，兩者的金額差距只有10％（見表6-5-5），但因為在2000～2002年及2008年的關鍵時刻，差距遠大於10％，致多數投資人無法跨越這道牆。

有人問，為什麼過去16年（2000～2015年）間，保守的投資組合反而得到較高的報酬，例如方案❸投報高於方案❶，這是因為期間經歷兩次重大股災的緣故，此在未來未必會發生，而投資報酬終究會慢慢回歸到資產正常的歷史發展軌道上，也就是長期而言，股票的投資報酬高於其他資產。

| 表 6-5-5 | 不同比例股債混搭總表（2000～2015）

比例	年度報酬			不取款
	提款金額	帳戶餘額	總金額	
60% 標普 500，40% 公債	192,000	222,409	414,409	555,630
50% 標普 500，50% 公債	192,000	244,582	436,582	568,098
40% 標普 500，60% 公債	192,000	263,780	455,780	577,018

資料來源：作者

備　　註：表6-5-5中數據保留初版計算結果（本次增訂計算表6-5-1至5，由於標普 500數據改用紐約大學，因此比較初版數據會有異動）

你沒有學到的資產配置，巴菲特默默在做的事

上述方案❶使用的是股票60％、公債40％的比重配置，此適合年紀40歲左右的投資者。投資組合中公債的持有比例約等於投資者的年紀（見表6-5-6），投資者可依自己的風險承受能力，在公債的部分上下微調10％，例如40歲的人，如果覺得風險承受度較弱，公債比例可增加5～10％，若覺得風險承受度較高，那麼公債比例也可以下降為30％。

　　正常情況下，投資組合中公債應該擁有多大比例，從壓力測試可得到答案，不過此答案和上述的法則吻合，也就是老胡60歲，公債的最佳比重即為60％。

　　而前面的測試期間包含了兩次股災，所以，如果這個測試都能得到相符的結果，大部分情況下也都能通過考驗。講原則，一般都不會教人印象深刻，而透過壓力測試，以逐年的帳戶金額顯現，相信大家會有身歷其境的感受，對於股債配置比重也會有重新認識的體悟。

| 表 6-5-6 | 不同比例股債混搭總表（2000～2022年）

比例	取款			不取款
	提款金額	帳戶餘額	總金額	
60% 標普 500、40% 公債	276,000	264,162	540,162	905,332
50% 標普 500、50% 公債	276,000	278,577	554,577	865,039
40% 標普 500、60% 公債	276,000	285,396	561,396	882,683

資料來源：作者

1. 照理說，股票較高的投資組合承受的波動度比較大，相對的也要獲取較高的投資報酬。但是從之前初版 2000 ～ 2015 年的資產配置中，防守性較強的 =「40％ SPY，60％公債」表現比攻擊型資產配置「60％ SPY，40％公債」還要好。這個表現的解釋合理，因為 2000 ～ 2008 是兩次重大股災。

2. 時間拉到 2000 ～ 2022 年的資產配置，原本我們以為 2016 年之後的股市表現優於債券，應該可以逆轉，但是增訂版的數據測試下來，發現：防守性比例較高（40％標普 500，60％公債）的績效 561,396 美元依然領先攻擊型的資產比例 540,162 美元。

這裡有兩個值得你思考的問題：

1. 為什麼會這樣？

   給你一個提示：巴菲特的名言「投資三原則」，第一：不要賠錢，第二、第三：不要忘記第一原則。一次股災的重創，你要付極大的代價，像上述的例子：2000 ～ 2022 年，長達 23 年的時間，都還無法逆轉。這也是我們書上所說的：攻擊得分，防守獲勝。也可以再次印證，資產配置的做法可以達到穩健中成長的獲利方式。

2. 萬一真的碰上股災，上述的案例可以逆轉勝的，是有一招：那就是保持元氣的不提款方法。不是說你要用錢，不讓你用，而是，可以動用銀行的定存、保險單的借款，就是不要

你沒有學到的資產配置，巴菲特默默在做的事

殺在阿呆股，在股災來時還進行提款。在 2000 ～ 2022 年時，就看出效果了。不提款的攻擊型有 90 萬（905,332），優於防守型的 88 萬（882,683）。

| 表 6-5-7 | 投資組合中公債比按年齡分配原則

年齡	分配比例 %
40	公債 40 ／股票 60
45	公債 45 ／股票 55
50	公債 50 ／股票 50
55	公債 55 ／股票 45
60	公債 60 ／股票 40
65	公債 65 ／股票 35
70	公債 70 ／股票 30
75	公債 75 ／股票 25
80	公債 80 ／股票 20
85	公債 85 ／股票 15
90	公債 90 ／股票 10

 投資金句

投資組合中公債的持有比例約等於投資者的年紀，投資者可依自己的風險承受能力，在公債的部分上下微調 10%，例如 40 歲的人，如果覺得風險承受度較弱，公債比例可增加 5 ～ 10%，成為 45 ～ 50%；若覺得風險承受度較高，那麼公債比例可以下降為 30%。

6-6 紀律性地再平衡，除去貪與怕，賺錢不需頻頻回首

股債混合是資產配置中最簡單的策略，雖然簡單但頗具成效，可以處理 70 ～ 80％的股災衝擊。更重要的是，股債混合不但處理了股市短期波動的不穩定，也解決了許多人不敢參與股市、享受經濟成長的難題。但是投資者面臨的第二個挑戰，即各種資產都有鐘擺理論的現象，也就是沒有一種資產如股票或公債，可以一直上漲個不停，而完全不下修的。

大家都知道，投資的法則是買低賣高，但請問，什麼時候會低？通常是壞消息滿天飛的時候，資產價格才有機會被壓低，如果不在此時準備好資金進場，反彈也沒你的份；同樣的，資產價格在相對高點時，如果沒有賣出，那麼往後也就沒有資金可以購買價格相對低的資產。

終究所有資產都在動態移動，要解決這個難題的方法是，每年

年底回首做個平衡。什麼時間點最好？因人而異，但最好的時間點是年底，因為有年度報酬可做參考，加上年底為時間段落、讓人容易記起，又有假期方便做調整，因此是一個最佳的時點。

為什麼要做資產再平衡？

開車的人都知道，在路上跑難免碰到坑洞或顛簸，時間久了，前輪的方向就會出現些微偏移，需要做「前輪定位」的維修，讓前面兩個車輪吃力均衡，不會偏向任何一邊，以避免造成某一邊車輪的加速磨損。而資產配置的平衡就有點類似「前輪定位」，做法如下。

每一年做一次調整，把兩種資產年底帳戶混合加總之後的金額除以二，然後調整成原先股票公債各50％比重的配置；當然，如果風險測試最佳組合比例是股票70％、公債30％，則年底帳戶混合加總後的金額，還是70％分配給股票，30％分配給公債，以此類推。

此種平衡的動作每年重複，讓獲利或虧損的資產，都要回到原先設定的比例方向，除非風險承受度有改變或財務目標有調整。資產的再平衡有下列意義：

1. 紀律性的逢低補進

例如 2000 ～ 2002 股市持續重挫，這時公債剛好呈現相反的走勢，持續獲利，若能將公債賺的一些錢，部分轉移到股票，等於逢低補進，等到股市觸底反彈，就可發生極具效果的助力。就像當年西施的老公范蠡，冬天買絲綢，夏天置棉被，這種選擇低點進場的逆向操作方式，正是下一個獲利的重要來源。

2. 持續性移轉部分賺錢資產

股市裡最怕「貪」與「怕」，多數人都無法處理這兩個情緒問題，而再平衡的做法，可把賺錢的資產，持續性的移轉「部分」到虧損的資產。由於紀律性執行，因此可以把「貪」的因素摒除，也能做到危機入市，避開「怕」的情緒干擾。

從表 6-6-1 可以很清楚的看出，股災剛發生時，初期階段所做的平衡不但沒有效果，總資產還低於不做平衡，例如 2002 年做平衡只有 921,000 美元，低於不做平衡的 979,000 美元；2008 年做平衡為 103 萬美元，對比不做平衡的 1,225,000 美元更低。

然而隨著時間拉長，到 2015 年做平衡的總額成為 210 萬美元，不做平衡的則為 208 萬美元。短期間不做平衡獲利較高的原因，在於公債的表現亮麗，而資產若有較多的比重在公債，自然可以產生漂亮的獲利效果。但如同前述，沒有一個資產可以永久獨領

| 表 6-6-1 | 長期來看，做平衡比不做平衡更有效益

	60%股票＋40%公債投資績效（不提款）							
年份	投資報酬		不做平衡			做平衡		
			60% 標普 500	40% 公債	股票＋公債	60% 標普 500	40% 公債	股票＋公債
	標普 500	公債	帳戶金額	帳戶金額	年底總金額	帳戶金額	帳戶金額	年底總金額
1999	－	－	600,000	400,000	1,000,000	600,000	400,000	1,000,000
2000	-9.03%	11.63%	545,820	446,520	992,340	545,820	446,520	992,340
2001	-11.85%	8.44%	481,140	484,206	965,347	524,849	430,437	955,286
2002	-21.97%	10.26%	375,434	533,886	909,320	447,246	421,319	868,565
2003	28.36%	4.10%	481,907	555,775	1,037,682	668,934	361,671	1,030,605
2004	10.74%	4.34%	533,664	579,896	1,113,559	684,775	430,133	1,114,908
2005	4.83%	2.43%	559,440	593,987	1,153,427	701,255	456,800	1,158,055
2006	15.61%	4.33%	646,768	619,707	1,266,475	803,296	483,280	1,286,576
2007	5.48%	6.97%	682,211	662,901	1,345,111	814,248	550,500	1,364,748
2008	-36.55%	5.24%	432,863	697,636	1,130,499	519,560	574,504	1,094,064
2009	25.94%	5.93%	545,147	739,006	1,284,154	826,719	463,577	1,290,296
2010	14.82%	6.54%	625,938	787,337	1,413,276	888,910	549,872	1,438,783
2011	2.10%	7.84%	639,083	849,065	1,488,148	881,398	620,633	1,502,032
2012	15.89%	4.21%	740,633	884,810	1,625,444	1,044,423	626,107	1,670,530
2013	32.15%	-2.02%	978,747	866,937	1,845,684	1,324,563	654,714	1,979,277
2014	13.52%	5.97%	1,111,074	918,693	2,029,767	1,348,125	838,976	2,187,101
2015	1.38%	0.55%	1,126,406	923,746	2,050,152	1,330,370	879,652	2,210,022
2016	11.77%	2.65%	1,258,984	948,225	2,207,210	1,482,085	907,435	2,389,520
2017	21.61%	3.54%	1,531,051	981,792	2,512,843	1,743,537	989,643	2,733,180
2018	-4.23%	0.01%	1,466,287	981,891	2,448,178	1,570,540	1,093,381	2,663,922
2019	31.21%	8.72%	1,923,916	1,067,511	2,991,427	2,097,199	1,158,486	3,255,685
2020	18.02%	7.42%	2,270,605	1,146,721	3,417,326	2,305,416	1,398,903	3,704,319
2021	28.47%	-1.67%	2,917,047	1,127,571	4,044,617	2,855,363	1,456,983	4,312,345
2022	-18.01%	-13.06%	2,391,687	980,310	3,371,997	2,121,415	1,499,661	3,621,076

資料來源：作者

風騷，最後還是要回到合理的發展趨勢上。

2013 年就是股票和公債的拐點，股票交出了 32.39％的成績，公債卻出現了 14 年來的第一次虧損 -2.14％，若 13 年來都把公債的獲利，持續性的轉入股票，則在 2013 年的拐點上，終將出現回報。於是，2015 年才會出現做平衡的資產比不做平衡的多出了 20,000 美元。

3. 無需預測拐點

做平衡的方式，每年所顯現的結果未必都會比不做平衡的來得好，但長期下來，不會偏離投資者的風險承受度和一開始的策略，如此，將有助持續的朝目標前進。

畢竟任何資產都有可能漲過頭的情況出現，但，一般人不會知道什麼時候會突然煞車轉彎，因此最安全的方式就是每年小步小步的調整。當然最高段的人是在轉彎點處做調整（例如巴菲特），只是這種高手沒幾個，如果想要學這種招數，一則成功比不高，二則失去了紀律性平衡的整體意義。

4. 每年維持進可攻退可守的態勢

每年再平衡的做法，不會是滿壘揮出四分全壘打的狂喜，但是它將持續穩定的揮出安打來得分。每一年年底花不到十分鐘做計

算，做完之後便放心的讓資產跟著投資環境變動，無需每天頻頻回首的揠苗助長。由於投資有一定的步調，因而可將空出的時間，去經營人生的其他財富。

當然，若想要成績更上層樓，那麼在轉彎點或接近轉彎點時，就要借重巴菲特的兩個智慧：危機入市、對資產價值的精準判斷，此時可用小部分的資金，在關鍵的轉彎點上積極參與，如同巴菲特在 2000 ～ 2003 年高收益債最好的時間點介入一般。

對價值的判斷，需要較多的財經知識、一定的經驗和較多的時間參與，這個部分就留待有興趣的朋友去做功課。

截至初版時的數據是落在 2015 年，當時做平衡的金額是 2,210,022 美元，效果是優於不做平衡的 2,050,152 美元。時隔七年後，截至 2022 年，這個結論依然有效，也就是做平衡的是 3,621,076 美元，優於不做平衡的 3,371,997 美元。所以結論是，每年年底花個幾分鐘做個平衡，不是一開始就立即有效，但中長期還是有利的。

📢 投資金句

股市裡最怕「貪」與「怕」，多數人都無法處理這兩個情緒問題，而再平衡的做法，可把賺錢的資產，持續性的移轉「部分」到虧損的資產。由於紀律性執行，因此可以把「貪」的因素摒除，也能做到危機入市，避開「怕」的情緒干擾。

NOTE

你沒有學到的資產配置，巴菲特默默在做的事

第 **7** 章

資產配置
為何成功，為何失敗

在股海中航行，很多人不知道如何穩定獲利，了解資產配置做法後，股海不但有選擇，而且有很高的機會立於不敗之地，賺取獲利。

為什麼有些投資者還是會失敗？不是資產配置的投資策略無法成功，而是當股市晴空萬里時，許多人眷戀股票捨不得離開，以至於股災突如其來時，無法做出反應而嚴重虧損，這也失去資產配置的初衷。

7-1 第一時間 對風險主動控管

生命總會有諸多挑戰，那些嚇不倒我們的，是因為我們能正視和接受它，並且學著掌控它。

——安潔莉娜·裘莉

Life comes with many challenges. The ones that should not scare us are the ones we can take on and take control of.

—Angelina Jolie

2013 年 5 月 14 日，好萊塢影星安潔莉娜·裘莉在《紐約時報》投書發表〈我的醫療選擇〉（My Medical Choice），為了預防乳癌和卵巢癌，她陸續接受了乳房和卵巢摘除手術，引發全球性對乳腺癌的關注，《時代》雜誌更以她為封面，詳述安潔莉娜效應。

從新聞上的報導只知道她的家族有這樣的病史，也知道我們華人有這種基因缺陷的人較少，當時很難想像她做這樣的決定會不會太激進，安潔莉娜‧裘莉有美好的身材和傲人的雙峰，又是從事演藝工作，我想多數女人可能都無法做這樣的決定。然而看完了她那篇〈我的醫療選擇〉的告白，就會了解進而不會訝異她做這樣的選擇，看過那封投書的人，會有很不一樣的認知，她這個決定，幾乎也是成功投資者在做風險管控上的正確處理，絕對有巴菲特以上的水準，那就是面對風險，正視風險，而且是在第一時間就採取主動予以控管。

風險是一定存在的，選擇面對而不是逃避

40 歲的安潔莉娜‧裘莉和 26 歲環球小姐伍茲巴赫，同樣對乳房的看待，就如同巴菲特和一般投資者對風險的看待一樣，每一個人本身的條件不同，選擇處理應對的方式也有所不同，從她的告白書，你可以感覺，這篇告白書，理性感性兼具，相互輝映，她如果是在專業投資領域裡，也一定是風險控管的高手，安潔莉娜‧裘莉在告白書所說：「當我知道這一切事實時，我決定早一步行動，來降低一切可能罹癌的風險」，一般投資者都知道股價會波動，嚴重時股市下跌 50%，台股有些甚至高達 70 ～ 80%，但多數投資者會

想到預先防範嗎？如果是，採用什麼策略呢？難道只有停損這一個方法嗎？那麼資產配置會指出一個不同的設計藍圖。

安潔莉娜・裘莉選擇將這一切公開並分享這項消息，因為有許多女性不知道她們可能活在癌症的陰影之下（現代的醫學教育多數人都知道癌症可能隨時向自己襲來，雖然沒有立即的發生，但都會有這樣的認知，可惜一旦進入投資，多數的投資者第一個想到的是獲利攻擊而不是保護，甚至不知道處在股市震盪做出非理性的事實，沒有這樣的認知，又怎麼可能保護自己）。

她的療程首先進行的是「乳頭阻斷」術，醫師會將乳頭後的組織切除，並將較多的血管導向原處。手術帶來些疼痛，還留下不少瘀血，但是增加乳頭被保留下來的機率。投資組合做風險控管當然也會犧牲一些獲利，因為要做一些防禦和牽制，但是這個短暫的痛處，所付出的代價必然有它的目的，這個代價也終會在後面予以補償，就如同裘莉因為這個疼痛但免除了恐懼的陰影。

裘莉說她下定決心要切除自己乳房十分不容易，但接受手術，將罹患乳癌的機率從87％降到僅有5％，這個決定背後就有它數字的支持和意義，要做出這樣的決定就不會那麼掙扎了，這是她對風險的解讀和處理，在投資管理上，有幾次重大股災都造成股價50％以上的波動度，如果我們能透過不同資產的配置，讓投資組合的標準差下降（波動程度的下降），甚至只有在10％～15％的波

動，相信多數人都不會在接近谷底的時候卻棄船逃生而被淹沒。

風險有防範，人生投資立於不敗

　　股價波動所造成的標準差和貝塔值在巴菲特眼裡不是風險，但對多數投資者而言，股價50％的波動就是一個大問題，相信也是多數人難以承受的一個波動數字，縱然巴菲特不同意標準差和貝塔值，就如同也有許多人不認同裘莉的做法，但是當裘莉看到她有87％機率致癌時，她當然會做出她覺得最適當的風險控管的做法，是否過於激烈，當事者也有一定的評估，這是她覺得對風險最恰當的處置。

　　若罹癌機率87％時，如果你是當事者會不會做一些風險控管，還是當事情發生時才束手無策，同樣的，投資者若知道價格有50％波動的可能時，要不要做一些風險的控管，還是等它發生時束手無策，這是同樣的思考問題。醫學上的統計數字顯示裘莉缺少BRCA1基因，它所提供的資訊讓裘莉做出她覺得最適合的治療行為，而標準差也提供了我們對投資組合績效之間震盪的範圍，進而「提前」做出適合自己的風險控管。

　　人生的許多道理是相通的，對罹癌風險的控管，還包含了飲食、運動、心情、避免過胖及戒菸與戒酒等生活習慣，這些都如同

在投資組合中預先做到風險的控管和規劃，包含了有正確的理財觀念、選對了正確的理財工具和選對正確的投資市場，它才能產生良好的結果，對自己健康的經營和管理跟投資的風險控管是一樣的邏輯和道理。

根據 WHO（世界衛生組織）調查資料指出，每年死於乳癌的人數就高達 458,000 人，台灣有上百萬的投資者因為不懂得風險控管，也不懂得資產配置不敗投資術，在投資領域虧損的也不下百萬，所以理財投資這樣的教育，影響的人數恐怕也不亞於乳癌的患者。

許多投資者有時候像一葉扁舟在股海中航行，不知道何處是岸，也不知道如何在股海中穩定的獲利，而如果懂得了資產配置和它的運用，就如同裘莉希望女性能夠接受檢測，至少知道她是有選擇的，而資產配置了解它的做法後，股海不但有選擇，不再隨波逐流，而且有很高機會立於不敗之地進而獲利，資產配置也是如此，一旦了解了它的理論、精髓和應用，不但有選擇權，而且也不再是股海中一葉扁舟。

投資者都知道股價會波動，嚴重時股市會下跌 50%，甚至有些高達 70 ～ 80%，但多數投資者沒有想要預先防範，等到發生時才覺得束手無策。如果懂得資產配置的運用，在股海中就不會隨波逐流，而且有很高的機會立於不敗之地。

攻擊得分，防守獲勝

$\Large{你}$認為得分重要，還是得勝重要？兩者都重要，沒有得分也很難得勝，但是如果防守潰敗，要得勝的困難度更高，特別是投資管理，最終還是得勝為重，天底下的道理常是相通的。

你喜歡球賽嗎？以籃球為例，2014 年的夏天，有兩位籃球身價極高的球員回到了自由賽場，休士頓火箭隊送出林書豪，和洛杉磯湖人隊明星科比（Kobe Bryant）有機會搭檔，大家關注華人之光林書豪，能否浴火重生，還記得 2012 年 2 月賽前，記者訪問科比，是否知曉正興起的籃球之星林來瘋，科比說他不知是誰，結果兩隊相逢，林書豪 38 分帶領尼克隊取勝，技壓小飛俠科比．布萊恩，這也是林書豪籃球生涯中一個經典之賽，帶領尼克隊終止了對湖人的七連敗。

籃球迷都知道，38 分是一個極高的分數，但籃球不是一個人的比賽，光是攻擊未必獲勝，2005 年 12 月 16 日 NBA 騎士隊的明星後衛「小皇帝」勒邦．詹姆士（LeBron James）威風八面，拿下

了 NBA 當時賽季最高的 52 分，但他的騎士隊仍然敗給了密爾瓦基公鹿隊。個人得分飆升時，卻不能給球隊帶來勝利，2005 年 12 月 10 日也是騎士隊對公鹿隊的比賽，也創下了單場個人 52 分，這樣的結果並沒有讓勒邦・詹姆士高興，因為騎士隊最終以 106 比 111 輸了比賽。個人得分飆升，並不能為球隊帶來勝利。

成功的資產配置需要「攻擊＋防守」

為什麼會輸球？雖然勒邦・詹姆士的個人進攻得分能力強，但整個騎士隊的防守比較弱。可見防守的重要性，相同的道理，股市的發展趨勢，不是只有一路往上，永不停歇，有上漲的牛市，就有伴隨下跌的熊市，所以在股市的管理中，不只需要攻擊，還需要防守。

棒球迷也都有各自喜歡的球隊，美國每一個城市，各有他們驕傲的球隊，例如紐約的洋基，波士頓的紅襪，李安當年在紐約闖天下，則偏好大都會（MET），那年我觀看美國網球公開賽，為台灣來的兩位女將謝淑薇、詹詠然加油時，旁邊就有專程從台灣來的球迷，而且看完網球賽以後，要趕去另一邊的棒球場為台灣來的王建民加油。

球評分析洋基（Yankee）在 2009 年會贏的原因，認為防守的

改進是主因之一，就像光芒在 2008 年也是靠防守才贏了美聯冠軍。水手在 2009 年的戰績突飛猛進，從 2008 年只贏 61 場，到 2009 年贏 85 場，這最大的原因是水手在 2009 年有全大聯盟最佳守備紀錄。

明瞭防守的重要，大家也就能了解守備優越，但打擊平平防備強的球員，都有球隊要他們，反而打擊強，守備中等的球員比較難找到球隊。

防守的重要性跟資產配置有什麼關係呢？能夠防守就有機會立於不敗之地，如果又能在關鍵時刻適度的發動攻擊，那就兼具了得分和得勝的條件，這也就是資產配置在投資上具有成功的基礎。

這成功的基礎有哪些呢？

成功關鍵❶ 防守底線，在穩定中求成長

資產配置是一個穩定中求成長的投資策略，特別是當地球變成村落，網路時代來臨時，資訊傳播得非常快，做成決策和下單買賣的速度也加快了，做個簡單的比喻，以往的股災多是輕度到中度颱風，未來的發展由於投資者貪怕情緒的作祟，加上網路快速和大量的渲染，都會加速且大量的朝同一個方向移動，這三個因素貪怕、速度、大量一集合，就變成強烈颱風，所以許多投資者可

能一次重擊，就倒地不起，而資產配置就如同拿下法網大滿貫的華裔張德培，還有喬克維奇（Novak Djokovic）和費德勒（Roger Federer），這些人都有底線防守的扎實能力，守得四平八穩，每一個球幾乎都可以回擊，所以要一刀斃命並不容易。

成功關鍵 ❷ 克服人性三道難題

　　資產配置因為穩定，投資者就不容易因驚慌而嚇出局，其實百年的華爾街就三個天敵，貪、怕、沒有耐心，如果充分的了解資產配置這樣的策略，它的優點和限制，特別是限制（沒有一個投資策略完美到沒有任何缺點和限制），之後，通常願意採取這樣策略的人，心態上就比較不貪，解決了上述第一道（貪）的難題，如果一開始經過規劃設計，風險的承受和股價的震盪在可以承受的範圍，就不會驚慌，解決上述第二道（怕）的難題，而資產配置這一類族群，如果了解這個投資策略的限制，通常會追求合理的投資報酬，所以也比一般投資者有耐心，解決了上述第三道（沒有耐心）的難題。

　　最擔心的是，使用資產配置這個策略的投資者，不是那麼充分了解這項策略的優點、缺點和使用上的限制，一開始就糊里糊塗的採用這個方式，跟自己的預期產生了落差，而提前出局，但如果透

過教育有充分的了解之後，反而可以把這個策略用得虎虎生風，這就是為什麼我們要較多圖表說明，目的就是希望投資者從半知半解，被動銷售的情況下，提升到充分了解，才可以把這個工具使用得淋漓盡致。

成功關鍵❸ 攻守靈活轉換

這個策略也可以發揮攻擊的力道，產生得分，但不同的是，一般投資者在股市投資，一開始養成的習慣是攻擊再攻擊，但是碰到一個不可預期的股災或突來的海嘯，就不見得有老手們可以立即回防的能力。

股市裡永遠有許多，不是你所能預期和掌控的因素，突然而至，而資產配置是採取彼此有負相關的不同資產，所做的組合策略，例如某一個資產如股票下跌時，其它如公債、房地產或商品之類的資產則呈現走勢上揚的，因為要股票和公債同時下跌的時間固然有，但機率相對少，也就是攻擊和防守都存在的一個配置。

一般投資者養成的習慣是攻擊再攻擊，碰到困難可能全軍覆沒，而資產配置的做法則是相反，先防守，後攻擊，或防守攻擊同時並重，在狀況適合的時候，原先的防守部位，就可以轉化成攻擊，例如股票下跌，但是公債持有的部分可能獲利上揚，公債部

分不但沒有虧損，而且還有獲利，這個獲利的部分，就可以掉頭轉向，把資金投注在股票虧損下跌的部分，作為一個支撐，也等於對股票的逢低加碼，危機入市，可以說，資產配置一開始就是保持防守與攻擊並進，再找時間轉向攻擊。

　　基於以上這幾項因素，資產配置的成功基礎，就要比一般投資來得穩固，但是這個投資策略也有缺點，會讓人產生錯覺和迷失。

 **投資金句**

一般投資者養成的習慣是攻擊再攻擊，一旦碰到困難可能全軍覆沒。一場球賽中，能夠防守，就有機會立於不敗之地，如果能在關鍵時刻適度發動攻擊，更是兼具了得分和獲勝的條件，這也是資產配置在投資上可以成功的基礎。

7-3 做好準備
擺脫分手後思念的宿命

資產配置失敗的原因，是因為它長得太醜，但投資者卻不知道它的溫柔。早年大家上菜市場，喜歡買長得極為漂亮的蔬菜水果，這幾年大家開始轉向有機農業，不知道你有沒有發現，有機農業產品都長得有點抱歉，但是價值優越，這些沒有農藥或不是那麼好看的，但它有價值，可是如果你不了解有機農業種植的困難和價值所在，可能就不會選擇，這也是資產配置的宿命，長得實在抱歉，但就是一開始沒選上它，碰到股災就只能後悔。

你一定聽過這樣的故事，有位總經理招募特別助理，應徵三位小姐，第一位測試外語能力，第二位考應對進退，事情分配協調的能力，第三位則考她相關的專業，你猜最後總經理選擇了誰？結果是身材最好的那一位。這當然是心口不一的笑話，知道卻做不到，也是資產配置的宿命之一，因為這是猶如購買保險，必須在沒有發生之前就投保，在你沒發生事情之前每家公司都搶著要你，發生事

情了就少有公司想做你的生意。

股市下跌時你怎麼保護你自己

　　資產配置之所以容易失敗的主要原因，不是它的投資策略無法成功，當股市晴空萬里適合遠航的時候，許多人都眷戀在股票捨不得離開，因為這時候的獲利極為驚人，資金全部投入之外，還恨不得再融資加碼。

　　例如 2013 年美股標普 500 交出了 32％的投資報酬，而巴克萊指數公債還虧損 2.02％（10 年期公債指數虧損更多達到 -9.1％），以 10 萬股債各半的投資而言，只有 50％的股票資產能獲利，另外 50％則是公債持有，那年是虧損。

　　這時候多數的投資者都會想，2013 年只有股票投資部分貢獻 16％（50％ ×32％），公債部分虧損了 2.02％，成績被拉了下來，兩者股債混合只得到 15％的投資報酬（50％ ×32％＋ 50％ ×(-2.02％)＝ 15.00％），等於是股債混合的策略在 2013 年，和持有 100％股票的投資者相比，獲利一半都不到，多數人一看這樣的數字，就可能不會想要使用這種股債混合的保守策略。

　　但是我們再回頭看一下金融海嘯時的 2008 年，如果是股債混合，標普 500 下跌 37％，而公債上漲 5.24％，10 年公債上漲更高

達到 20.10％，是的，你沒有看錯，這兩者有 57％ 的差別，股票跌 -37％，公債上漲 20％，如果全部是股票，這下子可麻煩了，下跌 37％，以 10 萬美元來講，只剩下 63,000，你用直覺猜一下，股市要再上漲多少才可以回到原先的 10 萬，恢復元氣？答案是 59％，下跌了 37％，卻要用將近 60％ 的反彈才能打平，這超過許多人的認知，要上漲 59％ 並不是一件輕鬆和簡單的事。

但股債混合這時就完全是一個不同的故事了，五萬美元 50％ 的資金下跌 37％，資金變成 31,000，而另外一半的資金放在公債指數基金（代號 BND 或 AGG），公債部分不但在金融海嘯期間沒有下跌，還上漲了 5.18％，這時五萬美元公債部分的資金將會變成約 53,000（50％×(1 ＋ 5.05％)），兩部分加起來，股債混合的總資產變成 84,000，等於虧損了 15.91％。同樣的，請用直覺猜一下，股市要回彈多大的比例，才可以回到原點？

答案是 19％，兩相對比，全部以股票持有的資產，碰到 2008 年金融海嘯時，幾乎要回彈 60％ 才能回到原點，而股債混合只要回彈 19％ 就能回到原點，你說哪一個容易回到原點重新發動攻勢呢？答案很清楚，是股債混合這樣一個投資策略。

失敗的關鍵在心理因素

　　這個情形也適用於 2000 年和 2003 年的高科技泡沫股災。把時間拉得更長做個回顧，那麼過去 10 年、20 年、30 年，這種資產配置的混合投資報酬，就會有得到一個不同的風貌，因為從 2000 年開始到 2008 這 10 年有兩次重大股災，又碰到公債的牛市（漲勢），所以公債的部分發揮了極大穩定、平衡甚至發動攻擊的作用。

　　長期而言，股票這項資產的投資報酬是優於股債混合的這種資產配置的，但重點是，不是每一個人都可以承受股票這種劇烈的上下震動，所以在大幅的震盪轉彎點，很多人承受不了，而在谷底賣出。地球村的時代資訊快速的傳播，全球股價可以在瞬間大幅波動，而股市最大的缺點，就是短期的劇烈震盪，長期股市反而安全，但是你如果無法靠近股海，就失去了參與經濟成長的獲利機會。

　　從上面的分析看來，資產配置在投資領域最終可以獲得勝利，那資產配置會失敗的原因何在？這有幾點因素：

因素❶ 知道卻做不到

　　有人說，兩歲小孩知道的道理，80 歲的老人未必做得到，就

如同前面的故事，總經理挑助理難道不知道專業的重要？但最後選擇一個身材最好的，你知道資產配置的好，不是在太平盛世，也不是在股市一帆風順，而是在股災發生時，簡單的說，平常你是「不屑」於資產配置這種簡單的操作模式，所以是知道，但做不到。

因素❷ 無法有紀律地進、出場

這有點像灰姑娘參加盛宴一樣，要在午夜鐘聲 12 點以前離場，要在宴會高潮前懂得離場，這不是件容易的事，除非你有相當強的自律性，同時還洞悉股市的合理價格和經驗，這種失敗的原因，就像許多人買保險一樣，沒有發生前不會感覺它的好，等發生了才發現沒來得及買，也像所有戀人一樣，思念總在分手之後。

因素❸ 高估自己的承受力

另外一種會失敗的原因，是一開始對自己的風險力，沒有做過清楚的估算和分析，原以為自己可以挑 80 公斤重擔的，發生時才發現連 40 公斤都挑不起，所以在資產配置比例上，股票部分資產比例偏高，在股市成績表現好時，捨不得降低股票的持有比例，在風平浪靜時高估了自己的承受力，碰到股災時，才發現超乎了自己的承受，在谷底賣出去，再懊惱的看到股市回升……

加強認知才是上上策

　　所以說不是資產配置這個策略無法成功，無法成功的原因是在於先前的了解不夠，包括只看到這個策略的優點，卻不願意同步的接受這個策略的缺點和限制，同時也不了解自己的承受力，所以沒有做出一個恰當的比例配置，執行策略的人才是失敗的主要因素。

　　要解決這種思念總在分手後的失敗的宿命，要做以下功課，加強認知：

認知① 不貪一時之快，唯有穩健獲利才是長遠之道

　　資產配置會失敗不是它的理論經不起考驗，而是投資者的認知出了問題，這個認知錯誤包含了資產配置的計畫也有它的限制，不是萬能的。股市跌時，資產配置可以表現出它防守的優點，因為採取這個方案，眾人皆賠你獨賺或不賠，彷彿夜光中的寶玉璀璨奪目，你會喜歡這樣的操作，但是一旦股市上漲時，這當中會有一兩個資產有所牽制或落後，這時候平穩的優勢在你眼中就不再是優點，相反的如眼中釘，必除之而後快。

　　如果不能認清這個限制，經常會造成計畫被棄置，所以不是計畫錯了，而是執行不力。請記住，資產配置這個策略，績效無法在每個時段都超越股市，但中長期而言，是一個穩中求獲利的良

好策略。

認知② 誰能在轉彎時不摔跤，誰就贏

資產配置這種策略彷彿是龜兔賽跑的寓言，一開始就要充分了解，不是贏在起跑點，而是贏在轉彎點，也彷如是賽車，不是看誰起跑得快，而是看誰在轉彎處不出事，賽車一時的領先，還不算數，終場的領先才是關鍵，有了這樣的認知，你才有機會完整的看待資產配置的優缺點，了解了這個策略的限制，你才會充分完整的使用這策略的優點。

簡單地說，因為一開始有一部分資產放在防守，所以剛開始成長的力道，也就是第一個階段的攻擊，顯得並不出色，沒有全部都在股市這樣的激情。一開始落後，轉彎時，當大家都摔得人仰馬翻時，你輸的一次全部贏回來。

認知③ 找到壓力承受區

找到最適合自己的壓力承受區，這是一個非常重要的工作，能有專業人士如財務規劃師來協助最好，但不見得每個人都有機會碰到，所以我用一件個案，模擬了過去 10 年股災的結果，可以借這個個案，找到一些參考坐標，經過壓力測試之後，可以大約找到自己風險的測試區，因為事先有了準備，股災來臨時，就有回防的實

力和發動攻擊的資金。

熊市來臨時經常有超跌的現象，那個超跌時尾勁的力道，會讓許多投資者在最後一分鐘放棄了。沒有等到股市的反轉，又改變方向，而可能造成更大的損失，所以確切了解自己風險的承受力是一件重要但不容易精準判斷的一項資訊，這個部分透過壓力測試可以有較精準的反應。這個測試以高科技泡沫和金融風暴這兩次股市重挫數據，來測試自己是否可以接受這樣的跌幅。

認知❹ 轉彎點出現時，加強回擊力道

股災來臨時，就是一個賽車轉彎點的機會出現，也是資產配置有機會超前的關鍵時刻，這時除了每一年例行的再平衡調整動作以外，還可以或多或少依個人覺得適宜的比例提高股票的持有比例，來充分發揮回擊的力道。

2008 年金融海嘯一過，市場出了幾本資產配置討論的書，寫得都很好，但可惜出書的時間點，如果能夠提前一年出版，那就更好了，通常當這種資產配置的書籍出來時，球的方向已經移動了，這種資產配置的理念，永遠給投資者一種感覺，是遲到而不是早到，但就算當時提前出現，投資者真能懂得借重和利用嗎？多數還是不會，因為股市正酣，沒有人會想去買保險，這就是投資人陷入（思念總是在分手後）這種宿命的原因。

隨著全球股市連動性緊密的時代，股災的來臨也像四季的循環無法避免，而資產配置還是多少可解決股災突如其來的難題，為了避免下次再度遲到，最少有些投資部位應該考慮資產配置這種策略，不然下次你又有同樣的感慨。

 **投資金句**

資產配置這種策略彷彿是「龜兔賽跑」的寓言，一開始就要知道，不會贏在起跑點，終場的領先才是最後贏家。有了這樣的認知，投資者才能充分使用資產配置的策略，下次股災來臨時才不會陷入「思念總在分手後」的感慨。

7-4 檢驗，讓你看得更清楚

有人說實踐是檢驗真理的唯一標準，再多的理論探討，都要經過實驗的印證，才能檢驗這理論管不管用，下文這封信的背景，也可以印證我們整本書，所提的觀念和做法是否管用，而且是否能以簡馭繁。

提出這個投資組合是在 2015 年 4 月 27 日台股再度登上萬點後，接受國內一家媒體採訪，我認為成功的投資一定要有一個系統方法，不管複雜還是簡單，這樣才可以在這個基礎上做修正和進步。所以當記者問我這次的萬點是否可以進場，我提出兩點回應。

首先，當時景氣信號是黃藍燈，符合進場的條件，但令我關切的是，在景氣信號九項指標裡，除了股價指數這指標是上揚以外，其它的製造、外銷指標都在下滑，顯得基礎有些薄弱。

但是如果不進場，就違反了我第一本書所訂定的規則，推翻規則當然也可以說這是審時度勢，因有些經濟數據引起我的關切，但

如果每一套方法都要投資者看著辦，那就規則不明，這不是一個好的系統方法，所以我認為，依照我們的模型可以進場，但把原本進場的次數 10 次改成 15 至 18 次。

其次，資產配置中加入新的元素，台股、美股和美國公債的混搭，不過記者可能限於篇幅沒有完整呈現我的關切，所以五月份我在粉絲專頁做了一點補充，也是分享。

事後台股有近 20% 的修正，形成一個小股災，如今回頭一看，更有檢視的意義，在 2016 年《錢雜誌》阿甘一封信的專欄中，和年輕朋友的討論中做了這個檢驗，截至 2015 年 12 月底，手邊還有近 46% 的現金，如果顧慮 2016 年全球經濟的下滑，這麼多的現金還可分成更多的批次進場，維持在進可攻退可守的態勢，除了試算表的價格更新到 2016 年 2 月 22 日，其它的就是原稿的呈現。

截至 2016 年 2 月 22 日美股由高到低這一波修正近 8.5%，台股修正近 17%，而使用書上觀念所做成的投資組合，截至 2015 年底虧損 0.53%，截至 2016 年 2 月 22 日虧損 0.89%，都在 1% 之內，而且還保有相當的現金可以逢低補進。

同時間，美國許多一流公司例如迪士尼（Walt Disney Co）這陣子從高到低已經下跌 20%，2015 年至 2016 年 2 月美國銀行（Bank of America）則從高到低修正 48%，還有能源和生技藥業重挫都超過 20% 以上，有幾個產業已經有熊市的跌幅，而我們目

前台股美股和美國公債的混搭，還可以很神閒氣定的等著黑天鵝的到來，所花的時間一年不超過 30 分鐘，這樣的投資策略，可以挑戰任何一個專業經理人。

以下信件做了些許補充，但近完整的呈現，是個案，也是我們這本書的檢驗。

佛翰：

有人說情人節是燒真錢說假話，清明節是燒假錢說真話，那有沒有一個節日是燒真錢說真話的呢？每年感恩節到新年的這段期間，走進任何商家都是聖誕節的音樂，我那天走過社區的院子，看見老美紅磚堆砌的煙囪，上面掛了一個非常明顯的聖誕老公公的襪子，夜裡的燈光襯托著，告訴小朋友聖誕老人就是從這個地方送禮物進來的。

這段期間真的是家家戶戶為親朋購物，哪怕是再小的禮物都有一份心意，我認為這算是一個燒真錢說真話的節日。既然是說真話的日子，今天告訴你的這個操盤心得雖不會讓你一夜致富，但絕對也是貨真價實。

對的模糊，勝過錯的精準
好的投資策略就算判斷失誤時仍可有彌補的機制

前幾天我在粉絲專頁上發表了一篇短文，題目是「你缺的是好的決策，不是一大堆資訊」，現也想跟你分享一番，我甚至花了一些時間把裡面的方法用數字做分析，你會發現，台股重挫 2,000 點修正了 20％，這個組合幾乎還沒有什麼影響，這戰略既有資產配置的布局，也有阿甘投資法的精神，還有台股美股混搭以及台股搭配經濟景氣燈號的這三種操作的結合。

台股從我發表短文開始經過市場 20％ 修正，這個操作成績能不賠或小賠，我認為就是很好的決策，就符合巴菲特曾說過的「寧可對的模糊，也不要錯的精準」。

當時台股一萬點進場是根據景氣燈號的標準操作，雖然回頭看是判斷錯誤，但整體的投資組合布局卻沒有什麼損失，好的決策一個就管用，判斷錯誤還不會受傷，而且還可以獲利就是一個好的決策。

許多投資者不在制高點的策略上用心，也看不上資產配置的獲利緩慢，以至於賠錢的人多，其實資產配置看似保守，但會懂得活用，是會發揮一定的攻擊力度，只是多數人不懂得利用而已，這說明了「戰術上再輝煌的勝利也不能彌補戰略上的錯誤」。

那天我看了一篇報導，美國有財經從業人員說，華爾街有60％的人在壓力下都可能變成性無能，這無法求證，但他寓意這個行業壓力之大，巴菲特每天跳踢踏舞上班，光這份優雅和懂得把握他的優勢，讓工作壓力下降到最低，這個特質恐怕就是所有從事財經的人員應該要學習的。特別是你也有意進入這個財經界，那就更值得找到好的投資策略，可別美金還沒賺到，卻賠上了健康。

今年冬天（編按：這封信作者寫於 2015 年），此刻我在美東閉關寫的書就是這方面的題材，到時再和你分享更多的內容，你可以和你們財務工程學系的所學作比較，我在理論基礎上也加了一些個人實務觀察上的變化。

資產配置的投資結果，經得起驗證

現在就用一個實例來印證今年 5 月我的一個投資決策，何況到了 2015 年 12 月我們還保有了 46％的現金，進可攻退可守，給你寫信時正是美國中央銀行開會的前夕，是否調息許多人似乎過度緊張，而我們還有較充裕的資金做回應，此刻我也稍微能夠捕捉到巴菲特那一點在操盤時的平和沉穩，從容優雅不也是一種財富嗎？

以下就是結果和實例，到 12 月中旬的結果驗算下來只有虧損 0.53％，資產配置有很多方法，我們選擇了年紀作為考量的布局，年紀＝公債的持有比例，以 40 歲為例，策略如下：

1. 資金 100 萬，美國投資級公債 40％（代號 BND），股票 60％；

2. 股票部分台股美股混搭，30％是美股標普 500（代號 SPY），30％是台灣 0050；

3. 每個月景氣燈號黃藍燈和藍燈進場，黃紅燈則分三次出場，完整的理論和操作請參考書中的說明；

4. 2015 年 5 月份我接受台灣某媒體採訪，內容很多，有幾句關鍵的看法，記者當時未必感受到，沒有完全寫入，我在臉書粉絲專頁提到台灣經濟數據當時並不理想，所以把實施進場的次數從 10 次延長到 15 次，公債每次進場 $26,667（$400,000 / 15 次），標普和台股 0050 則都是兩萬（$300,000 / 15 次）；

5. 美股如果下跌 10％，加碼一次，標普 500 由兩萬變成四萬。

表 7-4-1 | 公債、台股、美股 資產配置的投資績效

項目 月份	40% 公債 （代號 BND）			30% 美國標普 500 （代號 SPY）			30% 台灣 50 （0050）		
	資金	價格 （美元）	數量	資金	價格 （美元）	數量	資金	價格 （美元）	數量
2015 年 5 月	26,667	82.31	10.12	20,000	211.13	2.96	20,000	71.10	281
2015 年 6 月	26,667	81.25	10.26	20,000	205.84	3.04	20,000	69.40	288
2015 年 7 月	26,667	81.78	10.19	20,000	210.50	2.97	20,000	66.15	302
2015 年 8 月	26,667	81.44	10.23	40,000	197.66	6.32	20,000	62.30	321
2015 年 9 月	26,667	81.91	10.17	20,000	191.63	3.26	20,000	62.40	321
2015 年 10 月	26,667	81.78	10.19	20,000	207.91	3.01	20,000	63.20	316
2015 年 11 月	26,667	81.28	10.25	20,000	208.69	2.99	20,000	61.20	327
2015 年 12 月	26,667	80.75	10.32	20,000	203.84	3.07	20,000	60.75	329
2016 年 1 月	26,667	81.72	10.20	20,000	193.72	3.23	20,000	59.95	334
2016 年 2 月 22 日		82.03			194.75			60.85	
現金	160,000	—	—	100,000	—	—	120,000	—	—
合計	400,000	—	91.94	300,000	—	30.84	300,000	—	2,819
股利	1,394（利息）			933			3,660		
總資產	402,724			293,157			295,223		
總報酬	-0.89%								

說明：1. 2015 年 8 月下跌超過 10%，標普 500（SPY）進場加碼

2. 美國投資級公債殖利率以 2.24% 計，標普 500 股利以 2% 計，台股 0050 股利以 3% 計，台股 10 月發放股利，美股每季度發放股利

3. 台幣與美元匯率以 30:1

表 7-4-2 公債、台股、美股 資產配置的投資績效

年份	40% 公債 （代號 BND）			30% 美國標普 500 （代號 SPY）			30% 台灣 50 （0050）		
	資金	價格 （美元）	數量	資金	價格 （美元）	數量	資金	價格 （美元）	數量
2015 年 5 月	26,667	82.34	10.80	20,000	211.14	3.16	20,000	71.1	281
2015 年 6 月	26,667	81.26	10.94	20,000	205.85	3.24	20,000	69.4	288
2015 年 7 月	26,667	81.81	10.87	20,000	210.50	3.17	20,000	66.15	302
2015 年 8 月	26,667	81.44	10.91	40,000	197.67	6.75	20,000	62.3	321
2015 年 9 月	26,667	81.93	10.85	20,000	191.63	3.48	20,000	62.4	321
2015 年 10 月	26,667	81.79	10.87	20,000	207.93	3.21	20,000	63.2	316
2015 年 11 月	26,667	81.3	10.93	20,000	208.69	3.19	20,000	61.2	327
2015 年 12 月	26,667	80.76	11.01	20,000	203.87	3.27	20,000	60.75	329
2016 年 1 月	26,667	81.73	10.88	20,000	193.72	3.44	20,000	59.55	336
2016 年 2 月	26,667	82.25	10.81	20,000	193.56	3.44	20,000	61.25	327
2016 年 3 月	26,667	82.81	10.73	20,000	205.52	3.24	20,000	64.65	309
2016 年 4 月	26,667	82.97	10.71	20,000	206.33	3.23	20,000	61.6	325
2016 年 5 月	26,667	82.8	10.74	20,000	209.84	3.18	20,000	63.15	317
2016 年 6 月	26,667	84.3	10.54	20,000	209.48	3.18	20,000	65.45	306
2016 年 7 月	26,667	84.64	10.50	—	217.12	—	20,000	68.55	292
合計	400,000	—	162.08	300,000	—	49.18	300,000	—	4696.29
提款合計 (利息)	5,769			4,187			6,771		
帳戶餘額	411,563			320,327			321,931		
總資產報酬	5.38%								

說明：1. 2015 年 8 月下跌超過 10%，標普 500（SPY）進場加碼

2. 美國投資級公債殖利率以 2.24% 計，標普 500 股利以 2% 計，台股 0050 股利以 3% 計，台股 10 月發放股利，美股每季度發放股利

3. 台幣與美元匯率以 30:1

年份（月底投入）	40% 公債（代號 BND）					30% 美國標普 500（代號 SPY）					30% 台灣 50（0050）				
	資金（股利再投資）	價格（美元）	股數	累積股數	股利（美元/股）	資金（美元）	價格（美元）	股數	累積股數	股利（美元/股）	資金	價格（美元）	股數	累積股數	股利（美元/股）
2015 年 5 月	26,667	82.34	10.80	10.80	0.166	20,000	211.14	3.16	3.16	1.030	20,000	71.1	281	281	
2015 年 6 月	26,668	81.26	10.94	21.73	0.163	20,003	205.85	3.24	6.40		20,000	69.4	288	569	
2015 年 7 月	26,670	81.81	10.87	32.60	0.169	20,000	210.50	3.17	9.56		20,000	66.15	302	872	
2015 年 8 月	26,672	81.44	10.92	43.52	0.168	40,000	197.67	6.75	16.31	1.033	20,000	62.3	321	1,193	
2015 年 9 月	26,674	81.93	10.85	54.37	0.164	20,017	191.63	3.48	19.79		20,000	62.4	321	1,513	2
2015 年 10 月	26,676	81.79	10.87	65.24	0.169	20,000	207.93	3.21	23.00		23,027	63.2	364	1,878	
2015 年 11 月	26,678	81.30	10.94	76.18	0.167	20,000	208.69	3.19	26.19	1.212	20,000	61.2	327	2,205	
2015 年 12 月	26,679	80.76	11.01	87.19	0.230	20,032	203.87	3.28	29.47		20,000	60.75	329	2,534	
2016 年 1 月	26,687	81.73	10.88	98.08	0.174	20,000	193.72	3.44	32.91		20,000	59.55	336	2,870	
2016 年 2 月	26,684	82.25	10.81	108.89	0.165	20,000	193.56	3.44	36.35	1.050	20,000	61.25	327	3,196	
2016 年 3 月	26,685	82.81	10.74	119.63	0.173	20,038	205.52	3.25	39.60		20,000	63.2	309	3,505	
2016 年 4 月	26,687	82.97	10.72	130.35	0.164	20,000	206.33	3.23	42.83		20,000	64.65	325	3,830	
2016 年 5 月	26,688	82.80	10.74	141.10	0.169	20,000	209.84	3.18	46.01	1.078	20,000	61.6	317	4,147	
2016 年 6 月	26,691	84.30	10.55	151.65	0.164	20,000	209.48	3.19	49.20		20,000	63.15	306	4,452	
2016 年 7 月	26,692	84.64	10.51	162.16	0.165	20,050	217.12	3.00	49.20		23,785	65.45	347	4,799	
2016 年 8 月	27	84.21	0.01	162.17	0.166	0	217.38	0.00	49.20	1.082	0	68.55	0	4,799	0.85
2016 年 9 月	27	84.14	0.01	162.18	0.161	53	216.30	0.01	49.21		0	69.40	0	4,799	
2016 年 10 月	26	83.19	0.01	162.19	0.163	0	212.55	0.00	49.21		0	70.95	0	4,799	
											0	72.60	0	4,799	

2016年11月	26	80.89	0.01	162.21	0.160	0	220.38	0.00	49.21	1.329	0	0	71.70	0	4,799
2016年12月	26	80.79	0.01	162.22	0.205	65	223.53	0.01	49.22		0	0	71.80	0	4,799
2017年1月	33	80.94	0.01	162.23	0.168	0	227.53	0.00	49.22		0	0	73.30	0	4,799	1.7
2017年2月	27	81.27	0.01	162.24	0.158	0	236.47	0.00	49.22	1.033	8,159	0	73.15	112	4,911
2017年3月	26	81.08	0.01	162.25	0.174	51	235.74	0.01	49.23		0	0	73.70	0	4,911
2017年4月	28	81.55	0.01	162.26	0.168	0	238.08	0.00	49.23		0	0	74.55	0	4,911
2017年5月	27	81.96	0.01	162.27	0.172	0	241.44	0.00	49.23	1.183	0	0	76.50	0	4,911
2017年6月	28	81.83	0.01	162.29	0.339	58	241.80	0.01	49.23		0	0	80.40	0	4,911	0.7
2017年7月	55	81.99	0.02	162.31	0.342	0	246.77	0.00	49.23		3,438	0	81.35	42	4,953
2017年8月	56	82.52	0.02	162.33	0.174	0	247.49	0.00	49.23	1.235	0	0	82.95	0	4,953
2017年9月	28	81.96	0.01	162.34	0.168	61	251.23	0.01	49.24		0	0	81.07	0	4,953
2017年10月	27	81.77	0.01	162.35	0.173	0	257.15	0.00	49.24	1.351	0	0	85.20	0	4,953	2.2
2017年11月	28	81.51	0.01	162.36	0.168	0	265.01	0.00	49.24		0	0	82.25	0	4,953
2017年12月	27	81.57	0.01	162.38	0.211	67	266.86	0.01	49.25		0	0	82.15	0	4,953
2018年1月	34	80.56	0.01	162.39	0.177	0	281.90	0.00	49.25		10,897	0	84.65	129	5,082
2018年2月	29	79.55	0.01	162.40	0.165	0	271.65	0.00	49.25	1.097	0	0	82.35	0	5,082
2018年3月	27	79.93	0.01	162.41	0.200	54	263.15	0.01	49.26		0	0	82.95	0	5,082
2018年4月	32	79.05	0.01	162.43	0.178	0	264.51	0.00	49.26		0	0	80.00	0	5,082
2018年5月	29	79.41	0.01	162.44	0.369	0	270.94	0.00	49.26	1.246	0	0	80.75	0	5,082
2018年6月	60	79.19	0.03	162.46	0.181	61	271.28	0.01	49.26		0	0	81.45	0	5,082
2018年7月	29	78.98	0.01	162.48	0.187	0	281.33	0.00	49.26	1.323	3,557	0	85.55	42	5,123
2018年8月	30	79.32	0.01	162.49	0.188	0	290.31	0.00	49.26		0	0	86.95	0	5,123	0.7
2018年9月	31	78.70	0.01	162.50	0.183	65	290.72	0.01	49.27		0	0	86.90	0	5,123

年份（月底投入）	40% 公債（代號 BND）					30% 美國標普 500（代號 SPY）					30% 台灣 50（0050）				
	資金（股利再投資）	價格（美元）	股數	累積股數	股利（美元/股）	資金	價格（美元）	股數	累積股數	股利（美元/股）	資金	價格	股數	累積股數	股利（美元/股）
2018 年 10 月	30	77.84	0.01	162.52	0.194	0	270.63	0.00	49.27		0	77.55	0	5,123	
2018 年 11 月	32	78.14	0.01	162.53	0.192	0	275.65	0.00	49.27	1.435	0	76.75	0	5,123	
2018 年 12 月	31	79.21	0.01	162.54	0.198	71	249.92	0.01	49.28		71	75.50	0	5,123	2.3
2019 年 1 月	32	80.09	0.01	162.55	0.198	0	269.93	0.00	49.28		11,784	74.35	158	5,282	
2019 年 2 月	32	79.82	0.01	162.57	0.184	61	278.68	0.01	49.29	1.233	0	77.65	0	5,282	
2019 年 3 月	30	81.18	0.01	162.58	0.200	0	282.48	0.01	49.29		0	79.15	0	5,282	
2019 年 4 月	32	80.96	0.01	162.59	0.195	0	294.02	0.00	49.29		0	82.80	0	5,282	
2019 年 5 月	33	82.24	0.01	162.61	0.193	0	275.27	0.00	49.29	1.432	0	78.45	0	5,282	
2019 年 6 月	32	83.07	0.01	162.62	0.194	71	293.00	0.01	49.30		3,697	80.90	45	5,327	0.7
2019 年 7 月	31	83.00	0.01	162.63	0.193	0	297.43	0.00	49.30		0	82.80	0	5,327	
2019 年 8 月	32	85.10	0.01	162.64	0.188	0	292.45	0.00	49.30	1.384	0	81.85	0	5,327	
2019 年 9 月	31	84.43	0.01	162.66	0.182	68	296.77	0.01	49.30		0	84.60	0	5,327	
2019 年 10 月	32	84.51	0.01	162.67	0.185	0	303.33	0.00	49.30		0	90.10	0	5,327	
2019 年 11 月	30	84.29	0.01	162.68	0.180	0	314.31	0.00	49.31	1.570	0	91.50	0	5,327	
2019 年 12 月	29	83.86	0.01	162.69	0.187	77	321.86	0.01	49.31		0	96.95	0	5,327	2
2020 年 1 月	30	85.52	0.01	162.70	0.183	0	321.73	0.00	49.31	1.406	10,653	89.95	118	5,445	
2020 年 2 月	30	86.76	0.01	162.72	0.173	0	296.26	0.00	49.31		0	88.65	0	5,445	
2020 年 3 月	28	85.35	0.01	162.73	0.190	69	257.75	0.01	49.32		0	76.15	0	5,445	

日期	(1)	(2)	(3)	(4)	(5)	(6)	(7)	(8)	(9)	(10)	(11)	(12)	(13)	(14)	(15)
2020年4月	31	87.51	0.01	162.74	0.174		290.48	0.00	49.32	1.366		85.50		5,445	
2020年5月	28	87.92	0.01	162.75	0.169		304.32	0.00	49.32			84.45		5,445	
2020年6月	28	88.34	0.01	162.76	0.162	67	308.36	0.01	49.33			89.90		5,445	
2020年7月	26	89.46	0.01	162.77	0.159		326.52	0.00	49.33		3,812	103.80	37	5,482	0.7
2020年8月	26	88.46	0.01	162.78	0.153		349.31	0.00	49.33	1.339		101.80		5,482	
2020年9月	26	88.22	0.01	162.79	0.150	66	334.89	0.01	49.34			103.00		5,482	
2020年10月	25	87.58	0.01	162.80	0.151		326.54	0.00	49.34			103.00		5,482	
2020年11月	25	88.49	0.01	162.81	0.143		362.06	0.00	49.34			113.30		5,482	
2020年12月	24	88.19	0.01	162.82	0.151	78	373.88	0.01	49.34	1.580		122.25		5,482	3.05
2021年1月	23	87.43	0.02	162.83	0.139		370.07	0.00	49.34		16,719	128.20	130	5,612	
2021年2月	47	85.94	0.01	162.84	0.129		380.36	0.00	49.34	1.278		133.40		5,612	
2021年3月	23	84.72	0.01	162.85	0.192	63	396.33	0.01	49.35			134.75		5,612	
2021年4月	21	85.26	0.01	162.86	0.131		417.30	0.00	49.35			140.60		5,612	
2021年5月	21	85.26	0.01	162.87	0.134		420.04	0.00	49.35	1.376		137.10		5,627	
2021年6月	31	85.89	0.01	162.88	0.132	68	428.06	0.01	49.35			138.95		5,627	
2021年7月	26	86.76	0.01	162.89	0.136		438.51	0.00	49.35	1.428	1,964	136.05	14	5,627	0.35
2021年8月	22	86.46	0.01	162.90	0.135		451.56	0.00	49.36			140.35		5,627	
2021年9月	22	85.45	0.01	162.90	0.130	70	429.14	0.01	49.36	1.633		137.05		5,627	
2021年10月	22	85.38	0.01	162.91	0.134		459.25	0.00	49.36			135.80		5,627	
2021年11月	22	85.42	0.01	162.92	0.135		455.56	0.00	49.36			138.00		5,627	
2021年12月	22	84.75	0.01	162.93	0.271	81	474.96	0.01	49.36			145.50		5,627	
2022年1月	44	83.00	0.02	162.95	0.137		449.91	0.00	49.36			141.55		5,627	3.2
2022年2月	22	81.92	0.01	162.96	0.129		436.63	0.00	49.36	1.366	18,005	138.50	130	5,757	

年份（月底投入）	40% 公債（代號 BND）					30% 美國標普 500（代號 SPY）					30% 台灣 50（0050）				
	資金（股利再投資）	價格（美元）	股數	累積股數	股利（美元/股）	資金（美元）	價格（美元）	股數	累積股數	股利（美元/股）	資金	價格	股數	累積股數	股利（美元/股）
2022 年 3 月	21	79.54	0.01	162.97	0.198	67	451.64	0.00	49.37		0	138.10	0	5,757	
2022 年 4 月	32	76.19	0.01	162.98	0.141	0	412.00	0.00	49.37		0	128.75	0	5,757	
2022 年 5 月	23	76.68	0.01	162.99	0.148	0	412.93	0.00	49.37		0	129.80	0	5,757	
2022 年 6 月	24	75.26	0.01	163.00	0.149	78	377.25	0.01	49.38	1.577	0	115.80	0	5,757	
2022 年 7 月	24	76.90	0.01	163.01	0.153	0	411.99	0.00	49.38		10,362	118.00	88	5,844	2
2022 年 8 月	25	74.60	0.01	163.02	0.156	0	395.18	0.00	49.38	1.596	0	117.60	0	5,844	
2022 年 9 月	25	71.33	0.01	163.03	0.156	79	357.18	0.01	49.38		0	103.45	0	5,844	
2022 年 10 月	25	70.35	0.01	163.05	0.163	0	386.21	0.00	49.38		0	99.05	0	5,844	
2022 年 11 月	27	72.76	0.01	163.06	0.165	0	407.68	0.00	49.38	1.781	0	116.35	0	5,844	
2022 年 12 月	27	71.84	0.01	163.07	0.172	88	382.43	0.01	49.39		0	110.20	0	5,844	
2023 年 1 月	28	74.22	0.01	163.08	0.176	0	406.48	0.00	49.39		0	118.30	0	5,844	
股利再投資															
帳戶總額	402,455					301,898					409,860				
帳戶餘額	363,122					646,615					797,297				
總報酬									80.70%						

編按：原本 2016 年初版時計算公債的利息部分使用的是固定利率得到的收入，再版時，我們實際查核了公債的利息，所以有些微的調整，總資產虧損了 -1.11%，而不是初版時的 -0.89%。在經歷了台灣股災後的修正，虧損還如此的微小，其實是一個不錯的策略。2023 年再版時，我們讓當時資金定時定額的投入，隨著台灣股災後的修正，開始觸底反彈，截至 2016 年 7 月資金用完，投資績效由虧為盈，這個策略可以買在微笑曲線的相對低點，值得以簡馭繁的投資者好好參考。

選對投資策略，比學習投資技巧重要

我的投資管理生涯到今天也快到 26 年了，前面一半的時間，我覺得在壓力管理上我算是神經大條，但嚴格講還是處理得不好，這其實是在投資的策略上出了問題，經過了前面 13 年，後面的 13 年才稍微漸入佳境，現在也越來越能夠得心應手，但是離巴菲特寵辱皆忘和優雅自得的境界還有一段距離，不過可以見賢思齊。

記得你說你是財務工程唯一來自台灣的，班上有 23 位大陸同學，這跟我 85 年留學時班上只有一位來自大陸的同學形成了一個極端的對比，沒想到十年河東十年河西，如今你是班上來自台灣的唯一，不過我相信依你台灣清大電機的背景，縱然不能領先鰲頭，也能打個平手，你的親和力想必能交到不少的朋友，這是你的一個特質。

財富是什麼呢？這麼多年我一直在思考，能夠讓人放下心防和你交朋友，這就是財富之一。巴菲特操盤的神閒氣定和沉穩，還能交出傲人的成績，也能將財富回饋社會，他的人生財富就更顯得均衡和豐富了。

我們一般人可以向他學習的是，先挑選對的投資策略，優於投資技巧的學習，只要是方向對了，哪怕中間有點偏差，也在目標附近，遠比方向錯誤，中間加速卻離目標更遠來得好，這就是對的模

糊，勝過錯的精準的寫照。

　　這個戰略和戰術的關係，你能領會嗎？也只有方向對，才可以達到投資獲利和優雅從容的兼具，這樣的均衡才是真正的財富，再過幾天你學期結束，歡迎你到紐約的時報廣場（Times Square，又譯為時代廣場）感受跨年的歡樂。

又上叔叔 2015 年

 **投資金句**

　　每個人都有自己的投資方法，但如果每一套方法都要投資者看著辦，那就是規則不明，不是一個好的系統方法。好的決策一個就管用，在判斷錯誤時不會受傷，甚至可以獲利，就是一個好的決策。

7-5 尾語——
戰役 vs 戰爭

西方有句話，贏得戰役，卻失去了戰爭（Winning a Battle, Losing the War），一場戰役和決定一場勝負的戰爭，何者為重？戰役只是一個局面，戰爭卻是全面，金錢的有形財富，只是整體財富的一環，整體財富的追求包含了以簡馭繁有效率的投資獲利，家庭的經營，健康的維護，心靈的富裕，有些投資者在股市的獲利是用許多昂貴的代價獲得，而且未必是一個系統且持續性長期可以獲利的方法。

資產配置則提供了不一樣的視野，以退為進的方式，有時還真像是失去一場戰役，但卻贏得全面的勝利。這必須要有投資智慧的人才能看得清楚，巴菲特許多投資的手法也都是從贏得戰爭的全局來思考，攻擊的得分有時就像只是一場局部的戰役，防守的獲勝則代表全局的勝利，何者重要不言而喻。

2016 年美國總統的競選人之一說了這麼一段，有時，輸掉一

場戰役，會讓你發現贏得戰爭的新方法（Sometimes by losing a battle you find a new way to win the war.）。講完了資產配置所介紹的觀念和方法，這種一開始就採取防守的溫吞，好像會讓你輸在起跑點，但最後你會發現，這個以簡馭繁的方法，每年花 30 分鐘，才是你人生戰場贏得均衡財富的有效方法。

第 **8** 章

困而知之：
不變應萬變，
還是審時度勢？

本書於 2016 年初版，本章是今年度（2023）配合時事所新增的內容，包括投資的策略和操作，均做更豐富的資料補充。 本章另一個目的，提供讀者在閱讀本書之後，對於投資理念、操作哲學、策略的「總測試」，雖然只有三道考題，但多少也可以測試出一個輪廓。最後一題是 2023 年美國矽谷銀行瞬間破產的實例，最為殘酷，也可以讓大家再度思考，巴菲特之所以成為巴菲特，他最大的特質是什麼？書上又有哪幾句話最能形容？讀完本書，未來你的操作，最要堅守的是什麼？

　　我將本章定為「困而知之」，代表有問題，卻不見得有答案，雖有提醒，答案已經呼之欲出，卻沒有「標準答案」。因為每一個人都可決定自己想要過什麼樣生活、用多少時間，和什麼樣的態度來處理投資議題，簡單地說，你的生活態度、人生觀、價值觀決定了適用你的投資哲學，每個人的投資哲學不一樣，同樣的議題當然不會有標準答案，但是，它背後的科學和數據分析還是有其必要的，至於操作的變化如同藝術，就留給你充分的運用和發揮。

8-1 負利率時，為什麼還有人願意投資公債：淺談公債的凸性

第一道議題，也是 2023 年 4 月，在投資市場討論的焦點議題，2023 年的上半年該不該投資債券或相關的 ETF，因為收到的利息收入，還趕不上物價的膨脹，所以稱之為負利率，那這段期間為什麼債券市場卻如此活絡呢？負利率的環境下，為什麼投資者還敢投資債券呢？如果敢投資債券，是投資長天期還是短天期的債券 ETF？

許多讀者還未驚覺到，2019 年開始的新冠疫情，2021 年上台的美國總統拜登，為了拯救經濟投入超過 4.6 兆美元的紓困案，這相當於超過 130 兆新台幣是什麼概念？2018 年的台灣整個金融市場估算，包含了銀行定存的 40 兆，證券市場的 37 兆，保險機構的 23 兆，全部加起來也不過是 100 兆，而拜登政府的紓困案資金一旦進入實體市場，將快速帶動市場對物質的需求，再加上中國大陸

的封城，俄烏戰爭對糧食、能源的供應吃緊，美中俄這三者便形成了完美的風暴。

美國代表通貨膨脹的 CPI 數據在 2022 年 6 月飆升到 9％，而同期的美國聯邦基準利率（Fed Fund Rate）只有 3.5％（請參考圖 8-1-1 的美國聯邦銀行這些年來的升息、降息的時間和幅度），可以說從 2022 年的 3 月開始，在美國中央銀行暴力升息之下，整個債券市場已經處在所謂負利率的環境之下，什麼意思呢？

也就是你從政府或債券市場得到的票面利率，例如 2023 年 2 月份 10 年期美國政府公債的利率是 3.75％，但是通貨膨脹率也就是 CPI 指數是 6.0％（2022 年 6 月份飆升到 9％），也就是利息收入，還趕不上物價膨脹所侵蝕的購買力程度，所以這個現象稱之為負利率，也就是在這個環境下，投資債券卻無法得到實質的利率收益。

│ 圖 8-1-1 │ 美國聯邦負利率的時期圖（1955-2022）

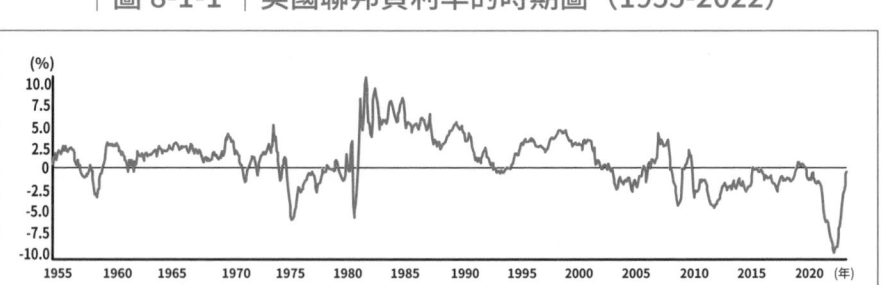

資料來源：fred.stlouisfed.org；https://fred.stlouisfed.org/graph/?g=6TK
註：曲線低於橫軸為 0 的下方，就是負利率的時間與區間。

圖 8-1-1 是從 1955 年到 2023 年，反映的實質利率走勢圖（也就是聯邦基準利率減掉通貨膨脹率），如果是負值，就代表收到的利息還趕不上通貨膨脹的程度，在橫軸（X軸）零以下的區域，就代表負利率的時段。統計時間為 1954 年 7 月 1 日到 2023 年 3 月 1 日。

　　眼尖的讀者可以從圖 8-1-1 及表 8-1-1 中發現，2022 年的負利率程度竟然比 1970 年代石油危機跟 1980 年代初的負利率情況還嚴重，從表格中可以發現 2019 年還有正的實質利率，雖然不多，至少還有 0.85％的利息收入，到了 2022 年 3 月份，這個數值變成了 -8.31％，代表負利率的情況極為嚴重，這也是促使中央銀行採取暴力升息的手段，造成了 2022 年讓投資者刻骨（苦）銘心的股債雙殺。

　　壞消息是 2022 年多數投資者是虧損的，好消息是 2023 年 3 月的數據顯示，負利率已經大幅縮減到 -0.34％的比例，4 月份的再一次升息，有機會持平。接下來就是「硬著陸」或「軟著陸」的方向發展。

　　那這段期間為什麼債券市場卻如此活絡呢？負利率的環境下，為什麼投資者還敢投資債券呢？

　　這本書閱讀到此，曾經哪個章節、哪一個圖表，讓你產生過疑惑和好奇的呢？如果有，恭喜你，你獨立思考的能力正在養成中，

| 表 8-1-1 |

日期	聯邦基準利率減去通貨膨脹率（Fed-CPI）	聯邦基準利率Fed	通貨膨脹率CPI
2019-01-01	**0.84932**	2.40	1.6
2019-02-01	0.87994	2.40	1.5
2019-03-01	0.55686	2.41	1.9
2019-04-01	0.42821	2.42	2.0
2019-05-01	0.59648	2.39	1.8
2019-06-01	0.73032	2.38	1.6
2019-07-01	0.62024	2.40	1.8
2019-08-01	0.38322	2.13	1.7
2019-09-01	0.32338	2.04	1.7
2019-10-01	0.06082	1.83	1.8
2019-11-01	-0.51220	1.55	2.1
2019-12-01	-0.76399	1.55	2.3
			1.8
2020-01-01	-0.95042	1.55	2.5
2020-02-01	-0.75932	1.58	2.3
2020-03-01	-0.89287	0.65	1.5
2020-04-01	-0.29520	0.05	0.3
2020-05-01	-0.17641	0.05	0.2
2020-06-01	-0.63602	0.08	0.7
2020-07-01	-0.92414	0.09	1.0
2020-08-01	-1.20907	0.10	1.3
2020-09-01	-1.28148	0.09	1.4
2020-10-01	-1.09253	0.09	1.2
2020-11-01	-1.07756	0.09	1.2
2020-12-01	-1.23204	0.09	1.3
			1.2

你沒有學到的資產配置，巴菲特默默在做的事

日期	聯邦基準利率減去通貨膨脹率（Fed-CPI）	聯邦基準利率 Fed	通貨膨脹率 CPI
2021-01-01	-1.30478	0.09	1.4
2021-02-01	-1.61336	0.08	1.7
2021-03-01	-2.56052	0.07	2.6
2021-04-01	-4.06055	0.07	4.1
2021-05-01	-4.85503	0.06	4.9
2021-06-01	-5.20161	0.08	5.3
2021-07-01	-5.12151	0.10	5.2
2021-08-01	-5.09829	0.09	5.2
2021-09-01	-5.30363	0.08	5.4
2021-10-01	-6.15775	0.08	6.2
2021-11-01	-6.78239	0.08	6.9
2021-12-01	-7.11446	0.08	7.2
			4.7
2022-01-01	-7.51528	0.08	7.6
2022-02-01	-7.87485	0.08	8.0
2022-03-01	**-8.31522**	0.20	8.5
2022-04-01	-7.89777	0.33	8.2
2022-05-01	-7.73233	0.77	8.5
2022-06-01	-7.72299	1.21	8.9
2022-07-01	-6.73318	1.68	8.4
2022-08-01	-5.89736	2.33	8.2
2022-09-01	-5.65485	2.56	8.2
2022-10-01	-4.68249	3.08	7.8
2022-11-01	-3.35535	3.78	7.1
2022-12-01	-2.34494	4.10	6.4
			8.0
2023-01-01	-2.01716	4.33	6.3
2023-02-01	-1.41644	4.57	6.0
2023-03-01	-0.33692	4.65	5.0

如果沒有，這個章節是很好的訓練，一方面讓你注意到「魔鬼藏在細節中」，二方面培養你「困而知之」的能力。

在負利率的環境下，竟然還可以投資債券，這個（部分）的理論基礎，是來自於第5-5節的「破解四大迷思」，其中的「迷思3」所附錄的圖表「利率調整，公債價格的漲跌幅變化」，這張圖表就有透露出這樣的密碼或訊息，也就是大家俗稱的「公債的凸性」，人有人性，股票有股性，債券當然也有它的個性，我們不是說過了嗎？債券像個千變女郎。

公債，千變女郎的另一個驗證

歌手蔡琴有一首名曲〈讀你〉，其中有一句歌詞是「讀你千遍也不厭倦」，要把資產配置這套策略用得虎虎生風，五大資產（股票，公債，商品，房地產信託，以及現金）你必須充分且徹底了解它的特性，公債就是其一，而且其變化性遠超過你的想像。

投資環境的演變下出現的所謂負利率，什麼意思？市場上推出的公債竟然提供負利率的產品，代表這項投資，不但沒有利率收益，而且還是虧損的？賠錢的生意還有人做，可能嗎？如果有，這等公債莫非是絕世美女，色不迷人人自迷？

要解釋這個現象，那麼就要搬出很正式的名稱，所謂「公債的

凸性」，正規拗口的解釋，懂的人一看就懂，不懂的人看了還是不太懂。如果不懂也沒有關係，我有另外一個實例，稍微能讓你看懂，以下先一試類似教科書的說明。

維基百科是這麼說的：「『債券凸性 bond convexity』在金融學中是指債券價格與利率間非線性關係的一種量度，表示為債券價格對利率的二階導數，即價格－利率曲線的彎曲程度。與其相關的一個概念為債券久期（存續）期間（bond duration），表示為價格對利率的一階導數，即價格－利率曲線的斜率。」

看到這裡，如果你還沒昏過去，恭喜你快修成正果了，接下來看結論：「對 Duration 久期（存續期間）相同的兩個債券，當利率下降時，凸性大的債券價格上漲幅度更大。而當利率上升時凸性大的債券價格下降的幅度更小。故相同條件下，債券的凸性越大越好。」

以上的這些說明多數人看了還是很難懂，第 5-5 節的「迷思3」的圖表就透露出了公債凸性的關係。

存續期間（Duration）

這個公債的英文 duration 以諧音被翻譯成「久期」，我認為用（存續／持續期間）可能會比較貼切，接下來我們統一使用「存續期間」。

這邊要注意的是，公債的存續（bond duration）和公債到期（bond maturity），是不一樣的概念，前者有現金流的概念，如果沒有現金流的，例如零息公債（Zero coupon bond）那麼這兩者就會相同。

當年巴菲特和對沖基金的賭盤，使用的就是零息公債的工具，對懂得投資的人而言，不可能把賭資傻傻的放在沒有利息的帳戶裡，賭資也是資金，例如可以一開始放 50 萬美元的零息公債，這 10 年當中不拿一毛錢利息，所以叫做零息，但是 10 年後這 50 萬會變成 100 萬美元，讀者現在可以發現有錢人想的跟你不一樣，不但如此，做的也不一樣，印象中巴菲特他們還不是用 50 萬美元換 100 萬美元，他們好像是找到了用 35 萬美元左右的資金，10 年後可以變成 100 萬美元的零息公債，光這個插曲，就可以看出美國公債市場產品的齊全和多樣，以及有錢人在管理資金上的思維。

如圖表示：兩個債券的久期（存續／持續期）相同時，它的風險不一定相同。

1. 債券 A 凸性大，債券 B 凸性小，收益率增加相同單位時（甲點移動到乙點），債券 A 損失比債券 B 較小（雙箭頭處）；（圖 8-1-2）

2. 反之，當收益率減少相同單位時（甲點移動至丙點），債券 A 的價格增加比較大（雙箭頭處）。（圖 8-1-3）

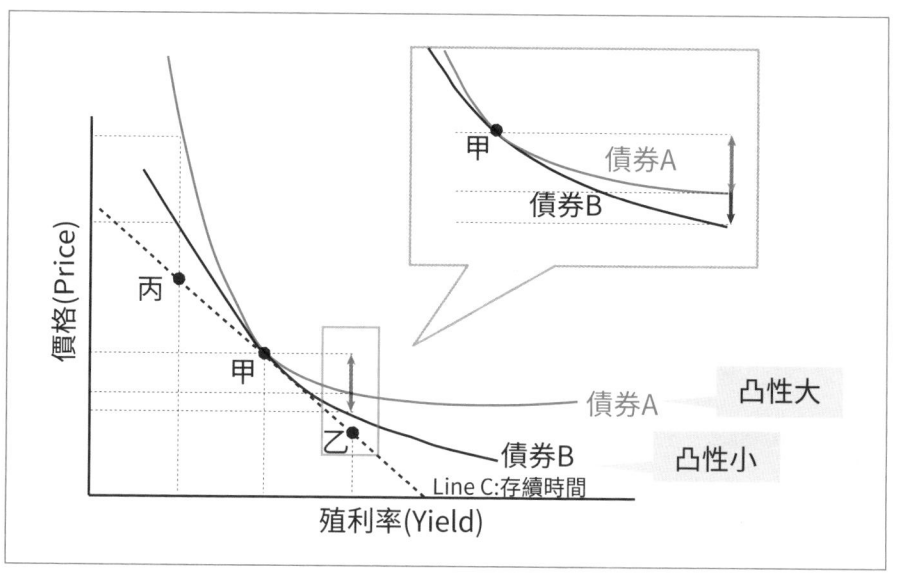

| 圖 8-1-2 | 公債凸性的關係

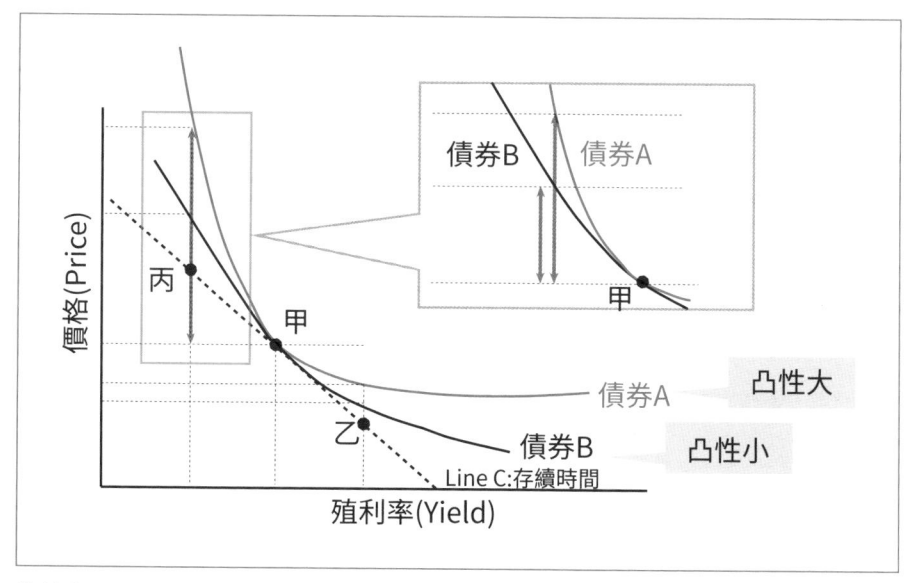

| 圖 8-1-3 | 公債凸性的關係

資料來源：作者

由此可知，在久期（存續／持續期）相同的情況下，凸性大的債券風險較小。

公債的凸性，曾經是我們上課各小組 PK 的題目之一，理科背景的人很快就發現上述說明，債券價格與利率間（非線性）關係，關鍵字就是在於（非線性）之間的變化，魔鬼藏在細節中，這個圖表的數字變化，也常有一些交易的密碼，也就說明為什麼負利率時，還有人願意持有公債？

這道議題，我不打算太深入的討論，如果這一個圖表你仔細端詳個 15 分鐘後還是看不懂，那就可以放棄，要獲得正常的報酬，你只要懂得每一年股債平衡，並且選用適合你的股債比例，關鍵時刻做關鍵的決定，只要掌握這三項就可以了。

不那麼懂公債的凸性也沒關係，只要夢中情人的身材依然凹凸有致，你的人生一樣可以幸福。

不死心的人依然可以自行深入找答案，我特別鼓勵困而知之的學習方式，通了就是自己的學問，誰也拿不走，我就是一路上這樣子爬出洞外的。

給一個小小提示，投資的總報酬來自於兩個部分，股票或債券都一樣，總報酬＝股利或利息＋資本利得或利損，別忘了總報酬＝利率收益＋價差，這時候雖然利率收益可能沒有，或者是些微負值，但如果有價差幅度拉大的機會出現時，債券還是值得作為投資

的工具選項之一。

還有一點值得注意的關鍵，債券的交易者，就算是在負利率環境下也可以找到有正凸性的債券，在相同利率單位的移動下，判斷對所贏的，會大於判斷錯所輸的，從我們圖表的展示說明，我已經洩漏了這個天機，這個話題就此打住，黃金還是要由你來挖才有樂趣！

網路上對於為什麼負利率時依然有人願意持有公債也有不同的見解，例如有一位債券分析師，就從法人機構的角度來看待，提出了從資產負債管理的角度、資本適足率成本比較、投資規範、相對績效，這四個面向說明負殖利率時，公債還是一個不錯的工具選項標的，這些觀點也有不錯可供參考的地方，總結一句話：公債的確是風姿多彩的千變女郎，值得你好好品味。

利率倒掛的現象
有意義嗎？

同樣是倒掛，生物界中的蝙蝠倒掛是正常的，投資界中的利率倒掛卻是反常的！為什麼是這樣？最簡單的方式是從結構了解，結構，結構，結構，重要的事說三遍。

蝙蝠為什麼倒掛？

從網路上找到的資料，科普一下：蝙蝠倒掛，這是牠生理結構上最自然和最舒服的狀態，牠跟一般鳥類不一樣，蝙蝠的主要飛行器官就是由前肢支撐起的一層薄薄寬大皮翼，也稱之為翼手，這和鳥類富含肌肉和附著羽毛的翅膀是無法相媲美的。

此外，蝙蝠的後腳又短又小，還與翼膜相連。當蝙蝠落在地面上時，身子和翼膜便只能貼著地面，在地上慢慢匍匐前行。牠既不能像昆蟲那樣藉助有力的後腿彈跳後振翅飛翔，更不能像真正的鳥類那樣直接展翅高飛。

為了能更好更快地飛起來，蝙蝠只能選擇爬到高處倒掛起來，

當蝙蝠倒掛時，重力就代替了肌肉拉力，將肌腱拉緊，蝙蝠的爪子就能緊緊抓住物體。如果想外出捕食，只要把爪子一鬆，身體往下一沉，就可以藉由下落一段距離所獲得的初始動力成功起飛。

由此可見，蝙蝠不需要耗費過多能量就可以輕鬆倒掛，且倒掛時渾身肌肉處於放鬆狀態，如同人們躺在床上一樣感覺舒適。

蝙蝠倒掛是牠最舒服和安全的狀態，但利率倒掛卻是不正常的情況，為什麼呢？

因為正常情況下，長天期的利率，要比短天期的來得高，因為長期公債要承擔未來不確定的不利因素，例如三個月或兩年時間算短，能夠給出的利率，自然要比 10 年期的府公債來得低，然而一旦這關係逆轉時，代表經濟狀況可能出問題了。

所以市場上有一種看法，當短期公債利率高於長期公債利率時，這時候的利率倒掛是反常現象，代表經濟可能會走入衰退，但一定會如此嗎？

投資者可以借重這個訊號嗎？

有「南方哈佛」之稱的杜克（Duke）大學，位於美國北卡羅萊納州（North Carolina），該校的加拿大裔教授，也是素有「殖利率曲線指標之父」的坎貝爾・哈維（Campbell Harvey）教授，

他是最早觀察到殖利率曲線倒掛是經濟衰退警訊的人，他認為殖利率曲線是有價值的指標，能正確預測經濟成長將趨緩，但是否會發展成「硬著陸」還要觀察，要整合其他的資料一起納入研判。

從過去多年的紀錄看來，利率倒掛和經濟衰退之間，關係密切得很，幾乎可以這樣說，**利率倒掛不一定會造成經濟衰退，但經濟衰退之前，幾乎都有利率倒掛的現象**，為什麼會有這麼緊密的連動現象？

我們用簡單的知識和經驗來推理一下。錢放在銀行，若一年期的利率跟五年期的利率一樣，恐怕所有人都不願意放長天期的定存了（在台灣很少有五年期的定存，在美國是有的）。所以五年期的定存或公債，因為要承受較長時間的不確定和風險，長天期的債券必須提供較高的利率是再自然也不過了，一旦這個關係改變，就代表金融市場很可能有不對勁的地方了。

我們可以再從不同的角度，來看待利率倒掛所延伸的副（負）作用。

以銀行的角度來思考 —— 正常的情況下，銀行用較少的短期利率吸收市場上的資金，然後以較高的利率再貸給需要長天期的客戶，中間賺取這個利率差額來獲利，因為短天期的存款利率低，這也代表著成本低，貸出的款項因長天期利率高，代表獲利也高。

然而一旦利率倒掛時，許多商業運轉的規則被打破，就銀行而

言，可以獲利的機會減少了，因為短天期的利率升高，甚至超過了長天期的利率時，代表銀行吸收資金的成本變高，收益變小，銀行就沒有了放款的意願，市場上可以取得的資金管道就變少，流動性資金也變少了，這對經濟的發展當然是不利的。

以企業的角度來思考 —— 就企業而言，既然短天期的利率變高，也代表著借款成本上升，而長天期的利率此刻變得較少，企業也知道這樣的利率倒掛，極可能是一個短期不正常的現象，為了減少貸款成本的上漲，貸款的意願也下降，也代表企業擴充的動力減緩，一旦銀行的供應端跟企業的需求端，這雙引擎一熄火，經濟衰退就成了很可能發生的事件了。

接著我們用兩張圖與兩張表，讓大家看一下殖利率倒掛之後的發展，一張圖表勝過千言萬語，你就可以判讀殖利率倒掛算不算是一個投資有用的指標了！

圖 8-2-1 是美國聖路易斯銀行資料庫，10 年期跟兩年期政府公債對比的趨勢圖，是利率倒掛的示意時段，畫圈的部分都是利率倒掛，只要曲線低於橫軸（X 軸）為零的，也就是利率倒掛的區間，灰色帶狀的曲域，或寬或窄，代表的就是經濟衰退的時間長短，從 80 年開始，可以看得很清楚，只要利率倒掛的虛線圈出現，灰色所屬的經濟衰退隨之而來。2020 年在新冠肺炎期間的圈圈用黑線代表，作為跟圖 8-2-2 不同的區別。

表 8-2-1 | 兩年 vs 10 年公債殖利率倒掛紀錄

殖利率倒掛開始時間	經濟衰退開始與結束	兩者間隔（利率倒掛到經濟衰退開始）	經濟衰退原因	股價（從倒掛開始到經濟衰退區間）				最大漲跌幅
				時間	高價	時間	低價	
Dec-88	1990/07 ～ 1991/03	19 個月	波斯灣戰爭、儲貸危機	1991/03	375	1988/12	278	35%
Feb-00	2001/03 ～ 2001/11	13 個月	科技泡沫	2000/03/24	156	2002/10/10	77	-50.64%
Jan-06	2007/12 ～ 2009/06	23 個月	金融海嘯	2007/10/11	157	2009/3/9	67	-57.32%
Aug-19	2020/02 ～ 2020/04	6 個月	全球疫情爆發	2020/02/19	339	2020/03/19	218	-35.69%
2022-3-31	2023 年 4 月出版時尚未有結論	—	俄烏戰爭引發暴力升息	2022/03/31	479	2022/10/14	348	-27.35%

資料來源：Federal Funds rate & 作者

圖 8-2-1

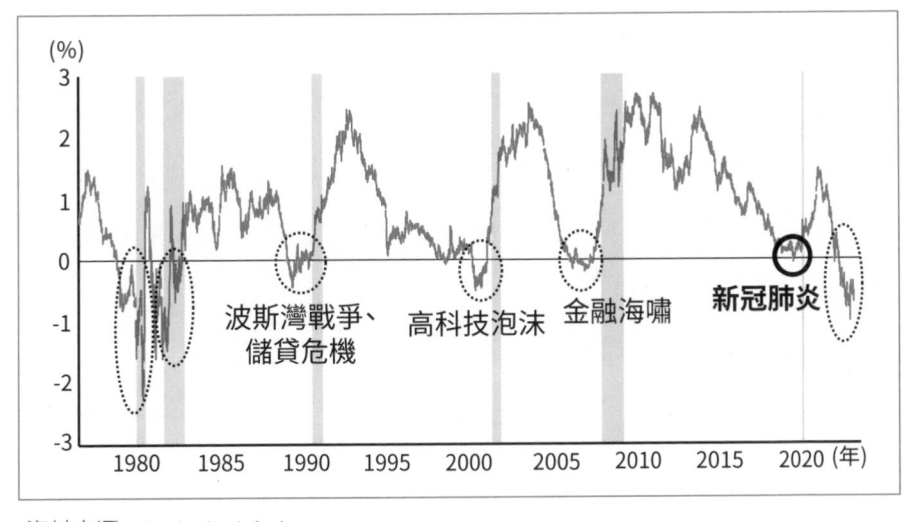

資料來源：fred.stlouisfed.org

表 8-2-2 | 三個月 vs 10 年公債殖利率倒掛紀錄

殖利率倒掛開始時間	經濟衰退開始與結束	兩者間隔（利率倒掛到經濟衰退開始）	經濟衰退原因	股價（從倒掛開始到經濟衰退區間）				最大漲跌幅
				時間	高價	時間	低價	
May-89	1990/07 ～ 1991/03	14 月	波斯灣戰爭、儲貸危機	1991/03	375	1988/12	278	35%
Jul-00	2001/03 ～ 2001/11	8 月	科技泡沫	2000/03/24	156	2002/10/10	77	-50.64%
Feb-06	2007/12 ～ 2009/06	22 月	金融海嘯	2007/10/11	157	2003/9/9	67	-57.32%
May-19	2020/02 ～ 2020/04	9 月	全球疫情爆發	2020/02/19	339	2020/03/19	218	-35.69%
2022-3-31	2023 年 4 月出版時尚未有結論	—	通膨暴力升息	2022/03/31	479	2022/10/14	348	-27.35%

資料來源：Federal Funds rate & 作者

圖 8-2-2

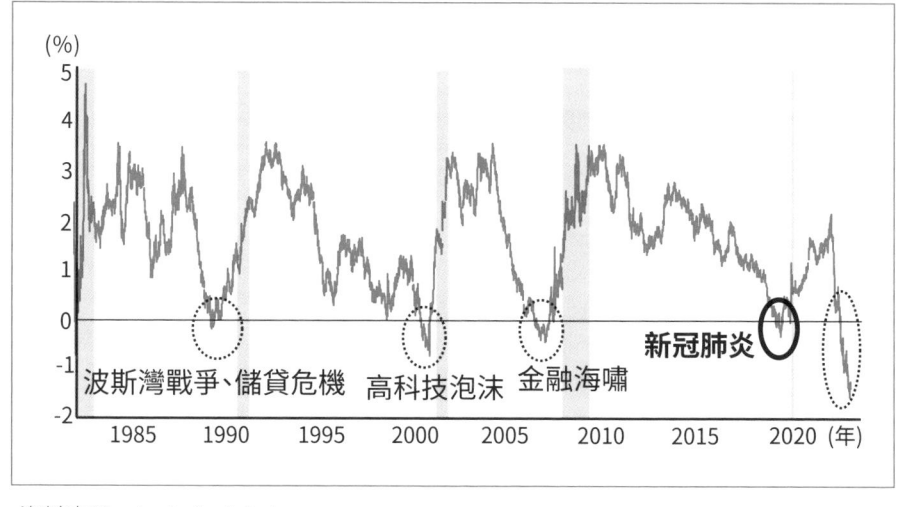

資料來源：fred.stlouisfed.org

圖 8-2-2 畫圈的部分都是利率倒掛，灰色區域為經濟衰退期間，畫圈區域為利率倒掛示意圖，要比上圖明顯，原因請見下方註解*，曲線低於橫軸為 0 的區間為利率倒掛期。

　　圖 8-2-2 不仔細看，你可能誤以為把圖 8-2-1 重複的呈現了，這當然不是，請你多看一眼，這兩個圖表差異的地方，有時微小的差距有時候是魔鬼藏在細節中的部分。

利率倒掛的開始到結束

　　從利率倒掛的開始到結束，事情的演變和發展，我們大致可以分成四到五個階段。

---

* 這兩年期與 10 年期對比，與三個月與 10 年期對比的圖表很相似，或許有人好奇，為什麼需要呈現兩組，但細心的讀者會發現，兩年期在 2020/2/19 發生的利率倒掛很不明顯，幾乎趨近於指標的邊緣。

如果再對比三個月和 10 年期這一組的圖表，就會發現三個月期這一組的利率倒掛極為明顯，簡單地說，這兩者都值得關注，只要其中一組利率倒掛，都可以視為紅色警戒的升起。

我們再從另外一個面向來看利率倒掛，常會造成經濟衰退，這個就要從利率（為什麼）會倒掛的前因後果說起，這個環節，經濟學者吳嘉隆也有很精彩的論述，讀者可以參考吳先生在許多 YouTube 影片，和財經媒體的採訪。

階段 ❶ 中央銀行的升息

為什麼央行要升息？眾所周知，中央銀行的首要任務是打擊通貨膨脹，當市場太多的資金，追逐太少的物質時，就會形成通貨膨脹，既然是太多資金造成的問題，那麼央行就進行收縮資金，而該有的動作之中，升息就是手段之一。

階段 ❷ 升息造成了利率倒掛

升息未必會造成利率倒掛，但是快速的升息經常就會造成長短期利率的倒掛，這個地方我們先來了解一下中央銀行的能與不能之處。央行能夠快速在市場上撬動的，一般而言是所謂的聯邦基準利率（Fed Fund Rate），這個是短期利率，一般而言，就像銀行之間隔夜對拆的利率，是的，央行影響的是短期利率的走向，長期利率要看市場的需求和走勢。

接下來再稍微了解一下，通貨膨脹跟通貨緊縮，這兩者對中央銀行的威脅何者較重？我個人認為是通貨膨脹，因為它經常來得猛而且失控，特別是一旦形成通貨膨脹預期的時候，就會形成惡性的螺旋上漲的態式，物價一上漲，各種經營民生物資的商場或餐飲，被迫要求反映成本，消費者感受到物價的上漲，反映在企業就必須加薪來應對，一波還未平息，沒有反映成本或者沒有加到薪的，或者利潤減少的，這些會再要求漲價形成所謂的「補漲」，這麼一

來，又帶動了整個社會對物價上漲的「預期心理」，這個時候就形成了慢性病難以處理的痼疾了。

如果是在這種情況下，央行的快速升息就會啟動，因為已經錯過了黃金救援的時間，2022 年的暴力升息就有這樣的味道，升息的力道一旦沒有平衡得好，就形成了利率倒掛，在銀行端代表獲利空間壓縮，企業端因借貸成本增高獲利減少，股市通常跟著以下跌反應，而原本持有公債的投資者，因為利息的上升而造成債券投資的虧損，而這個虧損又經常會引起恐慌，特別是銀行這種與大眾有往來的機構，公債部位的虧損，又引起存戶緊張形成的擠兌，例如 2023 年 3 月 10 日破產的美國矽谷銀行（Silicon Valley Bank）。

階段 ❸ 利率倒掛造成金融市場的危機或混亂

許多投資者常忽略掉，公債市場的規模其實是大於股市的，這兩個市場都在互搶資金，一旦利率的調升快速和猛烈，會造成短期公債利率高過長期利率的「倒掛現象」，代表股市的定價模型必須重新評估，例如 2019 年股市能有 1.6％的股票殖利率，而在 10 年期政府公債可能只有 1.3％，這時候股票市場有極高的吸引力，因為這時不但股票殖利率高於債券殖利率，還提供了股票上漲的價差空間，這時股市提供極佳的成長空間，然而時至 2023 年的 4 月，一年期的政府公債殖利率 3.5％，股票市場的 1.5％股票殖利率吸

引力自然減損不少，如果升息的速度夠猛，連債券市場也虧損，形成 2022 年的股債雙殺，體質差的金融機構因而產生投資部位的虧損，如果這虧損引起存戶的驚慌，紛紛擠兌，就會造成流動性問題，這對金融機構而言，甚至面臨破產的壓力，進而形成金融危機。

階段❹ 金融危機或者市場購買力的下降，
形成經濟衰退的隱憂

物價膨脹是太多的錢追逐太少的物質，而現在民眾和企業機構都因為利率上漲的這個因素而虧損，民眾的荷包虧損時購買力自然下降，這原本物價膨脹的問題解決了，但是換來另外一個經濟衰退的隱憂。

階段❺ 永遠晚一步的降息

當民眾購買力下降，企業獲利減損被迫裁員，經濟衰退的隱憂已經呈現，這時候央行就降低利率來刺激消費，不過這種升息跟降息，一直都有時間差的遞延反應，因為央行通常必須確認通貨膨脹已經不再構成威脅，而且還要補上兩槍確定完全不再有威脅的跡象時，才會罷手，所以降息的時候通常市場都已快步入衰退，不是絕對，但是很有可能的事。

可以說第五階段的降息，並不一定能夠拯救經濟進入衰退的困局，因為任何貨幣政策都會有時間差來做反應，例如病人吃藥也不是如仙丹般的立即恢復，俗語所說「病來如山倒，病去如抽絲」，更何況升息所造成實體經濟借貸成本的增加，流動性資金的減低，公司盈餘的下降，股票估值的再評估，這些不利因素都不會是一降息就可以如仙丹般的生效。

這裡或許可以做個小結論了，利率倒掛這個非正常現象，會造成後面一系列採取的挽救措施和導正，挽救經濟是成功或失敗論戰的聲音，這時開始有較多的討論了，也就是說進入了經濟是「硬著陸」或「軟著陸」的猜測，硬著陸是意指經濟會進入衰退，軟著陸代表驚險過關，或者瀕臨衰退的邊緣擦身而過。

8-3 利率倒掛是個好訊號嗎？

以過去的歷史紀錄來看，我們可以重複曾經說過的那個結論「利率倒掛不一定會產生經濟衰退，但是經濟衰退之前，通常出現利率倒掛，因為有可能處理得當發生軟著陸，也就是經濟下滑的程度不至於太嚴重，但也可能情況嚴峻，太多挑戰難以一一克服，不得不進入了經濟的硬著陸，也就是所謂的經濟衰退」。

可以說利率倒掛後，發生經濟衰退的機率高到驚人，所以確實這是一個有效的警告訊號，但問題來了，從經濟倒掛的訊號出現到經濟衰退結束，最短曾經在六個月之內就完成了，最長的幾乎高達 23 個月將近兩年的時間，在什麼樣的時間點進入和出場？這並沒有一致的標準，好像很混亂，又彷彿亂中有序，所以可以看到很多的研究報導，特別是諾貝爾經濟學獎得主尤金・F・法馬（Eugene F. Fama），就有研究報告告訴大家別忙了。

但是我們從圖表可以看出最近的五次利率倒掛（包含最近

2022年的這一次，衰退期間還未明朗化，但是從2022年3月31號的倒掛到2022年10月14號的低點就已經產生近23％的跌幅），也就是過去的五次利率倒掛當中，有四次產生重大的跌幅，下跌幅度之重從 -23％到 -57％，所以說利率倒掛它是有意義的訊號是正確的，但困難在於如何出場和進場，多大的部位？以及何時？還有更重要的，什麼時候資金要回歸？這就是投資者要在經濟學者說完前因後果後，最難卻重要且需要補足的一堂課，我有我的觀察，但不能取代各位的獨立思考，我會給出我觀察後的提示，依然回到以簡馭繁的投資哲學和策略，別忘了這個章節的主軸是困而知之，期待你是破繭而出之後的美麗蝴蝶。

在不疑中存疑，大膽假設，小心求證

投資是科學和藝術的結合，許多人把它當作純科學來處理，有時會把自己弄得精疲力盡不說，還遭到結果跟想像極大差異的背叛。

從我們所列的圖表看來，除了2023年是否進入經濟衰退（還不）確定以外，之前的四次，利率倒掛之後，確實出現了經濟衰退，再往更早前追溯，依然是高機率的事件，照這麼說已經是證據確鑿的，以後只要利率倒掛的現象出現，就應該立即出場，等待經

濟衰退結束完再進場，這個論述對嗎？

這個論述就像是把投資當作科學一樣，當然不一定正確，口說無憑，我們就拿 1988 年的例子來驗證，讀者會發現一個現象，利率倒掛了，經濟果然也衰退了，但股價在這段期間卻逆勢上漲，出場的人看著股市節節攀升，等經濟衰退結束時，股價已上漲了 35％，這個結果想必大出許多人的意料之外。

1988 年 12 月的利率倒掛，這是用兩年期和 10 年期公債的對比（如果是用三個月和 10 年期公債利率的對比，倒掛時間延長五個月是在 1989 年的 5 月才發生），這一次是件非常特別和有趣的發展。

最早時間倒掛的是 1988 年 12 月，那時標普 500（SPY）是 278 美元，經濟衰退發生在 1990 年的 7 月到 1991 年的 3 月，這段期間的股價最高落在 375 美元，也就是說從倒掛開始的訊號出現，到經濟衰退結束，這段期間股價竟然上漲了 35％，所以這一次利率倒掛的訊號沒有幫助投資者，出場反而是一個錯誤的決定。

細心的讀者，或許會提出抗議，因為回去追溯那段期間的股價走勢，發現在經濟衰退的那段期間，這當中的最高和最低的股價確實跌了 18％，當然是有意義的訊號，在我看來是事後的諸葛亮，這個進場和出場的訊號，多數人幾乎都抓不到，為什麼呢？

在經濟衰退的這一段期間（1990 年的 7 月到 1991 年的 3 月），

標普 500 股價的一個高點落在 1990 年的 7 月 8 號是 367 美元，10 月 7 號的最低點 300 美元，這當中確實下跌了 18%，但問題是你怎麼知道 7 月 8 號是最高點呢？你又怎麼知道 10 月 7 號會是最低點？更何況如果這個經濟衰退的數據是晚一個月公告，那麼經濟衰退的數據將會在八月底公告，那時候的股價是 323 美元，距離 10 月 7 號的最低點 300 美元，這個跌幅縮小到 8% 的差距，重點是你根本無從得知經濟衰退的第一個月竟然是股價的最高點，接下來股價下跌三個月後，還處在經濟衰退股價就已經節節升高了，可以說牛排沒吃到，還惹了一身的羊腥味。

「殖利率曲線指標之父」的坎貝爾・哈維（Campbell Harvey）教授，他也指出，這個利率倒掛指標傳達的也可能是假訊號（false signal），他提到過去八次經濟衰退之前，這條殖利率曲線每一次都倒掛，但過去也至少一次是假警報。

經濟學家完美解釋後，投資者要面對的課題

投資界有這麼一個說法，統計學者告訴經濟學家：統計學的領域比你想像的多元和忙碌，保險公司需要統計學背景的人考取精算師，進行公司產品的盈虧模式的精算，每一個精算師也需要好幾年的執照考試準備。

統計學者得意的說完後，經濟學家接著說，我們可也一點都不輕鬆，不但要懂經濟學的理論，還要懂你們統計學的工具和應用，才有辦法進行各項經濟數據的分析，進而做出判讀，言下之意就是經濟學家要懂兩門學科，才可以幹活。

但台灣的投資者更猛，說道「投資哪裡有什麼專家，只有輸家跟贏家」，這麼一說統計學者和經濟學家都安靜了！

是的，經濟學家確實把利率倒掛之後，之所以形成的前因後果說得很清楚，但細心的讀者也會發現，多數的經濟學家並不參與投資的細部操作，因為什麼點的進出、資產配置當中各項資產分別多大的比例、選擇什麼樣的投資標的，這又是另外一門需要專研、同

| 圖 8-3-1 |

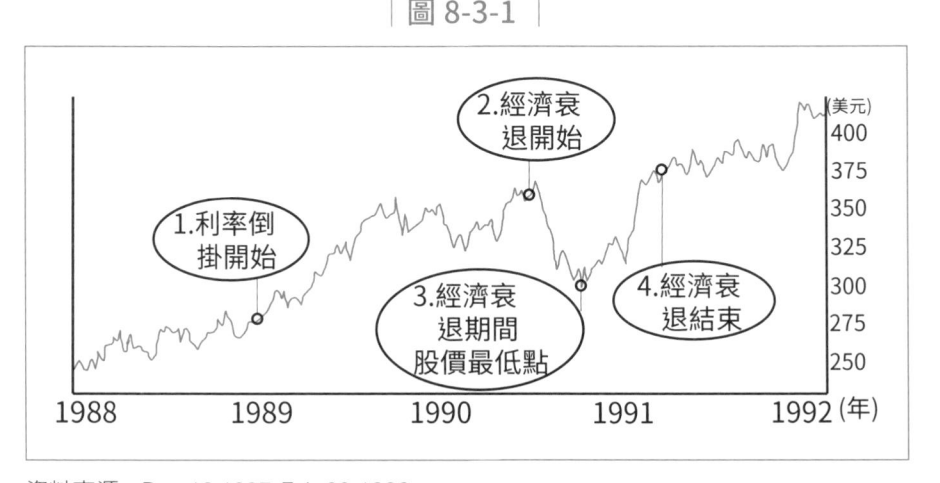

資料來源：Dec 13,1987-Feb 23,1992

時在犯錯修正之後才能夠見效的學問。也就是說，成功的投資者，如果沒有選對方法，或沒有建立適合自己投資哲學的話，那麼就算了解經濟學的背後原理，還是無法達成善果，可以說投資者還有更多的功課要深入探討，進而形成自己的投資策略和戰術。

圖 8-3-1 說明 1988 年 12 月利率倒掛就出場的決定可能是一場不太美麗又難過的錯誤，第一個記號註明利率倒掛，經濟衰退時股價不在低點，中間三個月當中有一次 18％的跌幅，如果以衰退做訊號，掐頭去尾的公告時間，能夠掌握的跌幅恐怕只有 8％，是一次油水不多，但一失手代價很大的，請比較圖 8-3-2 的 10 年期圖形。

向左轉，還是向右轉？是出場，還是進場？

我一直強調投資，應該以簡馭繁，而且要建構自己的投資哲學，這個當然也要與符合自己想過的生活方式做結合。

把視野拉寬，時間拉長，圖 8-3-2 會給你一點投資策略規劃的線索，當把時間軸拉長 10 年，從 1990 年到 2000 年，你會發現當時利率倒掛的 1988 年 12 月，在 10 年的股票走勢圖當中，發現在 1991 年 18％的小波動，變成了微不足道，如果當時離開，未能及時把資金送入場內，將錯過美國歷史上，10 年年均複利的 18％最美好時光之一，這驗證了《阿甘投資法》（天下文化出版）裡頭的

心法之一「股市再行，你不在場內也不行」。

第 6-3 節「三箭齊發」的功效，所介紹的法馬／法蘭奇（Fama and French），是 2013 年諾貝爾得獎者，他們兩位也在 2019 年發表了一篇利率倒掛和股票績效預期（inverted yield curves, and expected stock returns），試著去找出利率倒掛和股票報酬增長的關係。

他們兩個人的發現是「沒有任何證據表明殖利率倒掛（反向收益率曲線）可預測股票在未來一年，兩年，三年，五年的預測期間內的表現將遜於國庫券 We find no evidence that inverted yield curves predict stocks will underperform Treasury bills for forecast periods of one, two, three, and five years.」

「關鍵評論網」（The News Lens）引用了「小資 YP 投資理財筆記」2022 年 8 月發表的一篇文章，〈「殖利率倒掛」是否預言經濟衰退？我該盡快離開市場「現金為王」嗎？〉文中介紹了法馬／法蘭奇兩位的實驗方法、計算和結論，有精彩的摘錄，作者也說出長期指數投資者應有的態度，「面對累積資產過程中的任何虧損或者下跌狀態，接受它（we just have to accept it），因此針對殖利率的反轉課題，儘管新聞與媒體一直不斷地放送負面消息，短期的市場或許會迎接下跌的走勢，但對所有投資人而言，不需要做任何事情（do nothing and accept it）。」

不過我相信多數的人看到法馬／法蘭奇實驗的假設和計算，不需要打麻醉可能就已經在半昏迷狀態，為了拉回讀者最佳閱讀的精神，而且遵循我們以簡馭繁的宗旨，我出示一張圖，可能勝過千言萬語。

　　圖 8-3-2 是長達 10 年的股價走勢圖（是標普 500 從 1988 年 6 月到 2000 年 2 月份），但呈現有兩個區域，黑色方框是經濟衰退期間，但同時下圖給予放大，以便判讀。第一個圓圈點標示的是 1988 年 12 月利率倒掛時的價位 278 美元，經濟衰退發生在 1990 年的 7 月到 1991 年的 3 月（分別是第二個，和第四個圓圈，見圖 8-3-1），這個區間雖然在經濟衰退期間，但股價只有短暫的下挫，所以離場轉成現金不太容易占到便宜。至於 1990 年的 7 月到 1990 年的 10 月這當中最大跌幅 18％，如果考慮公布數據延後一個月的出現，那麼大概只有 8％到 10％的跌幅空間可以離場，坦白說沒有什麼肉可以飽餐。（圖形的第二個圈和第三個圈的期間）。

　　坦白說，90 年代初的這一個利率倒掛，所引發後面的經濟衰退，投資者最佳的離場時間只有三個月（當下你未必知道），而且跌幅也只有 10％上下，但是 —— 你一旦錯過，標普 500 在這 10 年期間，由利率倒掛的第一個時間點 1988 年 12 月的 278 美元到 2000 年 2 月的 1366 美元（淨獲利）近 400％，阿甘投資法、法馬／法蘭奇，以及我用的這個圖表，這三種數據都證明了長期指數投

| 圖 8-3-2 |

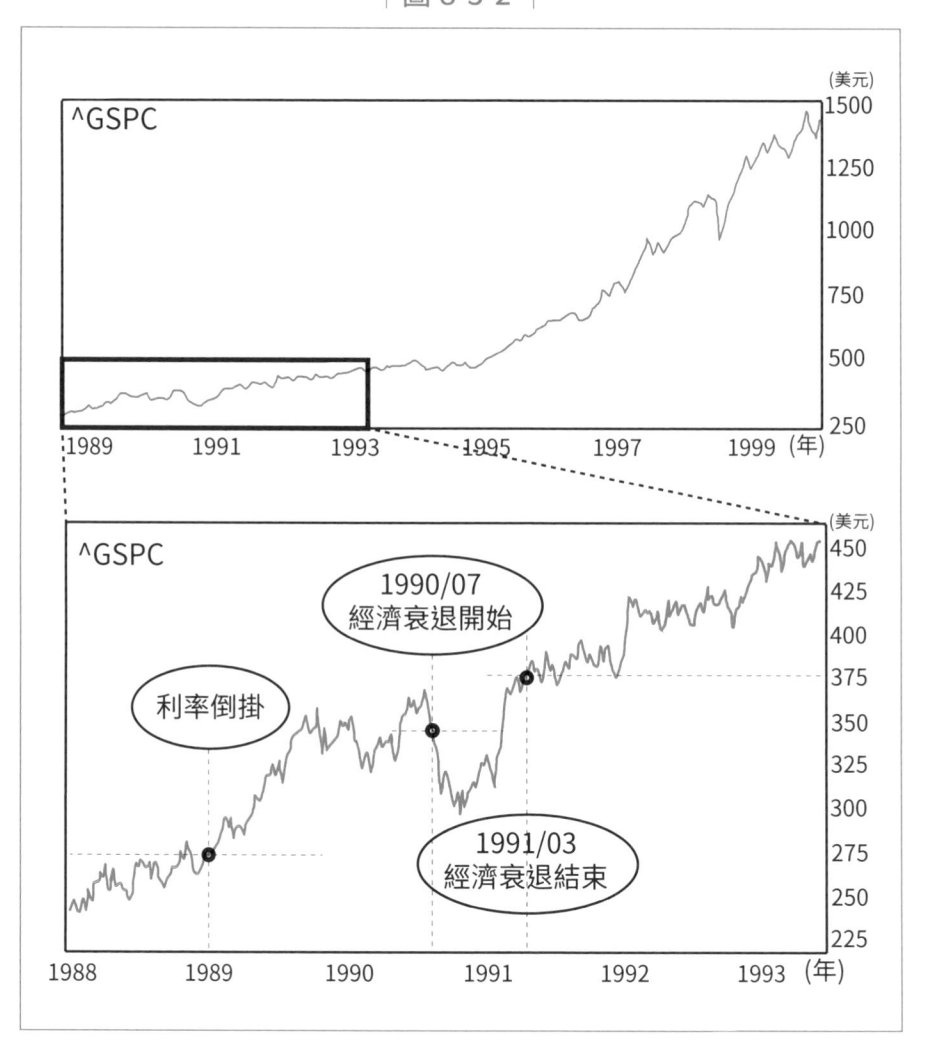

資者應有的態度和做法（阿甘投資法的數據和績效，請參見《阿甘
投資法》，天下文化出版）。

不變應萬變，有時也是一種好的策略

圖 8-3-2 透露出的訊息，或許會讓許多人徹底打消利用利率倒掛作為進出場的訊號。

8-4 歷史未必重演，但有時跳著相同的節奏

1990 年 vs 2023 年

1990 那一次利率倒掛之後，股價的走勢竟然跟經濟衰退走相反的方向，也就是說股價的走勢，不理會經濟衰退這個事實，也或許可以說，股價領先經濟走勢發展三到六個月以上，也就是大家常說的股價是經濟的領先指標，等你看到經濟衰退時，股價的最低點可能輕舟已過萬重山。

2022 年的利率倒掛，和 1990 年有不同嗎？還是有相似之處？

2022 年的利率倒掛出現在 2022 年的 3 月，但截至 2023 年的 5 月時，經濟尚未出現衰退，因為每一次利率倒掛，都有長短不一的時間遞延，但是在 2022 年 3 月利率倒掛經過七個月之後，股市已有了 27％的跌幅修正，經濟尚未衰退，卻已發生不小的跌幅，站在 2023 年的 5 月回頭一望，低點竟然是 2022 年的 10 月份，這

一次會是 1990 年的翻版嗎？之間有什麼相同之處？又有什麼相異之處？這個就不要交給經濟學家，要交給投資者贏家的你來琢磨一番了。如果不會重複 1990 年的股價走勢，那麼差別在哪裡？如果會，又是哪些相同的背景元素？想想看，再用兩三年的時間來印證和回顧，你這是一種判讀的樂趣，也是你提高投資功力的必經之路。

小結：「不變應萬變」也是一種策略，審時度勢抓每一個超額報酬的操作也是一種做法。有機會但不容易，什麼樣的操作策略，可以提高成功的機率，這個值得你困而知之，我在文末也有提示，不過它不是定律，別忘了投資是科學與藝術的結合。你的人生學與價值觀以及心理素質，在投資的操作中也是占有一定份量的。

嘗試追求超額報酬的一點提醒

如果說追求超額報酬，一點都不可能，相信還是許多人難以接受，因為每一次利率倒掛，幾乎都有 20％到 50％之間的震盪，這麼明顯的訊號怎麼能夠不利用呢？這可是獲得超額報酬的最佳機會，難道沒有可以善加利用的空間嗎？

我認為有，但這個金礦／油礦要由你來挖掘，因為每一個人的投資哲學，跟能投入的時間不一樣，風險承受力也不同，我給讀者

的提示是，最少有兩種做法，你可以參考：

1. 利用利率倒掛之後，股市高波動的震盪可能，第一時間後退一步，避開高機率的逆風來襲。

2. 利用利率倒掛之後降息的高機率，部分資金參與債券 ETF，而且可以考慮部分短天期的債券 ETF，轉成長天期的，但只是債券比例部分，而不是全部，藉此加強功力，累積實力。

例如一至三年的 SHY 轉到七到十年的 IEF，原先七到十年的 IEF 就轉到 20 年的 TLT，但請注意，功力還不是爐火純青的時候，同樣只在原先債券部位做調整，例如原先 30％債券部位 , 除非有特別的原因改變，或有理由說服你，不然還是保持原先的 30％的比例，你只是在債券短或長天期工具的部分比例互換或調整，利用這種因利率波動而產生價差的機會，而不是要你重壓，那就背離了資產配置的重要精神。

以上這兩種戰術的運用，都要先做到，利率倒掛的訊號出現時，後退一步。

階段❶ 出場時間跟金額比例

退後一步，代表部分的資金撤除股市，這個退後一步，依每一個人的財務實力而不同，可以是 10％～ 20％的資金，金額的數量有了一個參考，那麼時間點呢？就是以利率倒掛知道的第一時

間就採取行動，這是出場的時間跟金額比例，但是且慢，10％到20％，指的是投資總金額的比例，可不是代表要一次全部撤出，就像坎貝爾·哈維（Campbell Harvey）教授所說的，利率倒掛引起的經濟衰退這個現象，多年來媒體的報導下許多人已經有警覺，最起碼造成兩種可能，同時間奪門而出的人太多，造成股價瞬間的跌落，所以你有可能賣在低點，第二種情況是，殖利率倒掛之後，股價不但沒跌還往上攀升，直到某一個點才會反應。

所以這10％～20％的資金，你要用多快的速度撤離，並沒有一個科學公式可以精準的告訴你，因為從利率倒掛到經濟衰退結束，時間長短不一，2020年的新冠肺炎可能只有幾個月，2000年的高網路泡沫，跌幅卻整整長達兩年以上，所以這個判斷需要一點審時度勢，但是你可以考慮，利率倒掛的訊號出現就可以開始分三到10次不等的時間撤出，不要期望資金全在最高點撤出，部分資金能避開下跌的衝擊，就是保留一些元氣，為下一個反擊儲存能量，所以心情輕鬆一點，這是預防性的防災措施，成功可喜，失敗也不至影響太大。

階段❷ 進場時間

這個是有點藝術部分了，既然是藝術就只能提示，師父領進門，修行在個人。給大家的建議參考是，撤出的資金可以用微笑曲

線吃龍蝦的方式，在合理的時間區間送回，千萬不要期望買在最低點，可以參考的簡單的做法之一，比照《阿甘投資法》景氣燈號的進場和出場方式，然後再修正成適合你的。當然這包含了《為什麼你的退休金只有別人的一半》（商業周刊出版）裡面所提的甜蜜點到來時的操作，細節的陳述為什麼要在這裡賣個關子？因為在暗示你，大道至簡，以一貫之，這一點通了，這個章節就太值得了。

這個部分好好掌握，確實有機會創造超額報酬，那麼牛排和龍蝦都有可能入口，這可是海陸大餐！但價差的操作方式不見得適合每一個人，希望投資生活簡單一點的，回到前面所提資產配置的做法，利用每年再平衡的操作模式，依然會有不錯的收益和報酬，至於利率倒掛的訊號就當作科普知識，畢竟所用的操作策略要符合自己的投資哲學和要過的生活，這樣子才能夠發揮效益，「因為一個一流但無法堅持的策略，不如一個二流但可以實踐的。」

總結的說，以價差的操作來追求超額報酬的方式，都沒有絕對一定成功的，影響經濟變化的因素很多，每一次股災所形成的原因也不盡相同，股市變化不是一成不變，但是從過去利率倒掛之後，出現 20％到 50％不等的跌幅，這個還是有意義的訊號。

接下來是如何利用正確的投資觀念和策略，將這一條滑溜溜的鰻魚入手，是有方法的，雖然不能說百分之百成功，但還是有高機率可達成，而這所有的觀念和做法，回頭一看，竟然發現多數都在

我過去幾本書中所強調的投資觀念和操作，而這也是巴菲特所說的投資就只有兩門課：第一個是估值，第二是如何正確看待股價的走勢（這是心理素質），這兩門課依然適用，有正確的投資觀念，加上有適當的準備，那麼任何時候股價的下跌都是機會，是可用歡迎的態度來面對它，所以利率倒掛，在我看來也就是機會在危險中出現的另一種「危與機」，看似危，卻是機。

8-5 美國矽谷銀行倒閉的啟示

美國矽谷銀行曾經是一家美國中大型商業銀行，總部位於加利福尼亞州聖克拉拉。矽谷銀行是美國大銀行之一，是矽谷本地存款最多的銀行。矽谷銀行從 2019 年到 2022 年，這三年資產增加了三倍。

但也就是因為這新湧入的龐大資金，銀行必須要有投資的管道跟去處，才能產生收益，來支付銀行存戶們的利息支出，為了增加收益移動了至少有 1,000 億美元去購買美國政府公債，而且是長天期的公債，存戶短期的存款，卻拿去做長天期的運用，這就導致了另外一個更難處理的問題：投資決策的錯誤。而且投資的比例占了銀行存款的 67％以上。

或許你會問債券不是非常安全的投資嗎？怎麼會虧損這麼大？再看一下第 5-5 節迷思 3 的圖表，五年期公債持有利率調升 2％虧損約 8.97％，而事實上這一次將近 19 碼的升息（聯邦基準利率由

0.25％上升到 4.75％，「一碼」是 0.25 個百分點，升息一碼代表利率提升 0.25％，半碼為 0.125％、兩碼是 0.5％，以此類推）。這個升息的幅度之大，矽谷銀行的債券虧損很容易就超過了 10％以上。

當矽谷銀行面臨投資部位如此龐大的非實現虧損（unrealized loss），為了維持現金的流動部位，應付客戶的需求，被迫賣出債券 210 億美元，結果產生虧損 18 億美元，他背後還有 1,300 億美元債券還未賣出，由於找新資金填補缺口的過程，又必須公告（未實現的財務虧損的詳細報表），這個資訊的公告又引起了許多銀行存戶更大的驚慌。

這個管理上的缺失就形成了擴大效應，兩天之內被提領了 420億美元，2023 年 3 月 10 日，美國監管機構關閉矽谷銀行，並由美國聯邦存款保險公司（SIPC）接管了銀行存款，成為美國金融史上僅次於華盛頓互惠銀行的第二大銀行倒閉事件。華盛頓互惠公司成立於 1899 年，它的最大子公司華盛頓互惠銀行（Washington Mutual Savings Bank）曾經是美國最大的儲貸機構（Savings and loan association）。

說起華盛頓互惠銀行，我還真有一段慘痛的記憶，這家以房屋貸款為主業的銀行，當年在美國華人社區大做廣告，那個廣告名稱我還印象深刻，選用了銀行英文名的前面兩個英文字，帥哥美女對

著電視機鏡頭的觀眾說 Wa Mu（哇目），是一家經營穩健獲利扎實的房屋貸款銀行，查了一下它的財報，盈餘獲利還不錯，我小買了一些，沒想到 2008 年金融海嘯，該銀行多數資金都投資在房地產，一下子就失去了現金的流動性，也被接收，我的投資一下子就從（哇目）變成了（哇靠）！全沒了。

資金何時，從好事變壞事？

矽谷銀行從 600 億美元的中型銀行，由於資金的湧入，一路快速攀升到 2,100 億美元，成長幅度將近高達三倍，變成了中大型銀行規模。當時公司的管理人員想必覺得風光無限，世界太美好。

但這也印證了老祖宗所說的「福禍相倚」，由於新冠肺炎期間湧進來的大批資金，銀行必須找到投資的去處，銀行將存戶資金，移動到銀行的投資組合，而這個資金的移動，也就是「資產配置的新布局」的投資決策，出現了敗筆，這當中有運氣，但也有策略不周延的地方，而這個策略的不周延，有一部分原因就是對資產屬性的了解不夠「完全徹底」。

此話怎說，什麼叫完全徹底的了解？請大家再回頭翻閱 5-5 章節，「破解公債的四大迷思」。

迷思之一，公債是穩賺不賠的投資？第 5-5 節有很清楚的說

明，「除非」公債持有者完成一個先決條件，就是在公債到期日之前，不會因為需要現金或其他理由被迫變現，只要你有足夠的時間，乖乖地等到債券到期日，那麼就「可能」可以安全的拿回本金，為什麼說「可能」，因為你所投資的公司還要不能提前倒閉，這一段期間還可以拿到利息收入，至於利息是高是低，就要跟當時的利率環境來作比較，但本金是安全的。

而 2023 年 3 月宣布破產被接管的矽谷銀行，除了犯了第一個迷思以外，也犯了 5-5 第三個「公債價格波動較為溫和」的迷思。

從表格當中可以發現，假設以公債票面利率為 3% 的公債，當公債利率調升 1%，和 2%，公債在一年，五年，10 年，20 年，30 年期的變化，但用「變化」實在不足以說明，正確的說法是「劇烈變化」。

例如，以上的假設條件不變，利率調升 1%，一年期的公債只有損失 1%。但五年期的公債就要損失 4.4%，如果利率（調升）幅度加大是變成 2%，這個虧損的幅度也就相較擴大很多，一年期會變成虧損 1.9%，五年期變成虧損 8.7%，如果是 20 年期的公債（跌幅）將近達 25%，有許多投資者喜歡用 20 年期公債 ETF，在 2022 年就付出了慘痛的代價。

而 2022 年的這一次美國中央銀行的暴力升息，升息幅度可不是只有 2%，所以你可以顯見這個公債投資虧損的幅度是非常驚人

的，一下子虧損就超過了 10%，而矽谷銀行將近 1,600 億美元的資產，在公債投資的部位高達 1,000 億美元，這當中「未實現」的潛在虧損，就高達上百億美元，不賣出等待公債到期日當然沒問題，但問題就在矽谷銀行，出現了存戶擠兌的流動性問題。兩天之內被擠兌了 420 億美元，三天後終因為（流動性的風險危機）而被接管。

矽谷銀行玩的是小李飛刀，還是關公耍大刀？

矽谷銀行的投資產生這麼大的虧損，是有一點壞運氣，購買全世界最安全的美國政府公債竟然也虧損，事實上，每一項金融產品，都有或多或少的不同類型風險，上市公司股票有破產的風險，債券就有利率的風險。

但嚴格來說，矽谷銀行的投資管理決策，還是有不周延的地方，先別說股市或債市有任何金融風暴來襲的可能，矽谷銀行的證券投資部門也太沒有風險意識了，要不然就是經驗太少了。可以說矽谷銀行既沒有小李飛刀，刀刀命中的精準判斷，也誤解了關公耍大刀，要揮舞那麼重的兵器，是要了解自身所處的狀況，也就是說金融機構特別是銀行，不能把這麼高部位的資金放在投資，必須犧牲獲利的一些機會來換取安全，因為全世界沒有一家銀行經得起擠

兌。

　　巴菲特就曾說過，要了解波克夏是什麼樣性質的公司？必須先看懂保險業，才可以看懂波克夏公司，巴菲特說，因為公司的屬性特別，雖然波克夏擁有龐大的現金，卻沒有一點想要改變的意願，因為公司是保險公司，隨時要有足夠的變現能力，矽谷銀行投資部門，如果今天再來回顧巴菲特的這句話，就會感觸這句話的智慧不只 10 億美元，巴菲特的「穩」，如果你學會了，那麼致富絕對指日可待！

　　談完矽谷銀行犯的錯誤，我們來看一下一般投資者也常犯關公耍大刀，卻砍到自己的一個例子。

你了解關公大刀的斤兩嗎？

　　許多人談到公債，喜歡買長天期的，因為它的殖利率高於短天期的，例如美國政府 20 年期公債 ETF 代碼（TLT），正常的時期，它的殖利率高於 7 ～ 10 年期的美國政府公債 ETF 代碼是（IEF），可以說獲利高，是吸引大家購買長天期債券的主因，回顧過去這兩檔 ETF 基金從成立以來的 20 年績效紀錄（2003 年～ 2022 年）的確也是如此，表 8-5-1 的紀錄顯示，TLT 的累積總報酬是 117.74％，高於 IEF 的 88.98％，換算年複利是 3.97％對比 3.23％，

| 表 8-5-1 | 2003 ～ 2022 年 TLT 與 IEF 20 年成績比較

單位：%

年度	年度報酬	
	TLT	IEF
2003	2.10	2.07
2004	7.91	4.21
2005	8.85	2.58
2006	0.70	2.52
2007	10.29	10.37
2008	33.92	17.91
2009	-21.80	-6.59
2010	9.05	9.37
2011	33.96	15.64
2012	2.63	3.66
2013	-13.37	-6.09
2014	27.30	9.06
2015	-1.79	1.51
2016	1.18	1.01
2017	9.18	2.55
2018	-1.61	0.99
2019	14.12	8.03
2020	18.15	10.01
2021	-4.60	-3.33
2022	-31.24	-15.16
年複利	3.97	3.23
累積成長報酬	117.74	88.98

但是比較第二個表格之後，我們可能需要多一個思考。

TLT 這樣的榮景，和領先局面可以持續下去嗎？我不知道，巴菲特說長期債券的利率走勢他也不知道，甚至他說連中央銀行也不知道，是巴菲特太謹慎，還是長天期公債的投資者太過樂觀和有自信？

我們把時間切換，用另外一個角度來看這兩個債券基金 ETF 的走勢，可能會得到不一樣的視角，請見下表 8-5-2。表 8-5-2 呈現兩檔債券型 ETF 過去五年（2018 ～ 2022）的績效表現，20 年期的 TLT 虧損是 12.98％，對比 7 至 10 年期的 IEF 虧損是 1.57％，整個結果跟表 8-5-1 完全不一樣。

| 表 8-5-2 | 2018 ～ 2022 年 TLT 與 IEF 5 年成績比較　　單位：%

年度	年度報酬	
	TLT	IEF
2018	-1.61	0.99
2019	14.12	8.03
2020	18.15	10.01
2021	-4.60	-3.33
2022	-31.24	-15.16
年複利	-2.74	-0.32
累積成長報酬	-12.98	-1.57

通常在做一項投資決策，評估時不會只單看一項因素，特別是1980之後，基本上債券處在一個降息的多頭市場，造成許多人以為投資債券就只有榮景和上漲，而不知道還有衰退或下跌，這種一體兩面的事。

這種一廂情願的想法，碰到投資環境有變化，或突發而來的逆風狀況時，才會發現長天期的債券價格波動程度，遠超過原先的想像，甚至就不知道如何應對了。

我們來看一下這兩檔債券 ETF，在殖利率倒掛和經濟衰退期間兩者的波動程度和表現，就進而也可以推論，美國矽谷銀行會面臨帳面較大幅度未實現虧損，進而造成存戶恐慌，因而擠兌，造成流動性不足，而破產的潛因。

存戶們為什麼會緊張？因為 2022 年美國中央銀行的升息幅度之猛烈和快速，是過去 20 年所罕見，這種暴力升息的結果，造成債券市場極大的帳面虧損（也是所謂的未實現虧損 Unrealized loss），我們把過去 2022 年這一年債券市場的劇烈波動，做一個比較清楚的呈現，讓各位感受一下這波濤洶湧的債市，震盪的幅度不亞於股市的。

2022 年債券市場的劇烈波動：TLT vs IEF

2019 年 8 月的利率倒掛，進而發生新冠肺炎在 2020 年 2 月到 4 月的經濟衰退，這一次衰退的時間非常短，債券價格的反應也可能出乎多數人的意外，2019 年 8 月利率倒掛時，TLT 的價格大約是在 147 美元，結果經濟衰退結束的 2020 年 4 月，TLT 的價格上漲了 14％（中間約六個月 8％左右下跌的晃動等待期），對債券投資者而言，期盼的就是經濟衰退的來臨和宣告，進而利率的下降，帶動債券價格的上漲（利率下降，為什麼債券價格會上漲，如果此刻你還是困惑這兩者的關係，請你往前翻閱章節 5-5 破解公債四大迷思）。

進入 2021 年通膨的隱憂開始加劇，升息的呼聲開始蠢蠢欲動，美國拜登總統在 2021 年一月份就職，許多學者都認為這一次通膨的失控，美國聯準會升息時間啟動太慢，是有為了總統 2020 年政治選舉時的考量，不願意因升息而影響了選情，這也彷彿是台灣任何政黨當政，都刻意壓低油價電價，但最後還是要付出代價的。

2022 年，二月份俄烏戰爭開打，美國聯準會在 2022 年 3 月 17 號開始啟動升息，這一次不只是升息，而是暴力性的升息，造成債券價格的重挫，特別是 20 年期的債券 TLT。

第二次的利率倒掛發生在 2022 年 3 月，是最近一次的利率倒掛事件，經濟衰退還沒有正式公告是否有發生？因為也是有可能經濟軟著陸避開了衰退。

但債券 ETF 的價格這段期間（2022 年 3 月 28 到 2022 年 10 月 17）下跌近 30％，這個跌幅對債券投資者而言，應該是相當驚悚的。

不過還沒有完，從圖 8-5-1，你會發現如果是從債券價格高點的 2020 年 7 月，上一次的經濟衰退，只有經歷三個月，在 2020 年的 4 月結束，20 年期公債在 2020 年 10 月份達到價格高點。從高點的 171 算起，到這一波低點的 2022 年 10 月價格是 93，跌幅將近 46％（171-93/171），這個應該很震撼吧？這印證了我們在 5-5 債券迷思章節所說的，債券的波動程度比你想像中的劇烈。

如果你對總體經濟有興趣，給大家兩個思考問題：

1. 2019 年 8 月利率倒掛時，20 年期債券的 TLT 價格是 145 美元，接下來價格攀升到 171 美元，這段期間債券 ETF 價格是上漲的，為什麼？

2. 2022 年 3 月，又發生了利率倒掛，但這一次價格從 2022 年 3 月的 132 美元，下跌到 2022 年 10 月的 93 美元，跌幅高達 30％，請問同樣是利率倒掛，為什麼第一次的債券 ETF 上漲 14％，第二次的利率倒掛卻造成了下跌 30％，如果是

從高點的 171 美元算起，跌幅就是更驚人的 46％，這又是為什麼？

如果要獲得超額報酬，你需要了解背後的原因，以及執行時的進出場時間，最好是一個系統性的知識操作建立，也就是在一堆雜亂無章的數據中找出它的條理性，這是做學問的樂趣，運氣好找到的話，金庫通你家的財庫，找不找得到都會有收穫的，總結地說，利率倒掛在投資上是有意義的！

| 圖 8-5-1 |

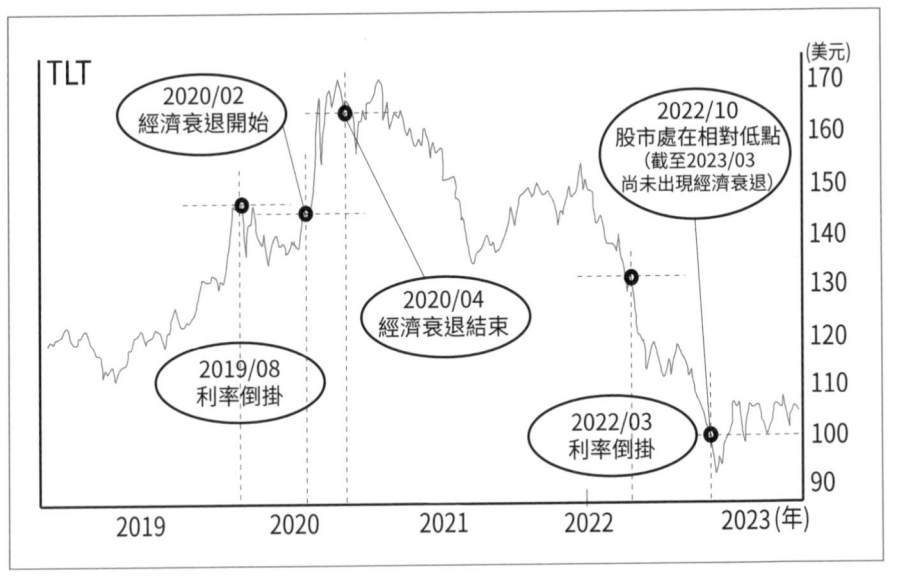

資料來源：yahoo finance & 作者
說　　明：以上的圖表是代碼 TLT，20 年長期美國政府公債的 ETF，從 2019 年利率倒掛到 2022 年的價格走勢圖，可以清楚的看到跌幅 46％，價格近乎腰斬的發展。

　你沒有學到的資產配置，巴菲特默默在做的事

暴力升息，較短天期的債券衝擊又如何？

接下來登場的是，到期日較短的七到 10 年的債券 ETF，代碼是 IEF，過去五年的績效優於 20 年的長天期公債 TLT，雖然同樣下跌，但跌幅較輕，七到 10 年的政府公債 IEF 跌幅 1.57％，對比 20 年長天期的 TLT 跌幅是 12.98％，IEF 因為到期日比 TLT 較短，對利率的波動敏感度小於長天期的，投資者這時可能有不同的角度來看待市場，投資如果是一個銅板的兩面，享受上漲趨勢的同時，也要規劃下跌時的處理，看完以下這一次暴力升息對長期公債的波動和衝擊，資產配置的操作者可以思考，多長天期到期日的債券

| 圖 8-5-2 |

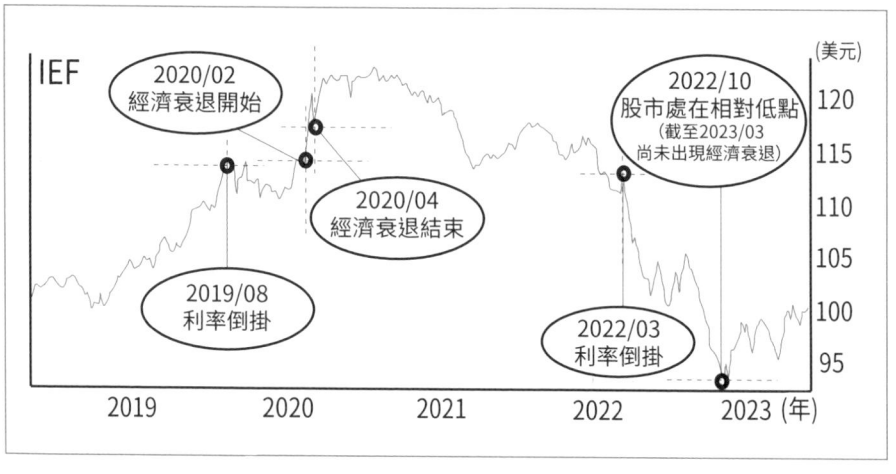

資料來源：yahoo finance & 作者

ETF，是自己最得心應手的工具？

2019 年 8 月利率倒掛兩年半後俄烏戰爭開打，加上中國大陸的封城供應鏈的斷裂，全世界因疫情使得供應端更加嚴峻和短缺，這所引發的物價膨脹一發不可收拾，債券殖利率在 2022 年的 3 月再次倒掛，因為通膨來勢兇猛，所以美國中央銀行是暴力升息，造成了 2022 年的股債雙殺，我們來看一下 2022 年中，20 年期政府公債 TLT，和 10 年期債券 IEF 的跌幅的比較。

兩個到期不同年限的債券 ETF，分別在三個不同時間點，因為升息而造成債券價格下跌的幅度，藉此各位就可以了解，矽谷銀行在這個決策錯誤下，所面臨虧損的幅度和壓力，進而來思考，如果重來一次，怎麼樣可以避開，這個部分我們放在文末的總結。

20 年長天期的債券的 TLT 為什麼不適用於每個人？

| 表 8-5-3 | TLT vs IEF 漲跌幅比較表

時間	20 年期政府公債 TLT	10 年期的政府公債 IEF
2020/4 ～ 2022/10	-45%	-24%
2021/12 ～ 2022/10	-40%	-18%
2022/3 ～ 2022/10	-30%	-14%

三個不同時間點，20 年期政府公債 TLT 跌幅分別是 -45％，

-40%，-30%。

而 10 年期的政府公債 IEF，跌幅分別是 -24%，-18%，-14%。

如我們曾說過，投資不是只有美好的結果上漲和獲利，投資環境改變的逆風時，也有虧損和下跌，債券投資者在投資前，要了解關公大刀的重量，否則還沒有揮舞就傷了腰。

20 年期的債券不是不能投資，投資前應該思考：

1. 債券在資產配置中所扮演的角色，是要作為防守性工具，還是要作為飆漲的功能。

2. 利率的走向多變，瞬間就可以翻臉，而且經濟學者也很難預測，有必要捨棄七～ 10 年期的債券，只因為殖利率高，就選擇難以掌握跟預測的 20 年期債券？

3. 就債券長期走勢而言，已經走了快 40 年的債券市場大多頭，（請見圖 8-5-3 斜線部分，代表利率的趨勢是往下）2015 到 2020 年已經有一段相當長的時間的負利率和低利率環境，而且中央銀行結束量化寬鬆進入縮表只是遲早的事，任何一個升息的啟動，債券市場可能都會面臨逆風，把債券過去低利率的環境視為常態，這是投資債券長天期的投資者，應該要關注的議題，矽谷銀行把短期如低於一年期的存款，卻投入了五年期的政府公債，不必多，一次錯誤判斷，就結束了！

所以債券的投資者，要很清楚的了解，長天期債券的美麗與哀愁的兩個不同面向，也不妨思考一下，巴菲特為什麼也很少持有長天期債券？

| 圖 8-5-3 | 20 年期政府公債利率 TLT 走勢圖

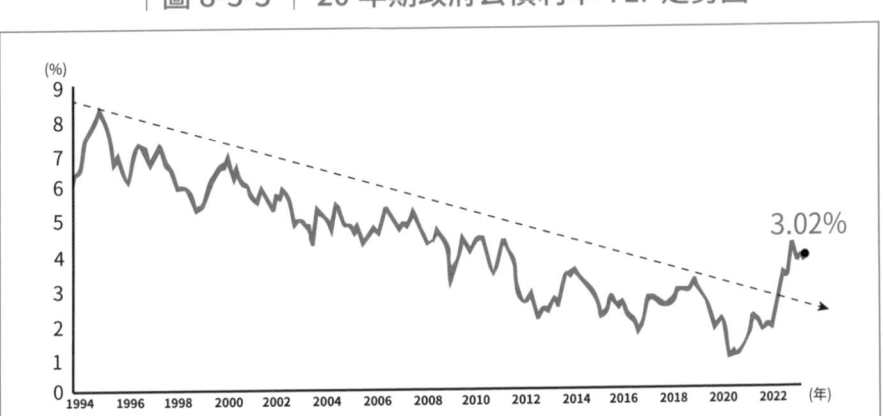

　　這張聯邦利率走勢圖可以很明顯的看出，2003 年到 2019 年是降息的債券多頭市場，長天期的債券有較大的優勢和漲幅，然而 2019 年利率反轉，局勢就整個完全改觀，未來的利率是逐步攀升，還是可以維持聯邦中央銀行 2％的通膨率，處在一個不過熱也不冷的良好投資環境？我們都不知道，正因為利率的走勢判讀有它的難度，而且深受許多環境變數的影響，所以長天期債券的持有，這個能力和判讀應該也是要在自己的能力圈之內為宜。

8-6　別人的黃金，可能是你的垃圾

這本書的增訂版，一路寫到了 2023 年的 5 月，原本只是數據更新的，加了全新的第八章之後，可以探討的議題越來越多，字數也已經超過三萬多字，在文末的收尾，覺得有幾個不同聲音和方向，此刻正在爭辯的議題，可以拿出來讓大家推敲再三或困而知之，來增進投資的功力的獨立思考。

議題❶　高通膨會長期化嗎？

2023 年的 5 月，聯邦基準利率（Fed Fund Rate）和通貨膨脹率幾乎是相同的落在 5％的區間，美國中央銀行認為 2023 年應該不會降息，有人從過去的歷史數據，推斷很有可能「高通膨長期化」，也有人認為 2023 年的 5 月是升息的尾聲，你是站在哪一方？什麼的論點支持你這樣的推理？

議題 ② 經濟衰退時，股市一定會下挫嗎？

第二隻靴子掉落了嗎？例如 2022 年的 3 月再次出現了利率倒掛，在本書付印的 2023 年 5 月，已經過了 15 個月還未出現經濟衰退，未來經濟是硬著陸，還是軟著陸？如果出現經濟衰退，股價一定會下跌嗎？過去有跡可循嗎？

議題 ③ 金融投資是有跡可循，還是隨機變化？ 歷史真的可以知興替嗎？

利率倒掛之父坎貝爾・哈維（Campbell Harvey）教授說，利率倒掛有時候是假訊號，發生利率倒掛到經濟衰退完成，有時候長達兩年，時間拉得這麼長，這當中有些細微的差別，就是所謂的魔鬼藏在細節中，仔細的爬梳，說不定有意外的風景和收穫。

議題 ④ 投資，難道沒有以簡馭繁的簡單策略？

以下不是標準答案，而是我給大家的提示，標準答案要反覆經過歷史的測驗，直到你找出較可能成功的系統方法，較可能就代表不是百分之百，投資市場裡也很難找得到有百分之百的。

第一個議題，請看圖 8-6-1，請你判斷 1990 年的利率倒掛歷史會不會重演，同時注意每一個階段的投資環境，和歷史背景不一樣。

第二個議題，請參考一下殖利率倒掛是否有意義的那篇文章，並且在不疑中存疑，1989 年的那個案例，和 2023 年的情況有哪些地方相似？又有哪些地方不一樣？在不疑中存疑，獨立思考是做投資很重要的。

第三，和第四個議題，可能就要把幾本書閱讀後融會貫通，這個融會貫通指的就是每一個章節重要觀念的融入血液，進入骨髓，

| 圖 8-6-1 | 聯邦基金利率歷史和衰退

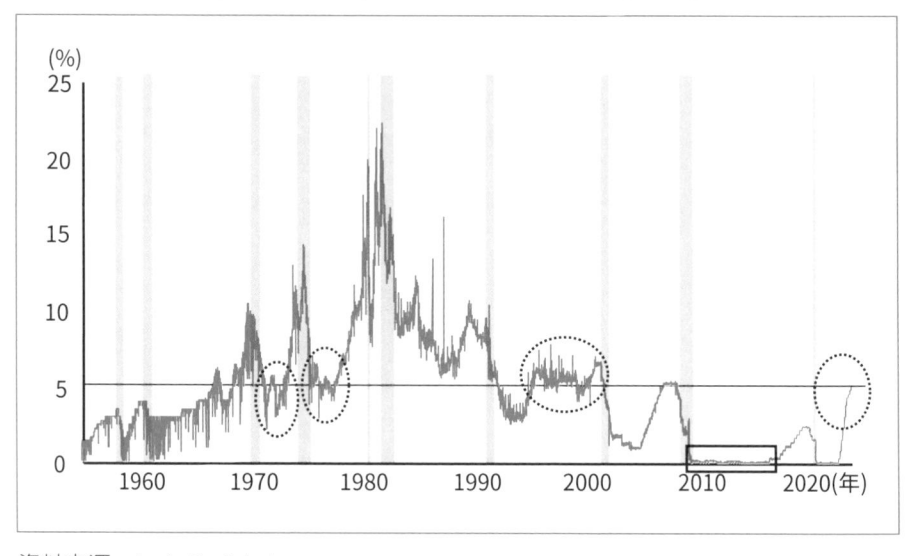

資料來源：fred.stlouisfed.org

註：這是從 1955 到 2023 年的聯邦基金利率的歷史曲線走勢圖，灰色為景氣衰退的區間。

只有融會貫通你才有可能了解在什麼時刻和環節，用什麼方式以簡馭繁。

所謂「師父領進門，修行在個人」，這幾個議題的思考，才不會被我前面這麼細節的討論所誤導，也就是不會只有見樹，卻忘了見林，這是另外的一個提醒。

經濟學者吳嘉隆先生的觀察是：通貨膨脹率一旦突破 5%，彷彿取得新的生命力，非常的頑強，以為通貨膨脹受到控制，一降息通膨又死灰復燃，例如 1970 年與 1976 年左右發生的，但是也有人可以提出不同的看法。

1995 到 2000 年、2007 到 2008 年之間，聯邦基準利率也維持在 5%以上，也沒有死灰復燃的現象，所以不是一成不變的，但是正方還是有話要說，那是因為 2000 年的網路泡沫與 2008 年的金融海嘯，撲滅了通貨膨脹的隱憂，好的，類似這樣的爭辯及討論可以繼續下去。

我要提醒的是，了解每一件事件背後的成因，有助於你做合理的推斷，如果發生的原因不同，產生結果的變化就會改變。

2023 年的 5 月截稿時，聯邦基準利率已經接近 5%，這次高通膨會長期化嗎？正反兩派的論述都有，這個絕對是你學著推理的一道好題目。

寫下來你的看法與結論，兩三年後來印證。

8-7 矽谷銀行的倒閉，資產配置的投資者可以學到什麼？

一、居安卻沒有思危

　　銀行當時是消化過多的資金，把銀行存戶的短期存款，例如是一個月或一年的短期資金，卻拿去購買中長期的公債，特別是五年期的公債，只看到報酬卻沒有看到風險，這是許多投資者常犯的致命錯誤，居安卻沒有思危。

　　可以再看一下圖 8-6-1 中黑色的方形區塊，大約 2009 ～ 2015 和 2020 ～ 2021 年維持了一段相當長、幾乎零利率的期間，這在消化和處理 2008 年金融海嘯和新冠肺炎的餘波，從經濟運行的角度而言，不可能長期的維持零利率，任何一個影響利率的變數出現，利率調升就在所難免，何況往中央銀行預期的 2% 通膨的方向發展是可以預期的，在這樣的背景環境之下，把一年期以下的存款資金

去鎖定五年期的投資，就真的居安不思危，彷彿矽谷銀行跟上帝拿了保證，這個可是連美國中央銀行都不敢作主的事，要獲得超額報酬當然可以，這個應該要學習巴菲特所說的，風險只是吃了過期一天的起司或奶酪。

如果矽谷銀行了解自身的銀行特質，吸收「低於一年期」的存款，購買政府「一年期」的公債，而不是五年期的，雖然減少了利息的收益性，但不會像這麼一次暴力升息就出局了。

二、投資決策的出錯

這背後，又可以細分兩種層面。

1. 資產屬性認知的不夠徹底和清楚，短期資金不應作為長期公債投資的資金管道。

2. 投資紀律的問題，巴菲特為什麼堅持波克夏公司，擁有超高額的現金？

了解銀行經營的屬性，一如投資者要了解自己風險的承受能力，才可以規劃屬於適合自己的資產配置的比例和資產分類及布局，因為適合自己，就比較能保有投資紀律。

三、危機應變的出錯

在豺狼虎豹環繞的環境下，做出錯誤的應變，為了應付流動性，變賣了安全性極高的政府公債，造成了實現虧損（realize loss），美國媒體曾經報導，這是當時華爾街樂見且可控的金融危機事件，借此讓中央銀行因市場上的金融危機且可能擴散的潛因，停止或暫緩升息，如果這報導屬實，那麼矽谷銀行因為自身投資組合安全性不夠銅牆鐵壁的缺失，而成了華爾街被推出去祭旗的第一隻待宰羔羊。

投資者也必須細想和回想，自己的投資組合是否也曾因市場上不理性的波動，而賣在阿呆谷，那投資者改進之道是什麼？

另外一個事後的發展，說明兩件事，矽谷銀行的運氣實在太差，買安全性的政府公債，買得太多，到期日太長的也會倒閉，這真的是被雷打到。

另外一件事情，許多人沒有注意，矽谷銀行被接管的時間發生在 2023 年 3 月 10 日，為了避免其它銀行類似情形的危機擴散，主管機關接著在 3 月 12 日，推出了一個應變計畫（Bank Term Funding Program），簡單地說，如果將銀行持有安全的資產，例如矽谷銀行的政府公債拿來抵押，協助銀行度過這個暴力升息的特殊時期。如果擁有好資產的銀行，不必因為流動性而把好資產被迫賣在谷

底，如果沒有好資產的銀行，就不在挽救之列，這個大大降低金融危機擴散的風險。

各位知道，中央銀行推出這個計畫的 3 月 12 日是星期幾嗎？是星期天，把握黃金救援期，在星期一市場開市之前，就把炸彈拆除，美國之所以成為強國，不是不會犯錯，而是在犯錯的基礎上，一直不斷地糾錯，而且有這個機制與效率跟各部門授權的專業及獨立性，都不是其他許多國家可以比擬的，這也是為什麼我們選用的 ETF 投資工具中，美國的金融產品是首選之列。美國金融市場在中央銀行的這個資產融資的緊急應變之下，是不是可以平安度過這一次暴力升息所引發的副作用，我們可以密切關注後續發展，作為投資部位的調整依據。

四、護城河要有足夠的寬度

國際趨勢的瞬間變化，印證了股市沒有不可能的事情，也說明投資環境的險惡，隨時就像浪花，幾番攪動變成了海嘯，也說明了攻擊得分、防守獲勝，居安思危的防守，護城河永遠要有足夠的寬度。

五、避免太複雜債券產品的設計，
否則容易出現雷曼兄弟連動債的翻版

　　例如 2023 年發生在瑞士信貸的 ATI 產品，2023 年的 3 月瑞銀集團（UBS）同意以 30 億瑞士法郎（32.5 億美元）收購瑞士信貸（Credit Suisse）之後，大約 160 億瑞郎（173 億美元）的瑞信債券變得一文不值。瑞士金融監管機構 FINMA 表示，收購交易將觸發瑞信額外第一類資本（AT1）債券被「完全減記」，這將是歐洲規模 2,750 億美元的 AT1 市場發生的最大一次債券減記事件。

　　「AT1 債券在金融危機後被引入歐洲，用於在銀行倒閉時充當資產負債表上的減震器。如果銀行的資本適足率低於某個水準，這類債券的持有人將面臨永久性損失，或債券被轉換為股權。這樣做有助於提振銀行資產負債表的品質，使銀行可以繼續經營」。（引自《經濟日報》）以上摘錄的這一段新聞稿，其中這一段話「這樣做有助於提振銀行資產負債表的品質，使銀行可以繼續經營。」是的，銀行可以繼續經營，客戶也將永遠損失，不知道你看了有什麼感想？真的印證了布袋戲中的那句台詞「死的是道友，不是本貧道」。

什麼是 AT1 債券
(Additional Tier 1 Capital Bonds)

也稱為額外一級債券，是可轉換債券，由銀行和金融機構發行。這些債券是永久性的，這代表它們沒有到期日，以提高其「核心股本」的資本工具，用於補充金融機構資本金額，但也可能在特定條件下強制轉換成股票或損失吸收工具，也就是前面提到的「減記」。

AT1 債券還有另外一個別名，因為是有條件附帶的可轉債（Contingent Convertible Bonds，簡稱 CoCo Bonds 或 CoCos）。

為什麼這種產品會出現在市場上呢？

簡單地說就是周瑜打黃蓋，一個願打，一個願挨。AT1 通常比安全的債券例如政府公債 IEF，或者投資及公債 BND，提供「更高的收益」，投資者貪的是高收益，銀行或金融機構就投其所好 —— 你要高收益，就把產品設計成這副長相，投資者卻不知道伴隨著高風險。這很像矽谷銀行投資部門要的是五年期公債的較高收益，沒想到碰到 20 年來最猛烈的中央銀行暴力升息，跟瑞士信貸一樣，一次就結束了！為多那麼一點高收益，付出的代價可還真不少。

新聞稿還有這麼一段：「雖然 AT1 債券通常由專業債券投資人和避險基金持有，但它們在亞洲的零售和財富管理投資人當中也很受歡迎。」看起來只要投資者貪心，這種故事永遠可以不停地上演，新聞稿還提到，在亞洲財富管理投資人當中也很受歡迎，希望不是你！

結論

股票：我建議有市場代表的 ETF，例如我們一再強調的美國標普 500 代碼 SPY，或台灣的 0050，未來 ETF 會有越來越多的產品組合，混淆或困擾著投資者，除非你有相當的投入研究，懂得它每一個當紅的進出時間點，不然，上述兩項投資標的是最簡單而有效的。

債券：我也建議不要使用太複雜的產品組合，或者個別「公司債」，請注意，使用這「公司債」投資工具，代表你不但要了解公司的體質，更要注意利率的波動跟走向，你能夠想像奇異公司（GE），這 100 年的模範生從高峰走向衰敗嗎？很難想像但發生了。

同樣的，投資級的政府或公司債，例如代碼 BND，或者七到 10 年的美國政府公債，代碼 IEF，這一類型的 ETF 債券基金，作

為資產配置的組合之一是比較恰當的，除非，你是喜歡吃毒蛇，而且隨身會帶血清，被咬到時知道如何處理，而且喜歡享受飆漲的快感，也有經驗和功力判讀利率的走勢，否則上述的 BND 跟 IEF 會來得比較安穩。

否則像是 2023 年發生瑞士信貸（Credit Suisse）發行的 ATI 公債，竟然破產而收不回投資，這彷彿是 2008 年的雷曼兄弟連動債的翻版，這都是太複雜的設計，投資者看不懂帶來的後遺症。

最後給投資者的三個建議

曾經在電視節目上，主持人問我會給投資者什麼樣的建議？

1. 對投資標的要有充分的認知，價格波動時才不會引起驚慌，因為掌握了估值。

2. 能不用財務槓桿最好，萬一使用了槓桿，要確保有良好的設計和規劃，不會被股市的下跌，導致維持率不夠而被甩了出去，或被迫在谷底賣出。美股股災來臨時，大盤 30％到 50％的震盪，都有可能的，那就更別說是個股了。台積電 ADR 在 2022 年美股市場上，跌幅近 60％，當然有地緣政治的額外因素加入，但也說明在投資市場沒有什麼不可能的。

3. 請保有防守的部位，不管用什麼形式，如此才有機會，在接近谷底或者接近所謂的甜蜜點時能夠發動攻勢。

以上這三項建議適用於個股的投資，也適用於資產配置，資產配置一開始就有防守部位的配置，理論上要更安全，這也是我強烈建議投資者，在學會主動投資這種擇股又擇時的操作之前，應該先學會資產配置這樣的投資策略，先立於不敗之地，再來學習和精練主動投資的操作。

資產配置看起來溫吞，但它確實如巴菲特所說的「你會慢慢地致富」，更重要的是這種做法，可以讓你空出雙手，經營人生其他更重要的均衡財富，畢竟人生除了財富自由，健康自由，還有心靈自由，祝福每位投資朋友，早日擁有這重要的三項寶貴資產。

NOTE

第 **9** 章

雪泥飛鴻

想像人生是一場在空中不停拋接 5 個球的遊戲，這 5 個球分別是工作、家庭、健康、朋友以及心靈，而你不能讓任何一個球落地。你很快會發現，工作是一個橡皮球，掉下來會彈回去，而其他 4 個球是玻璃做的，如果失手，就會出現無法挽回的刻痕，甚至破碎。你必須了解這個道理，從而在人生中設法求得平衡，但要怎樣才做得到呢？

—— 前可口可樂子公司總裁
布萊恩 · 戴森（Brian Dyson）

給保險經紀人的你

如何轉型為專業理財顧問

樹麗，你好！

朋友傳來網路上的一則貼文：「如果你對美女說，我想和妳上床，那你就是色魔，但如果你說，我想和妳一起起床，那你就是徐志摩。」我回了一句，那我要努力當徐志摩。

你知道嗎？我曾經立志要當「保險業的徐志摩」，30 年前，我在美國的第一個專業工作就是保險經紀人，你可能很難想像我那時還是全職的留學生，當時因為財務困難，需要全職經紀人的底薪來支付生活費和學費，我不敢讓公司知道，怕他們顧慮我達不到業績而不錄用我，上課時也不能跟教授說我是全職學生，分數能否放寬鬆一點？一個人身兼兩職，第一年竟然還拿了公司的新人獎。

為了尋找客戶，夜裡我常留在曼哈頓辦公室，強迫自己打完一些陌生人的拜訪電話，結束後搭地鐵回家的路上，那時正是 32 街

阻街女郎打扮妖艷、最活躍的時刻。有時我一整晚都沒開發到客戶，手上隨著步伐晃動的 007 皮箱，一如我低落的心情擺盪，阻街女郎的搔首弄姿也無法引我注意，我們彷彿都只能被動等待。

後來找到方法，在我有限的時間內結合自己的強項，客戶來源漸漸不是問題，但我仍須東奔西跑拜訪客戶，我就想，如果能讓客戶主動來拜訪我，該多好，省下的時間可以做研究工作。現在我做到了，甚至客戶還要付我顧問費，轉型成功真是帶來當徐志摩的成就感。你知道是怎麼做成的嗎？

增加投資服務，成為全方位財務顧問

你在保險經紀人這工作上也有一陣子，感覺你保有一定的求知慾和上進心，也對保險事業有一定的執著和熱情，這個行業不簡單，也面臨諸多方面的挑戰，例如較高的離職率，銀行理專的競爭威脅，台灣少子化也是亞洲國家最嚴重之一，加上投資產品的多元和複雜化，傳統的保險經紀人面臨了產品、世界投資環境變遷、顧客需求及消費傾向改變的一個時代。

這有點像中國的經濟，原先是世界工廠以出口為導向，現在優勢喪失了，要保持國家成長動力，慢慢要轉換成內需、服務業和科技進步的提升，國家間的競爭如此，保險經紀人也是如此。銀行理

專享有公司客戶訊息共享的資源，加上每天都有自己上門的潛在客戶，雖然投資商品會有虧損風險，但再怎麼說投資的獲利還是能吸引人，所以保險經紀人在諸多挑戰下，應該要從以往產品的銷售提升，進入到一個較全方位的服務角色，以便和銀行理專在服務角色上做區隔，我也很想和你分享一下，我對這些挑戰的看法。許多保險經紀人對投資領域有點陌生，進而不敢接觸這方面的服務，同樣的，證券營業員對保險也不熟悉，會面臨相同的問題，其實在你所屬的公司，應該有一些投資性的產品，如果沒有，在公司允許的情況下，你也應該試著和別間投資公司做這方面的合作，並取得專業證照。

我剛寫完一本有關資產配置的書，你會發現，使用的投資工具其實非常簡單，因是替客戶量身定製，且符合他們的風險承受力，成功的機會非常大，幾乎很少會失手，你可以借重這個方法，來拓展新業務。許多保險經紀人有誤解，這麼簡單的操作方法，客戶哪裡需要由你來提供服務？其實不然，許多客戶忙於工作，雖然方法簡單，未必有時間或興趣親自管理，最重要的是，還要能維持資產安全，並達到一定的績效。

接下來你或許有疑問，如何增加投資服務項目，跨進全方位財務顧問的領域。中國人常說，人生有三個境界：見山是山、見山不是山、見山又是山。以我為例，在財務業待了 30 年，從保險經紀

人開始，後來變成財務顧問、開投資顧問公司、從事全權委託的投資管理……取得財務規畫師執照（CFP）後，又創辦了基金投信公司，一路走來，就是結合了財務規畫和保險管理這兩個不同領域。

在時間有限下，要做這麼多事情，我必須找出以簡馭繁最有效的方法，這當中有一些外行人看熱鬧、內行人看門道的竅門，這種表面上的煙霧彈，會讓許多保險經紀人卻步，事實上並不是這麼一回事。

做好轉型準備，去除心理障礙

以投資管理為例，不同的產業，有不同的分析師，還有投資經理人，他們的專業要求遠高於第一線理專，但有些人員分析經濟現況頭頭是道，投資績效未必經得起考驗，許多專家的績效還趕不上有方法的投資素人。我們常開玩笑說，10 個經濟學家有 11 種看法，我要強調的是，這不是一個打群架的產業，是一個找對方法的工作。

我有許多客戶跟了我 25 年之久，我們同步成長，我做出成績之後，現在開始挑選適合彼此的客戶，巴菲特剛開始也是一個人，現全公司也不過十來人。許多銀行理專會接觸經濟走勢、產業風

險、國際金融這些資訊，但轉換到決策上，如果沒有找到系統方法，不但沒有效果，還可能因為過多的資訊走錯方向。好的系統方法不必多，管用的一、兩個就夠，如同我們一生當中能碰到幾位貴人，又有多少知己？

投資大師彼得‧林區說，一生當中只需要幾支好股票，就可以累積驚人的財富，巴菲特說成就他一生的不過就十幾次的決策，所以我強調好的系統方法一個就夠。

對保險經紀人來講，能不能提供投資方面的專業服務，要使用和銀行理專不同的方法，不必在追逐經濟數據、產業趨勢這方面競爭，好的系統方法，本身就能把雜訊排除掉，不但簡單操作，而且能看到績效，我這本書上就有這方面的證明。

為什麼有些人要捨棄捷徑去走辛苦卻不成功的道路呢？我想可以用「大海撈針」來形容，在沒找到方法前，可能要興師動眾來找尋，一旦找到方法，你會覺得怎麼這麼簡單！這也是俗語所說江湖一點訣，點破了一點都不值錢，一旦你有這樣的心理建設之後，你會接著產生疑問：保險經紀人有哪些簡單有用的系統方法？

簡單有用的兩種投資系統方法

我認為有兩個方向值得參考，首先，依每個人的能力和客戶

需求做調配，如果只能使用台灣的投資工具，那麼利用公司現有的投資產品，最好是能夠代表台灣整體股市的指數基金台灣50（0050）或高股息指數基金（0056），再搭配國發會發布的景氣訊號燈進場。

這部分我曾做測試，在 1995 ～ 2014 年這 20 年中，我用的四種系統方式中，最差績效可達到 471％的投資報酬，最好的達到 671％，年均複利投資報酬接近 10％，過去 20 年資金成長六倍，報酬相當亮麗。一個月花不到 10 分鐘來關注，重要的是，過去 20 年來沒有一次失手，詳細的方法請參閱我的第一本書。其次，使用法馬／法蘭奇或常春藤盟校操作的管理基金方式，這個投資組合有三種特色：簡單、安全、有績效，幾乎立於不敗之地，書中同樣有詳細介紹。

這兩者區別，第一種方法適合只能投資台灣產品的保險經紀人，且客戶要能接受股市上下波動，不然就應考慮第二種方法，幾乎 80％以上投資者都適用，因為是量身定製，可控制損失在 10％內，風險承受力更低的人，還可以做更安全的設計，甚至過去兩次世紀股災，最壞的虧損只有 4％，而且只有一年，第二年立即彈回，實驗是檢驗真理的唯一標準，所有詳細的計算都在書中呈現。

以上兩個都是簡單有用的系統方法，而且把人性的貪、怕都考

慮進去。但要能發揮功效，需要充分了解，讓所有正確的理念融入你的血液，變成你的信仰，這樣幾乎能回答客戶 80％的問題，等於是脫離了外行看熱鬧的階段，進入投資管理的核心。有了不輸給銀行理專有關投資服務的優勢之後，我其實要提醒的如下：

保險經紀人也有其他理專所沒有的優勢

當年我怎麼找到自己的優勢，往保險界的徐志摩靠近和轉型成功的呢？那些優勢多數保險經紀人都具備或知道，但沒精確地執行，或因為沒有堅持，與成功失之交臂。我要說出來，你會訝異成功的方法竟是如此簡單，以至於讓你視而不見。

我常說好的理財一定是財務規畫為先，接下來才是投資管理為重，財務規畫是一個大方向的擬定，是整體戰略，而整體財務規畫，少不了保險這樣一個風險控管的工具，保險經紀人比理專更有機會做好整體財務規畫（包含保險、稅務、投資、退休和遺產等）的準備，加上保險經紀人和其他業外人士結合的彈性運用，銀行理專未必做得到。

六大方向，提升競爭力

除了上述轉型工作以外，還有哪些事項可以提升保險經紀人的競爭力？以下和你分享這些年來，我覺得重要的幾個方向和做法。

方向❶ 把客戶利益擺在第一位

如果有保險經紀人以為這只是老生常談的口號，我認為那他離成功還有段距離，甚至也無法擁有均衡的人生財富，我接觸過的一些保險經紀人，可以賺到不少佣金，但是販賣的產品未必是客戶最需要或最適合的，這有一點可惜，這樣的做法或許會得到有形的錢財，內心卻會失去一些財富，為什麼？每個人內心都有分辨是非的良知，他不一定當下會反應，但在某個時刻，內心會有一些聲音，那種心理的不平靜，有時反而是一種得不償失的拉扯甚至折磨。

最好的雙贏方式，是讓你的客戶先贏，很不幸的，這個過程剛開始看起來有點慢，但走得扎實，等你稍微有一些基礎之後，加上方法，就會快速地有所突破。

不同的保險產品有不同的佣金比例，在佣金導向下，較高佣金的產品，常會受到經紀人推薦，特別是新進的保險經紀人找客戶不易，很容易做出違背專業的建議，管理階層的你，應該分析讓保險經紀人知道，短期有利、長期有害，路走不長遠。

我剛開始做保險經紀人時，公司有項高保費的儲蓄險產品，銷售一直高居全美排行的前幾名，我也一直主打這項優勢，好是好，但如你所知，有些人的預算不夠，購買這種保費較高的終身儲蓄險，很可能占用了他教育基金或投資的預算，甚至有些家庭的保障額度沒有買足，幸好，我的客戶一直平安無事，萬一發生事情，保額又不足，我會有諸多遺憾，這個缺點我什麼時候發現和改正的呢？這是我跟你分享的第二件事。

方向❷ 積極儲備專業知識

我在研究所雖然念的是財務，但基本上都是偏公司理財，1980 年代末美國標普 500 出現年均報酬 18％的高速成長，投資型保險隨之大行其道。

美國的稅法，有人形容，以 200 頁為一冊，總共將近 40 冊，許多會計師都無法通曉；投資，美國可以選擇的工具更多，例如退休產品，可以成為律師或精算師終其一生的職業，遺產規畫就利用了諸多信託產品的設計，為了因應從保險、稅務、投資、退休、遺產規畫……這整體領域的需求，出現私人理財的職業。

畢業後少了功課壓力，我開始準備財務規畫師的考試，我當保險經紀人時業績一直都不錯，也從來沒有客戶問我是不是財務規畫師才跟我簽約，但內心有繼續學習的慾望，不甘心只停在單一保險

的領域。

　　如你所知，這工作壓力也不小，回到家經常很累了，當時共有五門考試，加上整體規畫的通盤測驗，一門一門準備，我知道一定有困難，所以我跟自己內心有了對話，碰到出現放棄的念頭時，你只能跟自己說，這是自己決定的，只有考過了，才能告一段落。

　　那時經常閱讀到深夜，伴著窗外的飄雪，美國房子設計的暖氣可以調溫度，但仍依稀感受到中國人所謂的十年寒窗，沒有那份寒意，卻有那份孤寂，1991 年我通過了考試，最大的收穫是視野打開了。

　　當年你曾交了一筆不小的費用參加財務規畫師考試的講習，我建議你，排除萬難，一方面是自我挑戰，最重要是充實專業，當你完成這五門專業訓練，開始進行整體財務規畫時，你會有不一樣的視野，避免了保險經紀人說保險重要、銀行理專說投資重要，這種各說各話不能全方位思考的缺點，可以說，每一個環節都重要，但在有限的預算下，如何在人生不同階段做客戶最需要的設計，這是對一個全方位財務顧問的考驗和挑戰。

　　因為你現在還是以保險為主業，我想和你分享第三個看法。

方向❸ 保險也可以有不同組合的規畫

　　要把保險規畫設計好，又能符合預算，保險產品的組合是一個

重要概念，這要有兩個前提：把佣金擺在一邊、對產品的優缺點有足夠認知，這兩項如果做不到，想做出一個好的保險組合就有困難。

如果保險經紀人偏好高佣金的儲蓄險，除非這個家庭收入豐厚，否則保險的預算就可能偏高，甚至排擠了購屋頭期款、教育基金和退休金的準備。其實只要做一些觀念上的調整，犧牲一點短期利益，就可以獲取長期更大的效益，怎麼說呢？

如果你不是站在銷售的立場，而是整體規畫的視野高度，當你有 CFP 的認證時，客戶會把較多的資產告訴你，來進行合理的分配，原本只有一項保險的收入，這時你可能有多樣收入來源，例如原本購買高佣金儲蓄險，改成了低佣金的定期保險或混搭，整體保額買足了，同樣的預算內，有些資金會進入投資項目，如果規畫得當，這些資金成長的速度，通常高於保險的儲蓄資金，以後這些資金又會形成了另外的購買力。

除此之外，當你以客戶的利益為優先，客戶遲早會感受得到，你經得起同行的挑戰，客戶的滿意度能夠穩定而且提高，無形中你也得到了客戶為你的宣傳，也就是所謂的口碑。把保險做成一個組合，就像是外科醫生不會只有一把手術刀，不同工具用在不同情況，才能創造雙贏局面。

方向❹ 多懂一點是贏過競爭對手的武器

前面跟你提到，無數個飄雪的夜晚，我為了財務規畫師的執照而進修著，這需要一點堅持和一點視野。

幾年前，我在美國碰到一些我認為非常有潛力的財務顧問，我以為他們回台灣之後會有所發揮，結果他們告訴我，在台灣考這個執照用處不大，很難增加收入。一方面台灣還沒有付費諮詢的觀念，二方面台灣民眾購買保險時，未必重視專業的篩選，加上其他因素，讓許多人看不到取得財務規畫師有什麼前景。就目前的現實環境來講，確實如此。

但你需要把眼光放遠一點，當年我來美國時看到一篇評論，提到了新移民家庭學習英語的事，評論提到，如果不融入這個國家，學會她的語言，你很難走得遠，同樣的，身為一個財務顧問，如果你只著重一時的銷售技巧，而不在專業領域更上層樓，你會面臨更多所謂紅海的激烈競爭。

我舉一個例子，財務規畫中最後一個環節是遺產規畫，通常做遺產規畫的人都已事業有成，或屬於高所得族群，會有自己的律師、會計師或財務規畫師，要進入這項服務的門檻比較高。

我記得有一年，我們團隊辦了一個座談，會後有些人有興趣做接下來的規畫，如你所知，財務規畫第一個重要但又無聊的項目，是蒐集客戶家庭所有財務資料，當時我一面整理，一面訝異，這些

客戶其實都有保險經紀人，也做了一些保險規畫，可惜這些保險經紀人沒有跟著客戶成長，進行下一步遺產規畫。我那時彷彿攀登上高原，放眼望去沒有任何競爭對手，原因就是在很多競爭者還沒有看到實質利益以前，我就在遺產規畫這個領域中一點一滴累積。

就算你一時之間沒有實務經驗，但你必須先具備基本學理和知識，有機會參與案例時，甚至可以先和有經驗的專家一起合作，從旁觀摩，先有理論基礎，後有實務機會，再有經驗累積，等你比別人多懂那麼一點時，就會有差別。

方向❺ 異業結合發揮效益

你一定聽過這管理學上做的比喻：團隊有時就像《西遊記》成員，各有各的本事，各有各的特質，《西遊記》中如果每個人都是孫悟空，也無法完成西天取經任務，沒了豬八戒，一點都不精彩；唐三藏受困，孫悟空分身乏術，豬八戒遭綁架時，還要靠最不起眼的沙僧解救。

什麼意思呢？一個產品的銷售完成，要有前面的聯繫、中間的講解及後面的服務，你可以考慮，讓團隊中每個成員發揮他的優勢，然後所得共享。有些人喜歡財務知識，未必有聯繫和開發新客源的能力；有些人可以快速開發新客源，但對產品了解不夠，做為一個團隊組合，每個人都會發揮他最強的部分。

除此之外，還可以和其他專業人士合作，例如律師、會計師、代書，但你需要掌握三個前提，第一，提升專業知識；第二，要把客戶利益擺在前提；第三，要有行萬里路的長遠心理準備，才能做好服務。我記得當年有許多大案子，都是會計師介紹過來的，你要取得別人的信任，這三項絕對有加分效果。

方向 ❻ 點滴經營自己的強項

那天聽到你團隊成員阿娟，談到台灣許多同業靠的不是專業競爭，而是人情攻勢，經常送禮送到客戶不買不好意思。保險是一個特別的產品，背後其實還有許多專業上的分析，以我在美國為例，幫許多客戶做他們已買的保單分析，超過 80% 的客戶都只做到「買了保險」，而不是「保險規畫」，買的原因包括人情壓力、本身需求，也有些人糊里糊塗就買了。

保險經紀人這麼多，人口沒有增加又面臨少子化，這種情況下，競爭激烈可以想見，人情攻勢不是這個行業今天才有的現象，當然不鼓勵阿娟仿傚，以我的觀察，阿娟的服務就是一個強項，加上參佛的宗教信仰，讓她語言溫和沒有侵略性，適合細火慢燉，所以阿娟不應該氣餒，而是要有一個清楚的概念：不要期望一下子挖到金礦，有時三年都未必能改變一個人的觀念。

找到自己的強項後，就在這個基礎上點點滴滴經營，例如阿娟

的服務很貼心，如果講解不夠強，阿娟自己或你可以幫她物色一個形成互補的團隊，客戶的利益為第一，找出同質性組織的特定需要，中央突破，四周擴大，甚至只要熟悉了其中一、二個組織的消費特性，就可在這個行業成為很厲害的專家，進而有較好的收穫。

以上六項若能改善一、兩點，假以時日，你一定可以看到競爭力的提升。要怎麼收穫，先怎麼栽，共勉之。

給每一位讀者

擇偶如擇股，經營幸福人生

小楠，妳好！

　　這次時差調得慢，加上回來工作量大，一晃眼回美國也有半個月了，看起來成果還不錯，我看了兩本書，明天是感恩節，這是我最喜歡的節日之一。上次妳在信中提到，生氣時喜歡聽假話，冷靜時喜歡聽真話，我説妳這是實話，只是有時真話未必好聽，大家都希望聽到真話，卻也喜歡好聽的假話，現代人有時很矛盾。

　　有人傳了一篇文章給我，標題好像是到了年紀才知道，不是愛不愛了，而是相處愉不愉快的問題，回台灣時店裡要物色工作人員，朋友介紹了一位風韻猶存的中年女士，我想她年輕時一定很漂亮，面試那天店裡剛好有客人聊到了男人和女人，她頗有感觸地説，年輕時男女是感官上的吸引，相處後慢慢才會了解其實還有很多價值觀和生活態度的問題。

我好像跟你提過，我同學父親在人生第二春對幸福婚姻寫下的心得，和他對擇偶的觀察，我加一點延伸和整理，給你做個參考。

尊重彼此差異，溝通取得共識

第一是共識，生活背景或專業所學不同，思考和處理事情的方式也可能不同，生活相處中如果每件事情都看法一致，那叫天作之合，現實中少有這樣的機遇，夫妻能把不同的意見協調一致，透過溝通進而取得共識，值得重視和學習，我舉幾個例子。我曾聽過一對知名夫婦離婚後接受訪問時，提到一段生活點滴，他們用餐時是先生決定大方向，例如日本餐、義大利料理或上海菜，太太再來選擇喜歡的菜色。有些人覺得滿好，有些人則覺得難以接受，如果是後者，做太太的如何透過溝通取得共識？做先生的又如何避免太太內心覺得不被尊重，卻又隱忍不說的情形？還有一個例子，我高中時一位老師提到他要好的同學，婚姻面臨了許多抱怨，你知道為什麼嗎？竟然是因兩人擠牙膏方式不同。年輕時常會想要改變對方，照自己覺得最對的方式處理，有一定的人生閱歷後，會怎麼處理呢？買兩條牙膏，每人一條，照自己的方式愛怎麼擠，就怎麼擠。

我有個收音機型鬧鐘，每天叫醒我的通常是彭博財經台的新

聞，那天在床上聽了一個訪問，是美國非常成功的一基金負責人，他說因為怕自己在做重大決策時出現盲點而不自知，所以他的團隊允許不同意見存在，來提醒自己別忽略該考慮的因素，這說法那天早上讓我陷入思考。這個團隊避開了幾次重大股災，竟然是從「重視反對意見」中開始，這並不代表他們團隊沒有共同的價值，欣賞歧見而不認為會破壞公司團結，因此避開了一意孤行的犯錯。

只要是兩個不同的個體，就一定有許多不同意見產生，化解不同意見、形成共識，你會怎麼做呢？該注意什麼？我個人的感想是：1. 尊重歧見；2. 設身處地的同理心；3. 學著清晰表達自己的真正感受，像中國人所說的，動之以情曉之以理。你或許有更好的方法可以分享，但不管怎樣，這種學習能力和潛力，都是一個好配偶的特質。

有共同價值觀，才能一同面向未來

第二是共觀，就是彼此具有比較接近的人生觀、價值觀、金錢觀。不要小看這件事，許多夫妻，明明是兩個好人，湊到一塊會分開，其實就是怎麼衡量人生價值、怎麼使用金錢這些瑣事，有時一件沒有對錯的事，因看事情的角度不同，就會產生不必要的爭執，特別是金錢的分配和使用，經常是許多家庭破裂的導火線。

我發現我的客戶中，能有共觀的夫妻，都有較好的婚姻生活，有些家庭收入不高，婚姻卻很幸福，這些家庭物質生活不那麼寬裕，生活卻甘之如飴。我有位朋友家裡的後院，一排一排種了許多玉米，可以依不同時間收割，彷彿一年四季都吃得到，原來是先生特地為太太種植的，因為太太最喜歡吃台灣這個品種的玉米。

　　這對夫婦有共同的信仰，有趣的是，他們的退休金大概是我看過的家庭中最少的，先生說，他相信上帝會給每一個人生存的機會，如果退休金不寬裕，可以搬到物價低廉的地方，我說再不行買塊地種玉米，他們夫妻兩人相視而笑。相較之下，我有些客戶的退休資產是這對夫婦的好幾倍，卻永遠處於一種匱乏不足的驚慌狀態，這些都是因不同的人生觀、不同的金錢觀所造成。

　　有一次大陸著名節目主持人楊瀾，問導演馮小剛和作家劉震云，能夠合作 20 年，是不是因為彼此互相欣賞？劉震云回答說，比相互欣賞更重要的是，面向未來的眼光能否落在一起。楊瀾認為這句話形容夫妻關係也很合適，如果沒有相同的人生觀和價值觀，未來的眼光怎麼可能落在一起呢？

　　話劇《柔軟》有段台詞：「在我們一生中遇到愛，遇到性，都不稀罕，稀罕的是遇到了解。」這話貼切，通常有共同價值觀、人生觀、金錢觀的人，才有可能對對方產生欣賞和了解。第三是所謂的共同嗜好，我上次說過喜歡音樂的人，許多經典音樂背後的故事

引人入勝，談都談不完；喜歡運動的人也可以找到共同話題，某位選手的特質、精采的賽事、出乎意料的比賽結果等；喜歡文學的人，在世界文學歷史的長廊裡有看不完的書，有永不枯竭的故事可以探討。其實生活的嗜好有很多，諸如旅遊、藝術、美食，甚至專業領域的共同研究，夫妻能夠一起探索，是生命中何等樂趣。

太陽一出來，星星就不見了

當然不是每個人都那麼幸運，可以遇到同時具備以上三項特質的另一半，那麼「包容」很重要。有位朋友說，要具備前面三項實在不容易，但如果能有包容，還是可以有一個穩固的婚姻。這話不能說沒有道理，但如果沒有那前面三樣做基礎，光靠包容，有時超過負荷，一旦變得勉強就感受不到幸福。

包容的心態確實是一個良方，你或許聽過這個故事，有人問一位老太太，妳的婚姻幸福，是不是因為先生沒有缺點？老太太說不，先生的缺點像夏夜裡的繁星多不可數，沒有優點嗎？老太太回答，有，就像天上的太陽，只有一個。那怎麼能相處得好？

老太太妙喻：「因為太陽一出來，星星就不見了。」意思就是說固然彼此欣賞，但更多的是對如星星一樣多缺點的包容。

你希望未來的伴侶具備什麼條件？你最看重是他什麼樣的特

質？有一句感嘆男人的順口溜：有才華的長得醜，長得帥的掙錢少，掙錢多的不顧家，顧家的沒出息，有出息的不浪漫，浪漫的靠不住，靠得住的又窩囊。這真是所謂的：有一好、沒兩好。

無法面面俱到時，你覺得什麼是最優先的呢？什麼特質是你最欣賞和能帶來婚姻幸福的？你當時沒有回答，或許你不方便說，也可能你沒有婚姻經驗，無法感受到一個成功婚姻的基礎在哪裡，那麼以下故事要表達的核心價值或許值得你參考。

前陣子我看到楊瀾再度訪問美籍華人、知名的諾貝爾物理學得獎人楊振寧與他的太太翁帆，當初他們老少配的婚姻引起關注，但走過 10 年歲月，依然享受著婚姻生活。我記得有一段是翁帆敘述她做此決定時，許多記者打電話來，她索性關掉手機去睡個大覺，她說很清楚自己要什麼，82 和 28 歲這樣的年齡組合是一個驚人的差距，但如果你了解他們交往期間的互動，甚至在英文詩詞上欣賞和解析的共鳴，就能深刻了解他們的婚姻，其實有牢固的基礎。

你一定聽許多人說，希望結婚的對象不只是人生伴侶，也是靈魂伴侶，至於肉體伴侶很難長期維持穩定的婚姻，前者可以穩固，後者卻不一定能維持超過五年，肉體上楊先生可能在世俗眼光中不及格，但肉體關係可以透過現代醫學、相互關心和其他輔助改善，若只以追求肉體伴侶為目的，不少人最後怒目相向，連生活在一個屋簷下都覺得厭惡。所以有人說革命志士視死如歸，婚姻不幸福的

配偶則是視歸如死。

愛情有時候也是一種義氣

　　照理説，俊男美女的婚姻肉體生活應該最和諧，但精神上的共識沒有了，那個部分也結束了，這就是楊瀾説的：「我認為婚姻最堅韌的紐帶不是孩子，不是金錢，而是精神上的共同成長。愛情有時候也是一種義氣，不光是説另一半得了重病或者破產了，你仍然跟對方在一起，還有另一種是，當他精神上很困惑、很痛苦，甚至在你身上發脾氣的時候，你依然知道對方是愛你的。

　　我經歷過很多困惑，但吳征（楊瀾的丈夫）就屬於特別講義氣的那種，不管你怎麼樣，我就要跟你一塊兒走，這是一種強大的力量。當你走過這段，回過頭你會特別感謝那個人。」

　　有人説夫妻本是同林鳥，大難來時各自飛，這是一種態度，中國人也説患難見真情，楊瀾所提的義氣之説，就是另一種對比態度。這讓我想起韓德爾（Handel）的著名歌劇《里納多》（Rinaldo），第一次在辦公室聽這首〈任淚水流淌〉（Lasciach'io pianga），當時並不了解故事的背景和意義，但這首歌被著名歌手易希・庫珀（Izzy Cooper）演唱得如泣如訴，動聽的旋律讓我把工作停了下來，上網找尋出處，原來它描述的是一

個愛情故事（由於易希的影片可能無法在手機上播放，文末附上其他歌手演唱版本的 QR Code，如果你有興趣可以做個比較）。

這歌劇敘述十字軍戈弗雷德（Goffredo）將軍，和義大利騎士里納多（Rinaldo）包圍耶路撒冷，即將攻下這個城鎮時，里納多與將軍愛女雅米莉娜（Almirena）相戀多年，將軍答應攻下城池之後就同意他們的婚事。

這時守城指揮官亞甘特（Argante）向十字軍要求停戰三天，前往十字軍陣營交涉，並利用這個空檔，向自己的戀人阿米達（Armida）請求幫助。阿米達是大馬士革具有魔力的女王，答應引誘里納多離開陣營，並在里納多面前綁架了將軍愛女雅米莉娜，將其囚禁在魔宮裡。

里納多掙脫同伴阻擋出海找尋雅米莉娜，亞甘特聞訊趕來，卻對囚禁的將軍愛女一見傾心，魔力女王阿米達也被里納多的英雄形象深深吸引。但里納多拒絕了阿米達的求愛，讓她惱羞成怒，變成雅米莉娜誘惑里納多，卻被里納多識破而再次拒絕。這時卻出現了更殘酷的一幕，守城指揮官不知魔力女王已扮成將軍愛女而向她求愛，這讓魔力女王更加傷心和怒不可遏。

將軍愛女被囚禁期間，唱出了這首〈任淚水流淌〉，她敘述著渴望自由。里納多要求魔力女王將自己殺了，魔力女王準備下手時，戈弗雷德將軍所帶領有特異功能的高人隱士，解救了里納多和

愛女，也制服了魔力女王和守城指揮官。

這愛情故事，描述的是從古至今不變的人性，有人在男歡女愛中經不起任何誘惑，有人在愛情世界裡願意保有那份相知相守，我們內心世界或多或少可能都有一些經不起誘惑的因子，但如果夫妻能有在精神上共同成長的經歷，對許多誘惑就更有抵抗力。

擇偶如擇股嗎？幸福婚姻的擇偶，跟成功的投資者挑選股票，有一些相似之處，有些股票價格狂漲時常會引起投資者的注意，就如同擇偶時，亮麗的外表總是引人注目，持有股票的最理想狀況，是與這家企業扎實地共同成長；最理想的婚姻，也應該是夫妻相濡以沫共同成長。

法國演員蘇菲・瑪索（Sophie Marceau）在楊瀾節目中回答一位網友的提問：妳的美貌是否讓妳更容易獲得愛情？蘇菲說：「愛情是一顆心遇到另一顆心，而不是一張臉遇到另外一張臉，我們的心會改變我們的臉，而不是臉改變心。」

人生真的很有趣，有人說人生是不斷地錯過，未來這一、二年我希望我能學到的課題，就是慢慢學著不讓有些重要的事情錯過，你也可以試著開始學習不錯過。最後引用蘇格拉底那句話：「結婚去吧，如果成功，你可以享受幸福的婚姻，如果失敗，你可以變成哲學家。」

你那邊也有感恩節的氣氛嗎？天氣如何呢？好好照顧自己，在

這麼一個感恩的節日前夕，遙寄我的這一份祝福。

〈任淚水流淌〉
（Lascia ch'io pianga）

寫給理專的你
如何穩健地把客戶帶進與帶出的一套系統方法

小劉：

那天在你們銀行洽公，等候中看著大廳的電視螢幕，你同事向我打了聲招呼，説看過我寫的文章，他很禮貌的問了我對高收益債的看法，因為最近價格下滑，面對客戶的關切諮詢，他似乎不知如何應對是好。

這讓我想起了 2015 年 4 月新書發表會時，有位聽眾頻頻發問，覺得買高收益債，比我建議的阿甘投資法或台灣 0050 搭配景氣燈號的投資方法更好，他似乎已有定見，我也沒花太多時間説服他，現在回頭一看，近來高收益債受到油價崩跌的衝擊，2015 年 4 月至 2016 年 2 月大概下跌了 25 ～ 30％。

走到另外一個櫃檯碰到了你，問怎麼離開財富管理部門了？你說那個職務是輪調的，在那個位置上工作要做好，必須有能力把客戶帶進與帶出，這個行業的人都知道，對多數理專而言這是項極具挑戰、難以達成的任務。

我剛進入這行時，在美國先後考了共同基金（Series 6）和證券交易經紀人（Series 7）的執照，做了大概半年，就深深感覺，股票要能獲利有諸多複雜的面向和因素，股價有時延遲反應，明明挑對了股票，前兩年不動，第三年一個急拉就是漲一倍；也可能你一推薦就下跌，引客戶諸多緊張，卻又在些許的震盪之後，出現一個漂亮的上揚。

我發現這裡面並不那麼簡單，因此我決定只做全權委託，不做經紀人的工作，投資牽扯到財務上的 IQ 和 EQ，多數人難以處理，那你們該怎麼做呢？

讓風險規劃在客戶的承受能力之內，讓客戶免於恐慌

我覺得首先要有一個立於不敗之地的系統方法，就算失手，也會彈回來，第二是能依客戶的風險能力做規畫設計，在他能承受的範圍，價格波動就不會引起他太大的緊張，因為風險已在預定之

內，能夠做到這樣的系統方法，資產配置是其中之一。

風險承受的測試，可以用你們銀行的方法，如果沒有，我書上是參照年紀，依每個人的情況上下浮動 10％。有這樣一個範疇後，可以和客戶達成共識：最大的損失大約會在什麼範圍。接下來就是在已知的範圍內做風險控管，如此按表操課，你的客戶基本上就不容易驚慌，同時讓他們了解為什麼要採取這樣的策略，這很重要，你知道為什麼嗎？

有位父親問小孩段考成績如何，小孩說和第一名只差一點，父親問，第一名是幾分？小孩回答 95，父親大喜：「那你是考 93 分喔？」小孩說，不，只差「一點」是 9.5 分。

1999 年標普 500 交出 21％的成績，巴菲特的投資報酬則是 -19.9％，兩者的成績相差了近 40％，當時許多媒體報導巴菲特是否老矣，我也寫了幾篇的討論，指出這不是巴菲特的投資功力失靈，他只是碰到了一時流行趨勢的改變，所以當年我還逆勢加碼了一些價值型的投資標的，果然，2000 ～ 2002 年在高科技泡沫風暴中巴菲特再現功力，交出大幅領先標普 500 的成績。

我要提出《財星》（Fortune）雜誌的一篇報導，在 2000 年巴菲特公司法說會中，許多投資者說：「1999 年這麼差的投資報酬，說我們一點都不擔心、不猶豫是騙人的，所以我們前來奧馬哈（Omaha，波克夏公司總部），再次聆聽巴菲特的見解，加強我

們的信念、鞏固信心。」

當時看到這篇報導時我心想，如果經常和投資者分享正確的理念、建立共同的價值觀，並且一開始就擬定大方向，和客戶說明為什麼使用這種策略、可能面臨的挑戰以及成功的理由何在，一旦完成了這樣的工作，以後就算碰到亂流，客戶也不會驚慌，可以和你一起完成既定計畫，這些透過資產配置更有機會做到。

建立與客戶的默契與信任

巴菲特何其有幸，吸引這麼多認同他理念，欣賞他人格特質的投資者，一直以來我也朝這個方向努力，25 年來也碰到一些這樣的客戶，這些客戶一生的積蓄都在我這裡，我一年只透過一、兩封投資報告與他們互動，以 2015 年 8 月 24 日為例，當天股市震盪1,000 點，我辦公室一通電話都沒有響，我的客戶們繼續過他們的生活，原因就是每年我會在報告中告訴他們領先的原因是什麼，又為什麼會落後。

我相信你還記得小時候我們玩過兩人三腳的遊戲，前進時看哪一組跑得快，這就要靠兩人同心協力、有一致的步調，否則你一定會看到有人為了快，彼此又沒默契，於是兩人一起摔倒，這就像理專和客戶的關係。

當然也有客戶對我不滿意，像去年我就拒絕了好幾個大客戶，原因就是無法培養出良好的默契，所以我告訴股東們，彼此最珍貴的資產就是默契與信任，這是能夠成功的基石。我覺得巴菲特的坦誠也影響了我，不必忌諱告訴客戶你做不到和有些顧慮的地方，這是巴菲特非常棒的人格特質，我也見賢思齊，所以我了解，越坦誠越能找到彼此適合的客戶，成績一時的落後根本不會讓我形成壓力，你也可以從巴菲特學到很多。

我去年的基金周轉率是 20％，數字低到證管會懷疑我是不是天天都在度假，為此我們的董事會還提出許多的數據說明。低周轉率就是我們的特質，說不定哪天也會改變，去年我的又上基金交出的績效領先標普 500 的成績，在那麼困難的情況下可以領先標普 500 和巴克萊公債，我很欣慰，不但我找到了系統方法，客戶也找到了玩兩人三腳遊戲的方法，和一個值得信賴且為他們獲利的理財幫手。

你也可以做得到，只要照著書中資產配置的方法循序漸進，你會看到效果的。

和客戶利益一致達到雙贏

公立銀行如果沒有佣金，雖然少了些動力誘因，但理論上最容

易避開利益衝突，也最有條件做好事前規畫，但銀行理專可能不像基金公司有專業訓練，容易流於客戶想要當季最熱門的產品，理專為了滿足客戶，加上沒有適度的酬勞，也就不會積極教育客戶，通常就順著客戶意願走。

在我認為，純領薪水可以，但也必須要有績效評估的獎勵，不一定是金錢，例如升遷和其他績效的獎勵，財務規畫師的倫理教育就提到這一點，任何合理減損客戶利益的可能（Reasonable may impair）都是利益衝突的來源，可以想見，這麼嚴格的要求，做得好和做不好都一樣領薪水，客戶就不可能得到你們最好、最專業的服務。

私立銀行跟佣金掛鉤，人性驅使下，一定是賣容易賣、績效好的產品，但所有的產品都有各領風騷的時候，這種沒有系統和策略的做法，我認為就會導致殺雞取卵三輸的局面，因為熱潮總有一天會退去，屆時就像巴菲特說的，潮水退了，才知道誰在裸泳。

這也是煩惱和抱怨湧現的時候，客戶不滿意，壓力跟著而來，透過資產配置，可以有效而簡單的解決這個問題，因為成績可以維持在一個水準，而且每年做再平衡時也會產生一些銷售，但這是有利於客戶的一些調整。

找尋客戶和你們兩者的利益結合，才是一篇完美的佳作，把工作做好，錢會來追你。我想和你分享一下，我這 30 年中，難得做

的幾件這輩子都會深感欣慰和不後悔的事，那就是2008年金融海嘯時，我做了災難拯救方案，其中有兩個重大決定：

1. 管理費凍結，與客戶共度難關。
2. 在有限的期間內，客戶新放的資金三年後若還有虧損，我負責。

我在信中提到：「股災來臨時，再多的分析都無濟於事，大家不是沒有資金，而是沒有信心，此刻我如果不提出這樣一個拯救計畫，若干年後回顧，就算我再富有，我都會覺得遺憾，因為在關鍵時刻沒有那個膽識和承擔，告訴投資者問題之所在。」

工作做好，錢會來追你

當時原本也想行文證管會，確認可否由自己的公司提出拯救方案，但那時已經來不及，所以我告訴客戶這是以我個人名義所做的擔保和拯救計畫，只針對受損的現有客戶，而不適用新客戶。有鑑於當時美國政府也向各大銀行伸出援手，我才做了這樣的決定，承擔各方面最壞的結果，在做這個決策之前，我評估了一下，如果美股再下跌到1929年水準，我預算最壞的情況，公司可能要花10年的收入來作為賠償。

結果有三分之一的客戶投入了新錢，產生了什麼結果呢？沒有

放錢的人看到我的承擔，也有了信心和放心，投入新錢的人因基金從谷底反彈了近四倍，獲利豐碩，他們都很感謝我當時做了這樣的決定，讓他們有信心跟進。當年我完成了拯救計畫，卻一毛錢都沒有虧損，不但有豐碩的成果，也和客戶建立了強烈的革命情感。

最後要說的是，如果你把客戶利益放在前提，再搭配方法，這書中都有說明，一般投資者只看一遍，我建議你可以多看幾遍，甚至和客戶一起分享，利用公司的現有的工具，有兩個做法：

1. 資產配置以標普 500、美國投資級公債及台灣 50 這三個標的混搭，標普 500 和巴克萊投資級公債的混搭本來就是雙劍合璧，是最簡單有效的方法，請參見前面檢驗的個案；
2. 使用法馬／法蘭奇及常春藤盟校的資產配置。

你只要做到這兩項，也就是你有一個系統方法，不必追尋當年當紅的產品，因為總會有失手時。用以上的方法，給它一些時間，不管你是在公立銀行還是私立銀行，客戶優先的信念和正確的系統方法，可以讓你在這個行業中扮演永不失敗的常青樹，我想這才是一個徹底解決問題的辦法，也是給你同事最好的建議，而不是回答高收益債或下次某個產品又如何了，你說是不是？

給每一個投資人

儲存財富，也要儲存健康

小琪：

　　我想你或許也同意，要清楚了解自己的身體、心靈不是那麼容易的一件事，只有在孤獨的時刻，才能夠探索自己的內心，也就是說，離開了每天在眼前晃動的事情，才有機會去留意自己的身與心，我覺得我們最容易忽略的財富之一，就是健康。

　　上個月我突然接到一封電郵，邀請我參加一位女士的追思會，那是位日本友人，去年還跟她通過電話，原本心想是不是同名同姓，打開電郵，才知道是她兒女們聯名寫的，他們母親前幾天過世了。

　　我的腦海像播放紀錄片一樣，她和 A 醫師這對夫婦都是我的客戶，25 年前醫師協會邀請我年會演講，因此成了他們的財務顧問。她是 A 醫師的太太，A 醫師頗有文采，還拿過文學獎，當年還

主辦過幾場抗日紀念會，因此 A 太太日本籍的身分總是引我好奇，一定有個力量讓她站在先生這邊，我記得有一年，我們公司的人都去參加他們夫婦大力奔走的一個紀念活動，場地就在紐約大學附近。

收到電郵時正是我閉關寫書最吃緊的時候，幾番掙扎要不要進城去參加她的追思活動，我們總能找到千百個忙碌不能去的理由，可是我發現如果不去，一定會有遺憾，所以決定放下工作，地點在曼哈頓的 33 街附近，是紐澤西到紐約地鐵的最後一站。

外國人的追思會，跟我們想像差異很大，就像參加聚餐宴會一樣，大家閒話家常，不同於教堂肅穆的追悼，就像是朋友的最後一次聚會。追思會在二樓餐廳，桌上擺滿了食物、飲料及 A 太太生前的照片，我看著螢幕播放小孩為她製作的生活點滴，A 太太是傳統的日本女士，安靜、清秀的臉龐，有點像曾經當過外交官的日本王妃。

A 醫師也在場，我們擁抱致意，問他，你是醫師，她走得這麼突然，你從這件事情體悟到了什麼？

A 醫師提到，亡妻是淋巴癌，他上網查過資料，淋巴癌是少數化療有效的癌症，可是亡妻不願意，選擇了另類療法，A 醫師說他無法強迫亡妻接受她覺得痛苦的治療。

旁邊一對夫婦是 A 太太的好朋友，最後那幾天陪伴在 A 太太

身邊，過世前幾天，Ａ太太都還認為自己有機會康復，她說過世後幫Ａ太太清理身體，在身體的淋巴位置有兩個球一般大的腫瘤，得知我從事財務業，感觸地說，目睹Ａ太太的經歷，人生到了這個階段，都要有遺囑和信託了，Ａ醫師同樣感慨地說，亡妻手上有100多萬美元，退休金都準備好了，但人呢？

我現在參加喪禮和參加婚禮的機會似乎一樣多，老朋友真的是見一次面、少一次機會。當天Ａ太太的朋友陸陸續續到場，有不少講日語的小姐、太太們，所幸Ａ太太的小孩都已經長大，可以面對人生一道道課題，親人的永別、生命的意義、愛情的尋覓、家庭的組成、對母親的懷念……Ａ太太的兒女們比我想像的堅強，在爸爸帶領下，像大人一樣招呼媽媽生前的朋友，責任和挑戰總是逼著我們成長。

為了下班前能趕回辦公室，我提早向家屬告別，走在聳立的高樓之間，雖然阻擋了一些寒風，一月的曼哈頓仍讓人心裡感到一股不知從哪裡襲來的涼意。

什麼是財富？

無獨有偶，給你寫信的前兩天，接到一位陌生女士來電，一聊原來是30年前一位老友介紹的，她先生最近過世，以往都是先生

打理財務問題，她說手邊有好幾個帳戶，最近股災下跌不少，她不知道如何處理。

我們約在辦公室碰面，她來之前在網路上查了一些我的背景，原來她是圖書館管理員。碰面那天，才知道她從紐約過來，早上四點就起床，轉了三趟車，我安靜地聽她訴說先生的故事，從她帶來的月報表可以看出，先生管理投資的功力不輸給專業操盤手，她說原本帳戶已有驚人的金額，雖然金融海嘯時有相當大的損失，但還是遠超過財務自由所需。

看著 B 女士整齊的穿著、資料詳盡的筆記，最讓我有感觸的是，她說住院期間因為先生的病痛，麻藥劑量一直降不下來，造成了先生陷入半昏迷狀態，她先生試著想做一些交代，包括財務問題，但終究無法開口清晰表達，看著這麼大額的資產，那瞬間我突然在思考：什麼是財富？

她說完故事，眼眶中泛著淚光，我告訴她，先生能夠靠薪水培養兩個小孩完成美國一流大學學業，還可以為妳留下這麼多資產，相當不容易，我說試著以妳先生的心情揣摩，如果他當時能開口說話，可能希望妳至少做兩件事，

首先，帳戶的金額足夠妳安享晚年，管理應穩健中求成長，個別股票的投資需要長期經驗，未必適合妳，所以，以優秀或代表市場的指數基金為考量；其次，投資要以簡馭繁，希望妳的退休生活

豐富且多采多姿，不要再為了追求超過妳所需要的資產，而讓投資暴露在風險中，進而影響到後面的退休生活。

她說想在曼哈頓買間兩人房的公寓和女兒一起住，不知道資金夠不夠？我告訴她，這些事情都可透過財務管理做到，先生為妳的財務打下很好的基礎，妳要做的是投資簡單、生活豐富，因此可以把旅遊預算加大，每年在任何一個國家安排一個假期，甚至把兒子、女兒的機票酒店都一併安排，或在瑞士，或在峇里島，請他們一起來度假。

這天倫歡愉的畫面讓她有了些精神，問可以嗎？我說足夠，只要這些錢做適度規畫，妳現在無需像當年先生那樣，追求資產的高速成長和風險。

最後我問她經過這件事，有沒有什麼經驗告訴下一代？她說如果重新再來，會在第一時間找專門治療癌症的醫療機構，她先生是某間醫院的工程師，當時為了一時方便，就在該院治療。她提的那家癌症治療醫院我也接觸過，確實讓我印象深刻，我有位醫生朋友，號稱李一刀，是著名外科醫生，當年他太太患卵巢癌就在那家醫院動刀，卵巢癌癒後存活率不高，但他太太已過了十幾年。

李一刀在第一時間找上癌症專業醫院，他本身也在那個專業領域，這說明連他這麼權威的專家，都還要尋找比他更專業的醫院。

健康是最大財富

十多年前我太太過世，讓我對癌症的治療有近距離觀察，我當年所犯最大的錯誤，也是沒有在第一時間尋找正確的醫院，所以對這兩個故事有相當的感觸和感傷。

巴菲特的第一投資金律，要正視風險，用正確的態度在第一時間尋找最正確的專業機構，就如同我們在投資管理中找尋正確的方法，例如資產配置來做有效的控管。

A太太、B先生和我，三個人所犯的錯誤，事後一看都很類似，那就是錯把癌症這個老虎當成老鼠打，知道、也關心，但沒有給予最高規格的正視和重視，並用錯了方法。至於李一刀的太太、英特爾（Intel）創辦人之一安迪·葛洛夫（Andy Grove），還有接下來想跟你聊的安潔莉娜·裘莉，目前來看都是比較成功的例子，而他（她）們則是用最高的預防規格，在「第一時間」當只有影子出現時，就開始緝拿嫌犯，而且是用最專業、最強大的醫療機構來面對。

A太太和B先生這兩個例子，幾乎是同樣的情形，那就是都留下了不少的有形財富，可惜已無法享用，徒留給親人許多感傷，多年異國天空的打拚，在淚水、汗水下交出成果，他們只見證了美國的辛苦，卻沒有享受成果，像流星般隕落。他們對身體健康雖然

關注，卻還不夠重視，我們常說，病來如山倒，病去如抽絲，疾病有時一來，發展得不可收拾，這就是我想再跟你聊，裘莉的就醫態度。

安潔莉娜‧裘莉的母親很早過世，喪母之痛帶給她強烈的警覺，她建議每位婦女可以的話都要做個基因檢查（據資料統計，亞洲婦女罹癌風險的 BRCA1 雖然不多，但乳癌也是一個極大的威脅，這方面的注意永不為過），裘莉年近 40 歲，我看到一張她在沙灘上薄紗下忽隱忽現的身材，相信她性感的線條足以讓多數人留下印象，這麼傲人的雙峰，只因有可能威脅到生命，除之而不算什麼，她母親給她最好的禮物，就是讓她懂得正視和重視，進而在第一時間去掌控這個風險。

我和這兩位朋友如果也有這樣一個態度，可能都有不一樣的結局。李開復曾經罹患淋巴癌第四期，他寫了一篇短文，我上網看了，才訝異淋巴癌有這麼高的痊癒機率，A 太太如果願意用開放的態度了解病情，就像安迪‧葛洛夫提到當年得知自己罹癌時，他做了許多研究功課，對那個病症的了解幾乎不下於一個醫生，可以一起坐下來討論如何治療。

很多人說哪有時間，我說這是態度問題，尤其現在網絡資訊這麼豐富，花個一星期時間，我相信，一定可以有相當程度的了解，我們應該用開放的思維，來接受和檢驗不同的資訊，這是我的第三

點感觸。

　　得知你最近身體不好，你工作起來是一個拚命三郎，總認為自己年輕，有足夠的本錢，這是年輕人的通病，和你分享李開復提到的：「我們要維護自己的健康和生命，很多人認為如果要養生，就沒了事業，什麼都不要了，過退休生活……真的不是這樣。每一個人的健康，其實不是要放棄一切。我們的健康，簡單來說，其實就是我們的睡眠、壓力、運動和飲食這四件事。

　　對年輕人來說，你可以努力工作，一個禮拜只要花三、四個小時維護健康，我非常希望在這裡告訴大家要愛惜自己的健康，不要等到有一天像我這樣才後悔，幾乎等到來不及，才知道要學會愛惜自己的身體。」最後還想和你分享的是裴莉就醫的心路歷程，如果我們能學習到她在第一時間做風險控管的精神，把罹患癌症的機率從 87% 下降到 5%，我想有些憾事可以降低，就像她跟兒女說的：「從此你們不需要擔心母親被癌症帶走」，我把她的醫療聲明附在後面，我對你和周遭朋友的關心，寫下這封長信，希望我們都好好正視和照顧自己的健康，它是追求所有財富和夢想的基石。

寫給信託管理者
別把銀元埋在地裡

兆茁：

　　杜甫詩作：「正是江南好風景，落花時節又逢君。」敘述昔日宮廷盛名的歌唱家，與他這位老詩人在顛沛漂流中重逢，昔日唐朝盛世已成歷史，由勝而衰總是令人不堪回首與感傷。很幸運的是我們這幾年都是飄雪時節喜逢君，所以格外的珍惜與感謝，每年感恩節過後到聖誕節期間，總有一次碰面機會，一則是成績回顧，二則是隨意聊著各式話題，這幾年看著你事業上的成長，加上你一直很精準執行我給你的建議，投資帳戶也有盆滿缽滿這樣的趨勢。

　　那天見面，我們坐在餐廳靠窗的一角，我問你財富累積到一定程度，你想做哪些事情？我最擔心的通常是客戶財富累積到相當驚人時，竟然是空白的答案，連理想都沒有。

　　你說有三件事，我很興奮地說，願聞其詳。你說第一個，你大

學的好同學也是來自我故鄉台東，所以紅葉少棒隊的故事也感染了你，很希望能夠支持原住民的少棒活動；第二個，你女兒回台灣學習美術繪畫期間，很喜歡她老師的一些構想，你也希望能出點力，讓這個產業能有點進步；第三個，你是一個基督徒，很希望自己能夠做出一點對基督教歷史的求證跟記錄。

風險的承受要適度，
別只為了規避風險把資金變成閒置資產

聽你說完，我給予肯定，但我問，這三個理念都很好，落實了嗎？

你說已經去過耶路撒冷朝聖好幾次，其他兩件還止於構想。我說千里之行始於足下，當務之急，可以開始編列預算、成立組織，哪怕是僅有一位助理，畢竟有些事情需要專人來協調和分勞，不然在你分身乏術下，永遠只是一個理想。

我說如果可以，等我忙完寫書的工作，今年夏天幫你成立慈善信託，這也是遺產規畫的一個環節，那次的餐敘，是少數多年來看到你尋得另外一個寶藏的喜悅。

在回我辦公室的路上，我們圍繞著同樣的話題，你敘述著《聖經》中馬太福音耶穌傳道時講過的一個故事。一個主人要出門遠

行，臨走前叫來自己的三個僕人，分別把五千、兩千和一千銀元交給他們。主人走後，拿到五千銀元的僕人立刻去做買賣，賺了五千元，拿了兩千銀元的也賺了兩千元，而拿了一千銀元的卻挖了個洞把錢藏在地裡。

過些天主人回來查帳，誇獎前面兩個僕人能幹，拿一千銀元的僕人回應：「主人，我知道你為人刻薄，沒有種的地方要收割，沒有散的地方要聚斂，我怕自己賺的錢被你奪去，就把一千銀元埋在地裡，現在原封不動還給你。」後來西方人用「把銀元埋在地裡」比喻埋沒才能，沒有發揮應有的作用。

聽完故事，我說你要小心，你是有能力的人，這些構想如果不能執行，你就像把銀元埋在土裡的僕人，辜負了上帝給你在事業經營和投資管理上豐碩的收益。看到你慎重和認真的神情，我告訴你，許多基督徒都認同這個故事，但是卻只是當成故事聽聽便罷，自己其實都像是最後那個把一千銀元埋在土裡的僕人。

我曾在華人教會對管理資金的董事們，做過一次投資管理介紹，多數教會都有筆資金，但大概都只放在定存，因為每一位管理者面對這些弟兄奉獻的資金，有不能虧損的壓力，這也是當年諾貝爾基金所犯的錯誤，股市劇烈的波動，確實超過許多基金會能夠承受的範圍，但經過規畫可以把風險大幅下降進而提高收益，更何況長期要能擊敗通貨膨脹，除了固定收益，一定要加入一些有成長因

素的資產，例如股票、房地產等。

安全的迷思：諾貝爾基金曾瀕臨破產

我接著告訴你諾貝爾基金的故事，你知道它是怎麼成立的嗎？這是以瑞典著名的化學家、硝化甘油炸藥的發明人阿爾弗雷德·伯恩哈德·諾貝爾（Alfred Bernhard Nobel）的大部分遺產作為基金而創立的，他父親的人生也充滿了曲折，他有三個兄弟，他父親也經歷了三次破產，但還是請了非常著名的化學家和文學家給諾貝爾當家教。

雖然諾貝爾沒有受過正規的高等教育，但這些知識的基礎和當時訓練養成，讓諾貝爾晚年在人生財富更高層次的追求上得以落實，但也因為從事獲利頗豐的炸藥生意，讓他們家族毀譽參半，他哥哥過世時，報紙誤寫成了諾貝爾的名字，報導充滿負面內容，他當時想：「這是死後對我的評價嗎？」所以他決定在揮別人生之前，把財富做一些有益的事情，這就是諾貝爾基金成立的原因之一。

但所有的理念要被落實，多數都會經過一些曲折的過程。當時諾貝爾希望給的獎金，是一位教授 20 年的薪水，可以支持他們做各項研究，但由於基金投資效益不良，獲利太低，從 1896 年

基金會超過 3,100 萬瑞典克朗（SEK）（約 950 萬美元）開始，到 1953 年基金總資產下降到 330 萬美元，只有當年資產的三分之一，如果狀況沒有改善，基金會就面臨了結束的威脅。

造成這樣的困局原因有二：

一是諾貝爾在化學上有極高的成就，但在理財上卻犯了思考的錯誤和盲點，他要把基金的資金放在安全的地方，例如銀行定存或公債。什麼是安全？一種是價格短期穩定，但長期無法對抗通貨膨脹，如定存；另一種是價格短期波動，例如股票、房地產，但長期保有實質的購買力，許多投資者和諾貝爾一樣，選擇第一種。其次是當時稅賦高，基金成立時只有 10％，到了 1915 年因為第一次世界大戰，瑞典政府臨時增加了國防稅，1923 年基金上繳的稅收超過了當年發放的獎金，稅賦嚴重的問題一直到 1946 年才開始改善。

基金低收益的表現直到 1953 年才出現重大轉折，投資管理的限制鬆綁，基金管理者修改策略，同意資金可以進入股票和房地產投資，加上碰到 1980 年代、1990 年代美國股市大漲，這 20 年幾乎都以年複利 18％成長，接下來基金會持續因應時代的投資環境，做出符合需求的改變，從 2015 年 4 月基金會發表的新聞和年度報告可以看出，2014 年基金總資產是 3.68 億瑞典克朗，以 2016 年 2 月的幣值換算，大約接近 4.4 億美元。

改變觀念、做出調整，發揮更大效益

這個改變有幾項重要意涵，第一，如果沒有 1953 年基金會管理者的勇於行事，像馬太福音中領取五千銀元的僕人那樣積極管理，彷彿就像把銀元埋在土裡，那諾貝爾基金今天已經結束。改變了投資的觀念，也改變了諾貝爾基金會的命運，保有了全世界一流人才可以發光發熱和被肯定的舞台。

第二，股票和房地產短期看起來波動大於一般固定收益商品，但卻是長期可以擊敗通膨的重要投資工具。

第三，諾貝爾基金會與時俱進，2012 年由於績效不好，基金做了一些調整，加入了一些另類資產（alternative assets）、替代投資及避險基金，從 2014 年財務報表上看出，諾貝爾基金會 2014 年投資報酬 16.5％，優於他們所追蹤指標的 11.8％，資產分布包括：55％股票、12％固定收益、33％另類資產（如私人企

| 表 9-1 | 諾貝爾基金會資產的增減

年度	資產總值	備註
1896 年	約 950 萬美元（3,100 萬瑞典克朗）	基金成立
1953 年	330 萬美元	改變基金管理章程
2020 年	約 378 億美元（36.71 億瑞典克朗）	

資料來源：諾貝爾基金會年報

公債謀殺了獎金

　　黑色線代表獎金發放金額的波動，1901 年諾貝爾第一次發放的獎金大約可以支付一位教授 20 年的薪水，由於投資效益下降，1941 年期間大約只有原先約 100 萬美元的 30 ～ 40%，並有很長一段時間低於 50 萬美元。

　　金色線代表基金會 1981 年之後，基金資產由一億美元到2014 年成長至 4.4 億美元，富比士給為這張圖下的標題是「公債謀殺了獎金，股票讓它回升」，這也說明諾貝爾獎基金會因為投資資產的多元和觀念的改變，使得該基金至今依然在全世界發光發亮。

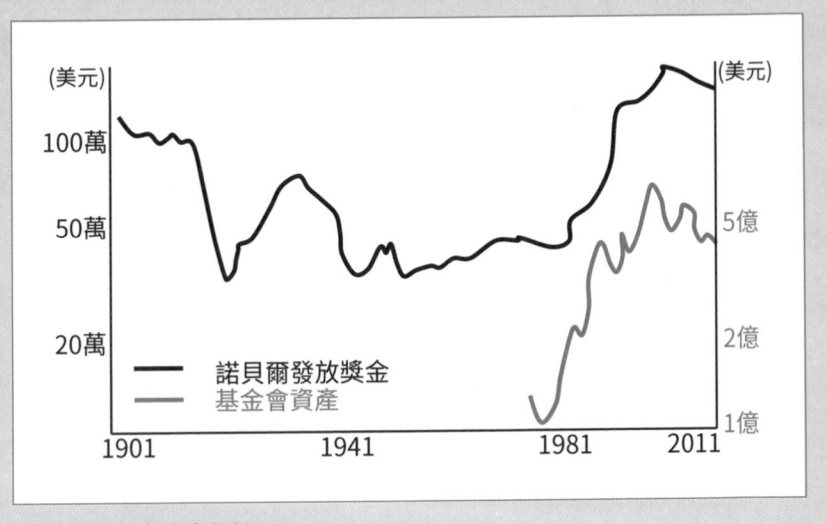

資料來源：富比士雜誌

業和對沖基金），且投資全球化，海外占了 45％、本國 10％，美國則是最重要的投資目的地。

或許這樣的講解已經解答你這位事業經營成功者的疑惑，我相信未來你也會扮演信託管理者的角色，當面臨資金管理壓力時，希望諾貝爾基金的故事對你有所啟示，這也是我們書裡面介紹，100％公債投資組合若是加入 10％看起來危險的股票資產，會讓整個投資組合出現風險下降、報酬提高的化學變化，這就是資產配置的魅力所在。

為了解答你的疑惑，我特地選了兩組較保守的投資組合，第一組 20％股票＋ 80％公債，第二組 30％股票＋ 70％公債，歷經了兩次世紀性股災，我們來看一下投資結果，你可以和你們的基金管理者一起來見證。

以組合❷為例，在 2002 年高科技泡沫最嚴重時，股票雖然大跌，但公債出現獲利，因為有 70％資產在公債上，總資產由 108 萬美元漲到 112 萬美元，比 2001 年高出 4％；組合❶又比組合❷多出 6％，總資產為 119 萬美元。

再看 2008 年金融海嘯時的狀況，組合❷大約虧損 4％，時間很短只有一年，且在 2000 ～ 2008 年這九年中總資產增加至 143 萬美元；如果是保守一點的組合❶虧損更低，大約只有 1％，且 2000 ～ 2008 年這九年間總資產由 100 萬美元成長到 153 萬美元。

| 表 9-2 | 組合❶：20% 股票＋80% 公債

年份	標普 500		公債		年底股+債（美元）
	報酬 (%)	年底金額 (美元)	報酬 (%)	年底金額 (美元)	
1999	—	200,000	—	800,000	1,000,000
2000	-9.03%	181,936	11.63%	893,040	1,074,976
2001	-11.85%	160,377	8.44%	968,413	1,128,790
2002	-21.97%	125,149	10.26%	1,067,772	1,192,920
2003	28.36%	160,636	4.10%	1,111,550	1,272,186
2004	10.74%	177,892	4.34%	1,159,792	1,337,684
2005	4.83%	186,493	2.43%	1,187,975	1,374,467
2006	15.61%	215,609	4.33%	1,239,414	1,455,023
2007	5.48%	227,434	6.97%	1,325,801	1,553,235
2008	-36.55%	144,302	5.24%	1,395,273	1,539,575
2009	25.94%	181,727	5.93%	1,478,013	1,659,740
2010	14.82%	208,661	6.54%	1,574,675	1,783,335
2011	2.10%	213,039	7.84%	1,698,129	1,911,168
2012	15.89%	246,892	4.21%	1,769,620	2,016,513
2013	32.15%	326,256	-2.02%	1,733,874	2,060,130
2014	13.52%	370,380	5.97%	1,837,386	2,207,767
2015	1.38%	375,488	0.55%	1,847,492	2,222,980
2016	11.77%	419,694	2.65%	1,896,451	2,316,145
2017	21.61%	510,371	3.54%	1,963,585	2,473,956
2018	-4.23%	488,798	0.01%	1,963,781	2,452,580
2019	31.21%	641,360	8.72%	2,135,023	2,776,383
2020	18.02%	756,959	7.42%	2,293,442	3,050,400
2021	28.47%	972,465	-1.67%	2,255,141	3,227,606
2022	-18.01%	797,324	-13.06%	1,960,620	2,757,944

資料來源：標普 500、巴克萊投資及公債

| 表 9-3 | 組合 ❷：30% 股票＋ 70% 公債

年份	標普 500		公債		年底股＋債（美元）
	報酬 (%)	年底金額 (美元)	報酬 (%)	年底金額 (美元)	
1999	－	300,000	－	700,000	1,000,000
2000	-9.03%	272,905	11.63%	781,410	1,054,315
2001	-11.85%	240,566	8.44%	847,361	1,087,927
2002	-21.97%	187,723	10.26%	934,300	1,122,023
2003	28.36%	240,954	4.10%	972,607	1,213,560
2004	10.74%	266,839	4.34%	1,014,818	1,281,656
2005	4.83%	279,739	2.43%	1,039,478	1,319,217
2006	15.61%	323,413	4.33%	1,084,487	1,407,900
2007	5.48%	341,152	6.97%	1,160,076	1,501,228
2008	-36.55%	216,453	5.24%	1,220,864	1,437,317
2009	25.94%	272,590	5.93%	1,293,261	1,565,851
2010	14.82%	312,991	6.54%	1,377,840	1,690,832
2011	2.10%	319,559	7.84%	1,485,863	1,805,422
2012	15.89%	370,339	4.21%	1,548,418	1,918,757
2013	32.15%	489,384	-2.02%	1,517,140	2,006,524
2014	13.52%	555,571	5.97%	1,607,713	2,163,284
2015	1.38%	563,231	0.55%	1,616,556	2,179,787
2016	11.77%	629,541	2.65%	1,659,394	2,288,935
2017	21.61%	765,557	3.54%	1,718,137	2,483,693
2018	-4.23%	733,197	0.01%	1,718,309	2,451,506
2019	31.21%	962,041	8.72%	1,868,145	2,830,186
2020	18.02%	1,135,438	7.42%	2,006,761	3,142,200
2021	28.47%	1,458,697	-1.67%	1,973,249	3,431,946
2022	-18.01%	1,195,986	-13.06%	1,715,542	2,911,528

資料來源：標普 500、巴克萊投資及公債

再來看 1999 ～ 2015 年這兩個組合 16 年下來資產狀況，分別成長一倍到 221 萬美元和 217 萬美元，也就是說，由於資產增加，基金會能做的事情更多。當然，這樣的結果是因為碰到過去兩次重大股災，加上是公債的大多頭，未來基金表現未必是相同結果。但我要提醒的是，股票的資產比例，至少應該維持在巴菲特恩師葛拉漢說的 25％附近，對更保守的基金會而言，股票比例盡量不要低於 20％，不然難以發揮成長的力道歷史紀錄顯示，長期而言，股票的績效表現優於公債，過去 15 年持有公債較高的資產表現更好，這是一個少數的特例，值得了解。我想每一個基金會能不能發揮應有的效益、做更多的事情，其實除了有更高的信仰以外，基金的管理者也需要有正確的投資理財觀念，就像《聖經》一再告誡信徒，別把銀元埋在土裡。這次聚會讓我相信，你會把這項上帝交給你的使命做得精彩出色，也希望你藉此提醒其他你所認識的信託管理者，再次思考《聖經》故事中的教誨和啟發，打開理財的視窗，也借重知識的力量，透過資產配置為每一個基金會保有安全的同時，也創造財富做更多事情，才不負上帝賜予你們能力的原意。

Appendix

附錄

對有機會讀到這封信的女性，我想能讓妳們知道，妳是有選擇的。我想要呼籲和鼓勵所有女性同胞，特別是家族有乳癌、卵巢癌病史的女性，尋求這些資訊和醫療專家，可以幫妳度過生命中這個難關，做出最適合妳的選擇。

安潔莉娜・裘莉於
《紐約時報》發表的
「My Medical Choice」全文

我的母親與癌症搏鬥了近 10 年，在 56 歲過世。她堅持得夠久，得以看見第一個外孫女，而且曾經擁她入懷，但我其他小孩卻沒有機會目睹這麼一位優雅且親近的外婆。

我常說：「媽媽的媽咪」，而且我必須嘗試著向孩子們解釋，這個疾病如何將我母親帶走，小孩們問，這樣的情況是否會發生在我身上，我總是告訴他們不需要擔心。不過，事實上我有著 BRCA1 癌症基因，這會大幅增加我罹患乳癌和卵巢癌的風險。

我的醫師估計，我有 87％的乳癌風險，以及 50％的卵巢癌風險，而每一個擁有 BRCA1 基因的女人，都會有不同的情況。先天性基因突變導致乳癌的情況，雖然只占乳癌患者的一小部分，但平均而言，有 BRCA1 缺陷基因的女性，比一般女性有著高出 65％的罹癌機率。

當我知道這個事實時，我決定提前採取行動，盡可能降低這個風險，我選擇了預防性先切除雙邊乳房，因為我罹患乳癌的機率高於卵巢癌，而且手術也較複雜。

4月27日，我完成了三個月的醫療準備和手術，在這段期間，我保持低調並繼續工作。癌症仍是多數人恐懼的一個疾病，會讓人們極端感到無力，但是，今日的醫學發達，已經可以透過血液檢驗來得知妳是否為高風險群，「有許多女性不知道她們可能活在癌症陰影之下，我希望她們能接受基因檢測。」所以我寫下這些經歷。

我的療程是在2月2日展開，首先進行的是乳頭阻斷術（nipple delay），醫師會將乳頭後的組織切除，手術帶來些疼痛，還留下不少瘀血，但是增加乳頭被保留下來的機率。經過兩個禮拜後，我接著進行主要的手術，乳房組織被移除，臨時填充物置於胸內。手術一共進行了約八小時，當妳術後清醒時，發現有一大堆管子插進胸部，看起來有點像科幻電影會出現的場景。但是，術後幾日妳就可以回到正常的生活。九個禮拜過後，我完成乳房重建手術，過去幾年這項手術已經有相當大的進步，術後的結果是滿意的。

我想要告訴每位女性，要下定決心切除自己的乳房，不是件容易的事。但我很高興自己做了這個決定，接受手術，我罹患乳癌的機率將從87%降到僅有5%。我可以告訴我的孩子們，他們不再需要恐懼因為乳癌而失去我。

令我欣慰的是，孩子們沒有因此感覺不安，他們可以看見我術後留下的小疤痕，就只如此而已，我依然是原先的我，而且，知道我深愛著他們，只要我能夠，願意為他們做任何事。就我私人而言，我覺得自己掌握了這麼大的力量，做了一個勇敢的決定，完全無損我的女人味。

我想自己非常幸運能擁有布萊德‧彼特（Brad Pitt）這位伴侶，他總是表現如此的愛意和支持我。所以，我要向所有的男性們呼籲，如果你的老婆或女友正經歷這一切，你將會在這個過程中扮演非常關鍵的角色。是的，小布在我接受手術治療時，陪我經歷這一切，他每一個時刻都陪在我身旁，我們彼此逗笑，我們知道這個決定會讓我們的關係更加緊密，也的確如此。

對有機會讀到這封信的女性，我想讓妳們知道，妳是有選擇的。我想要呼籲和鼓勵所有女性同胞，特別是家族有乳癌、卵巢癌病史的女性，尋求這些資訊和醫療專家，可以幫妳度過生命中這個難關，做出最適合妳的選擇。

我知道有許多很棒的專業醫生可以提供相同的工作和治療，但我個人的治療醫院 Pink Lotus Breast Center 會把最後的結果放在他們的網站，我希望這些能幫助其他女性。

根據世界衛生組織調查指出，每年死於乳癌的人數高達 45 萬 8 千人，而主要是發生在中低收入所得國家的女性身上。我希望能

夠讓越來越多女性，無論她的出身背景，或生活在什麼地方，都能夠接受乳癌相關的基因檢測、了解預防治療的方法，這是一件十分重要的事。不過檢測的費用昂貴（美國就超過 3,000 美元），想要特別針對 BRCA1 與 BRCA2 進行檢測，對多數女性朋友並不容易。

我選擇公開個人隱私，是因還有許多女性在癌症恐怖的陰影下不知如何生活。我誠懇地希望，她們能得到基因檢測，若結果告訴她們的確是高危險群，至少她們有較多選擇。

人生充滿許多挑戰，有些挑戰我們不應懼怕，要正面迎戰，因為一切大權操之在己。

Big 叢書 416

你沒有學到的資產配置：巴菲特默默在做的事

作　　　　者 —— 闕又上
主編暨企劃 —— 葉蘭芳
校　　　　對 —— 聞若婷、陳麗
封 面 設 計 —— FE 設計葉馥儀
內 頁 插 畫 —— Littse
內 頁 排 版 —— 張靜怡

董 事 長 —— 趙政岷
出 版 者 —— 時報文化出版企業股份有限公司
　　　　　　108019 臺北市和平西路三段 240 號 3 樓
　　　　　　發行專線 —— (02) 2306-6842
　　　　　　讀者服務專線 —— 0800-231-705 · (02) 2304-7103
　　　　　　讀者服務傳真 —— (02) 2304-6858
　　　　　　郵撥 —— 19344724 時報文化出版公司
　　　　　　信箱 —— 10899 臺北華江橋郵局第 99 信箱
時報悅讀網 —— http://www.readingtimes.com.tw
法 律 顧 問 —— 理律法律事務所　陳長文律師、李念祖律師
印　　　　刷 —— 勁達印刷有限公司
初 版 一 刷 —— 2023 年 6 月 30 日
初 版 十 三 刷 —— 2024 年 8 月 14 日
定　　　　價 —— 新臺幣 580 元
（缺頁或破損的書，請寄回更換）

時報文化出版公司成立於一九七五年，
一九九九年股票上櫃公開發行，二〇〇八年脫離中時集團非屬旺中，
以「尊重智慧與創意的文化事業」為信念。

你沒有學到的資產配置：巴菲特默默在做的事／
闕又上文 .-- 初版 .-- 臺北市：時報文化出版企
業股份有限公司 , 2023.07
480 面；17×23 公分 .（Big 叢書；416）
ISBN 978-626-353-887-0（平裝）

1. CST：理財　2. CST：投資管理
3. CST：資產管理

563.5　　　　　　　　　　　112007544

ISBN　978-626-353-887-0
Printed in Taiwan